JN118139

持続可能なまちづくりと SDGs

地域の脱炭素化、地域内グリーン経済循環、女性参画・地域共生社会を目指して

滋賀大学名誉教授
荒井壽夫

八朔社

〈SDGs の17の目標〉

1　貧困をなくそう
2　飢餓をゼロに
3　すべての人に健康と福祉を
4　質の高い教育をみんなに
5　ジェンダー平等を実現しよう
6　安全な水とトイレを世界中に
7　エネルギーをみんなにそしてクリーンに
8　働きがいも経済成長も
9　産業と技術革新の基盤をつくろう
10　人や国の不平等をなくそう
11　住み続けられるまちづくりを
12　つくる責任つかう責任
13　気候変動に具体的な対策を
14　海の豊かさを守ろう
15　陸の豊かさも守ろう
16　平和と公正をすべての人に
17　パートナーシップで目標を達成しよう

はしがき

　本書を構成する一連の論文執筆の動機について，ここで簡潔に述べてみよう。

　連続的な論文執筆の私的な動機は，大まかに言えば，次のような二つの事情に求められる。

　第一の事情は，2014年に増田寛也編著『地方消滅：東京一極集中が招く人口急減』（中公新書）がベストセラーなったこと，そしてその事実が表現する人口減少・少子化による地方と地方小都市の衰退がもはや否定し難くなったことである。

　周知のように，この新書は，子どもを生める20〜39歳の若年女性が減少しており，2040年までにその人口が2010年に比べて半分以下に減少する地方自治体が，全国約1,800自治体のうち約900近い自治体に及ぶことが推計されるのであり，これらの自治体はたとえ出生率を上げたとしても若年女性の大都市流出による人口減少抑制は不可能であるがゆえに，医療・介護等の行政サービスの維持も不可能に陥り「消滅可能性」の状況にあると結論付けたのである。

　私は当時，滋賀大学経済学部の教員として「労働経済論」や「社会政策」などの授業科目を担当し，日本との比較の観点からのフランスの労働雇用政策から日本の少子化対策との比較のもとでのフランスの家族政策へと研究関心を移行させてきたなかで遭遇した学問的衝撃であった。

　この新書の最後に収録されている「全国市区町村別の将来人口推計」とその推計による「消滅可能性都市」の一覧表のなかに，私の故郷，福島県の市町村は，2011年3月11日の東日本大震災に伴う福島第1原子力発電所の事故の影響により人口推計が困難であるがゆえに掲載されていなかったが，福島県の市町村出身の若年女性が震災直後から東京等の大都市圏に真っ先に流出してきたことは火を見るよりも明らかであった（事実，それは今日，周知の事

実である。例えば，地元の新聞『福島民報』2022年10月9日「（福島）県内女性の転出超過全国最多」参照）。

　年老いた母が早晩，肉親の介護を必要とすることが分かっていたことから，数年後に来る定年退職の後，故郷にUターンすることを考えていた私は，次のようなことを深刻かつ真剣に考えざるをえなくなったのである。つまり若年女性の大都市流出と「消滅可能性」をもたらしてきた故郷，あるいは，一般に中山間地域を抱えた地方小都市における地域課題の多様な広がりとはどのようなものか，そしてそれらの地域課題を解決して「消滅可能性」から脱却するために，そこに住む市民・地域住民は行政とどのように関わり，どのような主体的組織的活動をすべきか，さらにはそれに関して全国的にはどのような先進的取組が行われているのかといったことである。

　そこで私は，「地方消滅」または「自治体消滅」に関する論争にかかわる文献や論文，とりわけこれを批判し地域再生のための対案として示された「田園回帰」や「地域内経済循環」に関する研究調査，さらには遡って1990年代後半以降に開始された「地方分権改革」とその過程での「平成の大合併」のなかで法制化された「地域自治組織」の諸制度，そしてそれに対抗的で下からの動きと思われた市民・地域住民の「参加」「参画」と行政との「協働」とにもとづく〈新しい狭域の地域自治組織〉に関する研究調査の成果を，全くの門外漢ながら真剣に学ぼうとすることになったのである。言い換えれば，地方小都市の衰退に抗して，地域再生を担おうとする当事者意識を持った市民・地域住民と行政との協働＝パートナーシップを体現しうるように思われた〈新しい狭域の地域自治組織〉の動向と実態に俄然，興味が惹かれ，素人ながら深く理解しようとしたのである。

　第二の事情は，SDGsという世界変革目標と地球環境問題の根源的重要性という新たな観点の獲得である。この事情は，現在までいくつかの段階を貫いて私の執筆動機であり続けている。

　私たちは今や，現代のグローバル資本主義に起因する地球の生命維持システムの危機に直面しているという認識を共有すべきであり，そのような危機とその克服という根源的観点に立った場合，国内の地方小都市における地域

再生はどうあるべきか。このような根源的な問題接近のきっかけを私に与え
てくれたのは，やはり2015年９月25日の国連総会で採択された SDGs（持続
可能な開発目標）であり，SDGs 目標13を受けて同年12月12日に採択された
第21回「気候変動枠組条約締結国会議」（COP21）のパリ協定である。さら
には，その３年後に出版の翻訳書を通じて知ったスウェーデンの地球環境科
学者ヨハン・ロックストローム氏による「地球の限界」という提起，そして
SDGs を構成する環境・社会・経済の三側面の関係に関して環境＝地球の生
命維持システムの基底性を強調する「入れ子構造」という提起であった。

　端的に言えば，現在の地域再生は，SDGs の根源的提起とそれに関連する
専門家の提起を考慮に入れた場合，すぐれて「持続可能なまちづくり（また
は地域づくり）」であるべきであるという確信である。すなわち，地球の生命
維持システムの危機を構成する重大な要因の一つである地球温暖化と気候変
動を促進する温室効果ガスの大量排出という地域の環境的課題の解決を目指
す取組・施策を土台として，それとの相互連関において，地域の経済的課題
と社会的課題の解決を目指す取組・施策が展開され，土台としての環境的課
題の解決との意識的統合が目指されるという環境・経済・社会の三側面を持
つ地域課題の相互連関的同時的解決を追求するまちづくりであるべきである
という考え方に至った。しかもそのような「持続可能なまちづくり」は，地
域社会を構成する行政や〈新しい狭域の地域自治組織〉などの「マルチステ
ークホルダー（多様な利害関係者）パートナーシップ」（SDGs 目標17）なし
には実現されえないという考え方に他ならない。SDGs の登場はこうして，従
来の私の地域再生に関する考え方に大きな修正を迫り，地域再生とまちづく
りにおける気候変動と環境的課題の根源的重要性を考えるように導いたので
ある。

　実は，そのような根源的観点に立った「持続可能なまちづくり」の必要性
を考えるようになった直接のきっかけは，SDGs の文書や関連文献を読みな
がらではあるが，SDGs が採択された2015年前後からわが国においても頻発
してきた大規模な自然災害である。それは，2014年８月中国地方豪雨，2015
年９月関東・東北豪雨，2016年８月北海道豪雨，2017年７月九州北部豪雨，

2018年7月西日本豪雨，2019年9月台風15号，同年10月台風19号，2020年7月九州豪雨など，年中行事のように発生してきた記録的豪雨と大規模台風，「数十年に一度の重大な災害」である。特に，西日本各地で河川氾濫，洪水，土砂災害が多発し，200人以上の死者と7,000棟近い住宅全壊を引き起こした2018年7月の西日本豪雨は，今，地球には人類存亡にかかわるようなとんでもないことが起きているのではないか，と考えるきっかけになったように記憶している。

　私は，IPCC（気候変動に関する政府間パネル）などの専門家の解説を読みながら，異常気象と大規模自然災害が，人間によるCO_2等の温室効果ガスの大量排出に起因する地球温暖化と，そしてそれに伴う北極圏を含む陸地と海面の気温上昇と水蒸気・降水量の増大の結果であるということを痛感する一方，ほぼ毎日なるべく短時間でも見聴きするようにしてきたフランスの国営テレビ局フランス2（フランス語国際放送 TV5monde）が流す世界各地の記録的豪雨・大規模洪水，記録的熱波・干ばつ，ハリケーンの激甚化・大規模竜巻，大規模森林火災，氷河の急速な融解，等のニュースにも接して，その関連を確信するようになったのである。

　そして2020年初頭に確認され，同年3月に WHO によってパンデミック（世界的大流行）と認定された新型コロナウイルス感染症（COVID-19）もまた，SDGs 由来の根源的観点を再確認する機会となった。すなわち，グローバル資本主義のもとでの温室効果ガスの大量排出によって異常気象と気候変動を引き起こしてきた人間活動・経済活動のグローバル化が同時に，先進国による途上国の資源開発と環境破壊，森林伐採の大規模な展開を通じて，人間と動物それゆえ新たなウイルスとの接触を促進し，新たな「人獣共通感染症」を発生させ，グローバルな物流・交通のネットワークそして物と人との大都市一極集中を通じて，その感染症を瞬く間に全世界に拡散させた結果であるということを改めて認識する機会となった。

　同時に，コロナ・パンデミックは，全世界の人々を行動自粛や都市封鎖に追い込む一方，実は巨大な歴史的転換を胚胎させているのではないかという論調を頻繁に出現させるようになった。すなわち行きすぎたグローバル経済

からその抑制と内需主導型国民経済へ，大都市一極集中から地方分散・地方分権へ，テレワークを通じた職住一体の田園都市へ，海外化石燃料依存から国内資源による再生可能エネルギー活用の脱炭素社会へ，エネルギーと農産物の地産地消へ，全ての人々への最低限所得保障へ，子育て責任も含めたジェンダー平等社会へ，等からなる転換である。そしてそれこそはSDGsが目指している「世界の変革」（具体的構想としては「グリーン・リカバリー」「グリーン・ニューディール」そして対抗的な「脱成長コミュニズム」の提起）と基本的に合致しているのではないかという論調である。私はこうした論調に強く共感するようになった。

その間，私は，コロナ感染症とその流行が従来の社会経済構造を痛撃し，その弱点，問題点を改めて顕在化させているという事実と「持続可能なまちづくり」との関連について深く考えるに至った。すなわち，コロナ禍が，わが国の社会経済構造上の重大な弱点の一つである顕著な「ジェンダー・ギャップ（不平等，格差）」を顕在化させ，その基盤のうえに，女性の非正規労働者が集中している対人サービス業や女性が多数を占めるいわゆるエッセンシャルワーカーを直撃して，いわゆる「女性不況」広くは女性苦境と言うべき困難を全国的に引き起こす一方，地方小都市においては，コロナ禍以前からの若い女性の大都市流出を停止させるのではなく継続させ，コロナ禍による結婚・出産の抑制と相俟って，地方小都市の持続可能性に警鐘を鳴らしているという関連である。

それゆえ私は，「家父長制」「男社会」や固定的性別役割分業が強固に残存する地方小都市においてこそ，「持続可能なまちづくり」のために今こそSDGs目標5「ジェンダー平等を実現しよう」に近づくために「ジェンダー・ギャップ解消」に本気になって取り組む必要があるのではないかという思いを強くしたのである。

それに関連して，コロナ・パンデミックの認定の少し後，TV5モンドから心躍らせるようなニュースが流れてきた。それは，2020年前半のフランス統一地方選挙において，環境保護政党ヨーロッパエコロジー・緑の党（EELV）や左派政党，市民団体，社会運動グループが選挙候補者の「参加型リスト」

を一緒に作成するという新しい市民参加型選挙運動が成功して，環境保護と
ジェンダー平等そして自治体民主化を掲げた多くの女性市長，女性議員が誕
生するという「緑の波」が起きたというニュースである。これらの市民参加
型選挙運動を各地で担った団体「市民コレクティフ」が，地方政治，自治体
運営の刷新・民主化の旗頭として掲げたのが，「ミュニシパリズム」（自治体
主義）であり，公共財，公共サービスの再公有化，社会住宅の充実，難民支
援などとともに，環境保護とジェンダー平等を内容とするものであった。こ
うして私は，このミュニシパリズムにSDGsの目標5や目標13の気候変動対
策を中心としてSDGsの「持続可能なまちづくり」への見事な適用を見出し
たのである。

　最後に，2022年2月のロシアによるウクライナ侵攻は，「平和と公正をす
べての人に」（目標16）を掲げたSDGsが世界共通言語になっているこの21
世紀に主権国家の主権尊重や領土保全といった国際法を公然と侵犯する侵略
戦争として世界中に衝撃と憤激を呼び起こしてきた。しかしそれはやがて，
ロシアが原油，天然ガスや小麦さらには化学肥料の原料，ウクライナが小麦，
トウモロコシのそれぞれ世界有数の輸出国であることから，地球温暖化，気
候変動による世界的な農産物供給の不安定化をも背景としながら，エネルギ
ー価格，食料価格さらには化学肥料価格の世界的な高騰を引き起こすことに
なったのであり，そのような状況のもとで食料自給率の低い日本は，為替政
策としての円安もあって，その直撃を受け「食料安全保障」が国民生活の持
続可能性を脅かす重大なテーマとして浮上したのである。

　「再生可能エネルギーの大幅拡充」（目標7）と「持続可能な食料生産シス
テムの確保」（目標2）に関わるエネルギーと食料の安全保障が国民生活上
の重大なテーマであるとすれば，地方小都市においては，市民・地域住民主
体の耕作放棄地などを活用した再生可能エネルギー市民発電所の設立および
生ごみ・下水汚泥等活用の地域資源循環に立脚した有機農業，環境保全型農
業プラス公共調達としての学校給食の実施によって，地域の脱炭素化に貢献
する再エネと安心安全な農産物の地産地消を実現する今こそ絶好の機会では
ないかと痛感しているところである。

　そのような地域課題の相互連関的統合的同時解決を目指す「持続可能なまちづくり」を実現するためには，地域の「多様な利害関係者のパートナーシップ」が必要であり，以上のようなSDGsという世界変革目標と地球環境問題の根源性という観点の獲得は，こうして本書執筆の第一の動機である地方小都市の衰退に抗して地域再生を担う市民・地域住民と行政のパートナーシップ＝協働はどうあるべきかに立ち戻ることになる。

　そのようなパートナーシップを体現していると思われる先進自治体における〈新しい狭域の地域自治組織〉に関する探究心は消えないものの，4年に一度の統一地方選挙が行われようとしている現在（2023年4月初頭），地方小都市において次のような事態を見聞きするにつけ，その在り方の根本的変革が必要であるとも考えている。すなわち，自治会・町内会は全国的に住民の加入率低下，役員の高齢化・担い手不足が問題視されているのに，首長が長年にわたり君臨している場合には，自治体の隅々にまで張り巡らせている選挙後援会組織の代表者の一部が，自治会・町内会の元役員によって担われ首長の選挙応援活動が行われているような事態である。地方自治と住民自治の本旨から外れ，最近の映画「ヴィレッジ」が表現している個人の自立なきムラ社会的な同調圧力と家父長制にも通ずる事態と言うほかない。

　少子化と人口減少・労働力不足のもとで多様な地域課題に呻吟している地方小都市にとって，すでに述べたように，SDGs目標5「ジェンダー平等を実現しよう」に接近するために，地域の政治的経済的社会的意思決定への女性参画が不可欠であるとすれば，「持続可能なまちづくり」を行政と協働して担いうる〈新しい狭域の地域自治組織〉は，次のような転換が必要ではないかと考えるに至ったのである。すなわち，地域住民全体への門戸開放は維持しつつも，少なくとも自治会・町内会からの自律性確保とそして特に女性個人が参加しうる多様な個人の自発的加入によって設立される民主的組織に転換することであり，それゆえ地域再生を担う市民・地域住民と行政の間には〈内発的で民主的なパートナーシップ〉を構築することである。

　以上のような事情が，本書を構成する一連の論文の執筆の動機である。

　本書は，私が滋賀大学教員の定年退職後，母親の事実上の介護のためにU

10

ターンしてから始めた地域再生の先進自治体に対する聞き取り調査によって，ほとんど構成されているが，以下のような事実によって，研究書としては非常に不十分であることを著者として自覚している。すなわち，本来であれば実施すべき自治体への複数回調査を，特にコロナ禍以降は実施することができず，受け入れ担当者と事後的なメールのやり取りによって代行せざるをえなかったこと，コロナ禍のため近隣の大学図書館の所蔵文献資料を十分活用することができなかったこと，またこの間，強い関心を抱いてきたフランスのミュニシパリズムについても現地調査は勿論実施できず，ネット資料・文書の解読のみに依拠せざるをえなかったこと，等の事実である。

　それでも，SDGsの観点から再生可能エネルギーと有機農業の組み合せによるまちづくり，ジェンダー・ギャップ解消を目指すまちづくり，多様な利害関係者の（内発的かつ民主的）パートナーシップを体現した地域自治組織によるまちづくり，等に関する先進自治体の事例の一端，またフランスのミュニシパリズムの動向と具体例としてのポワチエ市の事例との一端を多少なりとも明らかにできたことは，限定的なものとはいえ，本書の意義ではないかと考えている。

　初出一覧と本書の全体の構成は，以下のとおりである。書き下ろしの「はしがき」および「終章」と公表済みの諸論文との間で整合性を保つために表現の統一や若干の補足と修正を行っている。

目　　次

装丁：神田程史［レフ・デザイン工房］

第1章　エコロジカルなまちづくりとSDGs

I　はじめに

　私たちは今，新型コロナ・ウイルスのパンデミック（世界的大流行）の渦中にあり，それは全世界で感染者約6,260万人，死者約146万人（2020年11月末現在）と止まることを知らない勢いである。私たちは，パンデミックが感染防止のための都市のロックダウンや隔離，夜間外出禁止，等を通じて経済活動や観光業に打撃を与え，保健医療体制の逼迫化とともに，エッセンシャルワーカーと言われる現場労働者，ケア労働者，サービス労働者の大量失職，生活困難をもたらしている事態に立ち会っている。同時に，私たちは今，台風の激甚化，記録的豪雨，記録的熱波・干ばつ，大規模森林火災，等の異常気象どころか，まさに気候危機と言うべき事態にもまた立ち会っている。コロナ禍も気候危機も行き過ぎたグローバル資本主義の産物であるという共通点が見出されることは大方の認めるところである。

　このような世界的危機を睨みつつ，足元に目をやると，私のような地方小都市の住民が直面している地域課題は多様であり，危機的状況は深まっている。人口減少と少子高齢化のもとで，中心市街地の空洞化，商業や農業の後継者不在，耕作放棄地の増加，空き家・空き店舗の増加，独居老人・買い物難民，地域防災力の低下，等がそれである。

　ところで今，こうしたグローバルとローカル双方にわたる危機的状況のもとで，2015年の国連総会で採択されたSDGs（持続可能な開発目標）が注目を浴びており，その様々な適用と実践，普及活動が行われている。またSDGsに依拠した「グリーン・リカバリー」（緑の復興）や「グリーン・ニューディール」（緑の新政策）構想が，コロナ禍の収束した後の目指すべき方向とし

て論議されている。

　それでは多様な地域課題に呻吟する地方小都市にとって，それらの課題を解決し「持続可能性」のある地域社会のあり方すなわち「持続可能なまちづくり」を進めるために，SDGs はどのような新たな枠組みを提供しうるのであろうか。本章は，「持続可能なまちづくり」を進める場合に SDGs が提供しうる枠組みを，現代ヨーロッパにおける「持続可能なまちづくり」または「エコロジカルなまちづくり」と言えるミュニシパリズムを援用することによって明らかにする。そしてそれを踏まえて次の第 2 章において，その有効性を日本において持続可能性のある「エコロジカルなまちづくり」を目指していると思われる千葉県匝瑳市「豊和村つくり協議会」の事例を通じて検討しようとするものである。

Ⅱ　持続可能なまちづくりと SDGs

1　「まちづくり」から「持続可能なまちづくり」へ

　持続可能なまちづくりの前提としてまちづくりとはそもそも何かの確認から始めよう。

　まちづくりに関する歴史的考察によれば，その変遷は，1950年代から1980年代前半までの「異議申し立てから生活像の提起へ」，1980年代後半から1990年代までの「地域再生のためのまちづくり」そして2000年代以降の「自立するまちづくり」という三つの段階を経由する。これらの段階を経由しつつも，現在のまちづくりに共通した特色として，まちづくりは，都市計画とは異なり，生活圏域たる地域の視点，生活者の視点から出発するボトムアップ型の地域運動という特色を持つのであり，その目指すところは，自発的意思をもって参加した住民と行政の「協働」によってコモンズ（共有地）としての地域社会，地域経済，地域環境の質的向上という点にある。

　まちづくりに関して，より端的な定義を与えているのは，多少古いが日本建築学会によるものである。それは以下のように定義されている。

　「まちづくりとは，地域社会に存在する資源を基礎として，多様な主体が

連携・協力して，身近な居住環境を斬新的に改善し，まちの活力と魅力を高め，『生活の質の向上』を実現するための一連の持続的な活動である⁽²⁾。」

そのうえで，まちづくりの原則として，次の10原則が挙げられている。①公共の福祉の原則，②地域性の原則，③ボトムアップの原則，④場所の文脈の原則，⑤多主体による協働の原則，⑥持続可能性，地域内循環の原則，⑦相互編集の原則，⑧個の啓発と創発性の原則，⑨環境共生の原則，⑩グローカルの原則。

ここに見られるように，持続可能性の原則は，他の多くの原則とともに並列的に挙げられている。上記の日本建築学会の文献が刊行された2000年代すなわち SDGs（持続可能な開発目標）が国連総会において採択される2015年以前の時期においては，まちづくりは，公共の福祉，地域性，ボトムアップ，多主体による協働などとともに持続可能性の原則ももった，まちにおける「生活の質の向上」を実現するための一連の持続的活動として把握されていた。

しかしながら SDGs の採択以前にも同じ日本建築学会のまちづくりに関する別の文献は，持続可能性の原則を中心に据えるべきことを以下のような叙述をもって明示している。

「1992年の世界環境サミット（地球サミット―引用者）以降，環境，経済，社会・コミュニティの三位一体の視点からの地域づくりが求められ，その持続的な発展のためには，住民自身の主体的な取り組みが不可欠である。…

現在のまちづくりの大きなテーマは，今日的な地球温暖化対策としての全町をあげての（再生可能――引用者補足）エネルギーの地産地消戦略によるエコロジカルなまちづくりにある⁽³⁾。」

すぐれて先見の明のある考察と言うべきであろう。こうして，まちづくりは，地球温暖化，異常気象，生物多様性の危機，等の地球的課題に直面して，まずは環境保全的な意味での持続可能性の原則を軸とした持続可能なまちづくり，すなわちエコロジカルなまちづくりへと変化することになるのである。

図1-1　SDGs の17目標のロゴ
（出所）国連広報センター（https://www.unic.or.jp）

2　SDGs とそれを構成する環境・社会・経済の三側面の関係

　周知のように，SDGs（Sustainable Development Goals）「持続可能な開発目標」は，2015年9月25日の国連「持続可能な開発サミット」で採択された「われわれの世界を変革する：持続可能な開発のための2030アジェンダ」というタイトルをもった文書である。それは，前文の他に，17のゴールと169のターゲットから構成されている。特に17のゴール（以下，目標と記す）は，下記のようなカラーロゴの国連広報センターによる公開によって世界中の人々の目を惹き付けてきた（図1-1）。

　SDGs の内容と特徴については，すでに多くの研究文献，解説書が公刊されており，枚挙にいとまがないほどである。その特徴については，一般に，普遍性（先進国も開発途上国も全ての国が対象），包摂性（人間の安全保障の理念の反映としての「誰一人取り残さない」），統合性（環境・社会・経済の三側面の統合的取り組み），多様性（国，自治体，企業，コミュニティまで対象），参画性（目標実現のためには多様な利害関係者の参画と協働が必要）等が指摘されている。

　いずれも不可欠の特徴ではあるが，持続可能なまちづくりという本書の観点から特に検討すべきは，統合性である。その検討の前に，持続可能なまちづくりを直接の対象にしている SDGs の目標11の内容について簡潔に確認しておきたい。

　目標のロゴのキャッチコピーは「住み続けられるまちづくりを」であるが，目標原文のタイトルに関する外務省の仮訳は「包摂的で安全かつ強靭で持続可能な都市及び人間居住を実現する」である。そのターゲットとして提起されているのは，社会的弱者についての住居，公共サービス，公共交通機関，公共施設，等へのアクセス，世界的文化遺産・自然遺産の保全，気候変動の緩和と適応も含む計画導入による災害防止と経済的損失削減，大気汚染や廃棄物管理による都市環境の改善，そして経済・社会・環境面の都市部・都市周辺部・農村部のつながり支援の開発計画強化，等である。

　以上のような目標11とそのターゲットの羅列的内容だけで持続可能なまちづくりを構想するのは困難であろう。やはり SDGs の目標全体にかかわる特徴を踏まえたうえで検討することが必要である。

　ここで検討したいのは，特に SDGs の統合性についてである。SDGs の17の目標は，環境，社会，経済という三側面の目標群に分類される。一つ目は，環境に関する目標群であり，キャッチコピーで示せば，安全な水とトイレを世界中に（6），気候変動に具体的な対策を（13），海の豊かさを守ろう（14），陸の豊かさも守ろう（15）から構成される。二つ目は，社会に関する目標群であり，貧困をなくそう（1），飢餓をゼロに（2），すべての人に健康と福祉を（3），質の高い教育をみんなに（4），ジェンダー平等を実現しよう（5），エネルギーをみんなにそしてクリーンに（7），住み続けられるまちづくりを（11），平和と公正をすべての人に（16）から構成される。三つ目は，経済に関する目標群であり，働きがいも経済成長も（8），産業と技術革新の基盤をつくろう（9），人や国の不平等をなくそう（10），つくる責任つかう責任（12）から構成される。最後の目標，パートナーシップで目標を達成しよう（17）は，三つの目標群全てに関連し貫通するものと位置づけられる。

　これら三つの目標群の関係は，結論を予め示せば，並列的な関係ではなく，

環境の目標群の実現が土台にあって，その土台の保護のうえで相互に依存し合う社会と経済の目標群の実現が可能になるという「入れ子構造」にあるという把握が重要であるように思われる。そして，そうした把握は，SDGsが1970年代以降の途上国の開発優先と先進国の環境保護の対立・合意を軸とする国連と国際会議の長期にわたる論議の成果であることを踏まえれば明確になるように思われる。そこで以下，「持続可能な開発（または発展）」を構成する環境・社会・経済の三側面の区別と統合に至る国際的論議の経過を先行研究に依拠して簡潔に要約しよう。

①ストックホルム会議（1972年）

ストックホルムで開催された「国連人間環境会議」（UNCHE）は，環境問題に関する初めての国連会議であり，「人間環境宣言」と「行動計画」が採択された。その「宣言」においては，環境保護と経済的社会的開発の不可欠性が並列的に言及されているが，これらの内容は，100年以内の地球上の成長の限界点逢着を指摘した先行公表のローマクラブ『成長の限界』の影響を受けているとされる。また「行動計画」にもとづく国連総会決議により「国連環境計画」（UNEP）が設立された。

②ナイロビ会議（1982年）

ケニア・ナイロビで開催された「国連環境計画管理理事会特別会合」は，環境・資源と開発の相互関係，経済成長と環境の両立が盛り込まれた「ナイロビ宣言」を採択した。特に後者の点に関して，資源保全が持続的成長の前提であることを明示した点が注目される。なお，ナイロビ会議では「環境と開発に関する世界委員会」（WCED）の設置が決定された。

③ブルントラント委員会報告書（1987年）

ナイロビ会議の翌年の国連総会において，前年の日本の環境庁長官による提案を受けてWCEDの設置が採択され，翌1984年に元ノルウェー首相のブルントラント女史を委員長とする「環境と開発に関する世界委員会」（通称ブルントラント委員会）が正式に設置されたのである。この委員会は，3年間の精力的活動の後に，その成果を報告書『われら共有の未来（Our Common Future)』として公表し同年，国連総会で採択されている。「持続可能な開

発」(Sustainable Development) という言葉は，このブルントラント委員会報
告書のなかで初めて次のように定義されたのである。それは「将来の世代が
自らのニーズを充足する能力を損なうことなく，今日の世代のニーズを満た
すこと」であるとされた。

④「地球サミット」(1992年)

ストックホルム会議の20周年を記念して，ブラジル・リオデジャネイロに
て「環境と開発に関する国連会議」(UNCED) いわゆる「地球サミット」が
開催され，その通称に相応しく「気候変動枠組条約」「生物多様性条約」「環
境と開発に関するリオデジャネイロ宣言」「森林原則声明」「アジェンダ21」
という五つの文書が採択された。「リオ宣言」においては，ブルントラント
委員会の「持続可能な開発」の定義を踏まえた「現世代と将来世代との間で
の衡平性」の原則や先進国と途上国の間の「共通だが差異のある責任」の原
則が盛り込まれた。また行動計画である「アジェンダ21」は，「持続可能な
開発」を国連の恒久原則にすると宣言しつつ，そのための新しいグローバ
ル・パートナーシップの開始を記すものとされた。その年の年末の国連総会
で「アジェンダ21」の進捗状況を検証するための組織の設立が決められ，翌
年1993年に国連のもとに「持続可能な開発に関する委員会」(CSD) が設立
された。

⑤「社会開発サミット」(1995年) と「ミレニアム・サミット」(2000年)

コペンハーゲンで開催された「社会開発サミット」(WSSD) は，採択さ
れた「コペンハーゲン宣言」において，生活の質の改善と向上または人間の
能力と福祉の向上を意図する「社会開発」を初めて取り上げ，経済開発，社
会開発，環境保護が「持続可能な開発のために相互に強化し合う要素」であ
ることを明示した。

こうした「社会開発サミット」の視点は，2000年の「国連ミレニアム・サ
ミット」に拡充・統合され，そこでは貧困，教育，ジェンダー平等，児童と
妊産婦の健康，疾病防止，環境の持続可能性，グローバル・パートナーシッ
プという8つのゴールと21のターゲットから構成され，2015年を目標達成年
次とする「ミレニアム開発目標」(MDGs) が採択されたのである。

⑥ヨハネスブルグ・サミット（2002年）

　ヨハネスブルグで国連によって開催された「持続可能な開発に関するサミット」（WSSD）は，持続可能な開発に関する「ヨハネスブルグ宣言」と「実施計画」を採択した。その「実施計画」においては，持続可能な開発の三つの構成要素である経済開発，社会開発，環境保護の関係を「経済開発，社会開発の基礎となる天然資源の保護と管理」という表現によって，持続可能な開発は，環境保護の基礎上に経済開発と社会開発から構成されるものであり，それらを「相互に依存し補強し合う支柱として統合」するとしたのである。要するに，持続可能な開発は，環境保護を基礎にしつつ，経済開発と社会開発という三つの相互依存の支柱から構成され，それらを統合するものと認識されたのである。

⑦リオ＋20（2012年）

　リオ・サミットの20周年を記念してリオデジャネイロで開催された「国連持続可能な開発会議」（UNCSD）は，成果報告書『我々が求める未来（Future We Want)』を採択した。会議は成果報告書を通じて，グリーン経済の推進，持続可能な開発のための制度的枠組みとしての「持続可能な開発に関するハイレベル政治フォーラム」（HLPF）の設置と既存の「国連環境計画」の大幅拡充そして「持続可能な開発目標」（SDGs）の策定について合意した。

⑧プラネタリー・バウンダリーの提起（2009年）と
　SDGs ウエディングケーキ・モデルの提示（2016年）

　時期は前後し国際会議ではないが，その後の SDGs の環境・社会・経済の三側面の関係に関する理解と論議に強い影響を与えていくことになる「プラネタリー・バウンダリー」（地球の限界）という概念が，地球環境の持続可能性に関するスウェーデンの研究者ヨハン・ロックストローム氏によって2009年に提起された。[5]プラネタリー・バウンダリーとは，本来，回復力を備えている地球の生命維持システムが，人類の活動の結果として過剰な負荷を受けて一定の限界値を越えて回復力を失うと不可逆的な破壊的環境変化を引き起こすとされるその限界のことである。ロックストローム氏は，その限界値を，気候変動，成層圏オゾン層の破壊，海洋酸性化，土地利用の変化，淡水の消

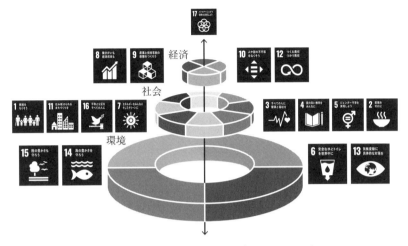

図1-2　SDGs のウエディングケーキ・モデル

（出所）https://www.stockholmresilience.org/research/resarch-news/2016-06-14-how-
food-connects-all-the-SDGs.html。2020/ 9 / 1 閲覧。モデルの日本語訳。

費，生物多様性の損失率，窒素およびリンによる汚染，化学物質汚染，大気
汚染またはエアロゾル負荷という 9 つの領域について計測し，最初の 4 つの
領域についてはすでに限界値を越えたと指摘したのである。そして SDGs を
構成する環境・社会・経済の三側面の関係については「経済が社会を支える
手段として機能し，一方で，社会はプラネタリー・バウンダリーを越えずに
安全に機能する空間内で発展するという入れ子構造の開発の枠組みを選択す
る必要がある⁽⁶⁾」と結論付けたのである。

　その後，ロックストローム氏は，この「入れ子構造」を「持続可能な開発
目標（SDGs）の経済的，社会的，生態学的側面を見る新しい方法」として
の「SDGs のウエディングケーキ・モデル」として図形化し公表している⁽⁷⁾
（図 1 - 2 ）。

　以上のプラネタリー・バウンダリーの提起は，「持続可能な開発」の定義
に影響を与えることになる。国際科学会議（ICSU）を中心とするその再定
義検討プロジェクトチームは，プラネタリー・バウンダリーの提起を踏まえ
て2013年に「持続可能な開発」について次のような新たな定義を与えている。

それは「現在および将来の世代の人類の繁栄が依存している地球の生命維持システムを保護しつつ，現在の世代の欲求満足させるような開発」のことであるとされた。[(8)]

　こうして「持続可能な開発目標」（SDGs）は，環境目標群，言い換えれば地球の生命維持システムの保護の実現の土台のうえで，あるいは地球システムの安全な機能の範囲内で，相互に依存しあう社会と経済の目標群の実現が可能になるという三側面の「入れ子構造」にあるということが明らかになった。

　⑨SDGs の補完としての気候変動問題の国際的合意

　なお，プラネタリー・バウンダリーの最初の領域である気候変動については，SDGs の目標13において触れられているものの，詳細はその直後パリで開催される第21回「気候変動枠組条約締約国会議」（COP21）に委ねられたことは周知のところである。そこで気候変動問題に関する国際的合意についてSDGs の補完として簡潔に確認しておこう。

　気候変動問題に関して COP21で採択された「パリ協定」以前に採択された国際的合意の一つは，京都で開催された COP3の合意「京都議定書」であり，先進国の2008年〜12年の５年間の温室効果ガスの排出量を1990年比で５％以上削減することと，そのための排出量取引等に関する「京都メカニズム」などを合意内容としていた。

　「パリ協定」の要点は，直前に採択された SDGs を補完するものとして「気候正義」（Climate Justice）の観点から世界の気温上昇を，産業革命以前に比して２℃未満できれば1.5℃に抑えるために，今世紀後半に温室効果ガス排出量を実質的にゼロにすべきであり，そのために全ての国が排出量削減目標を作成し提出することを義務づけた点にある。ここで「気候正義」とは，今まで温室効果ガスを排出してきたのは先進国と新興国であるのに，気候変動の最も深刻な被害を受けるのは貧しい途上国や弱い立場の人々と将来世代であるという世代内，世代間の不公平，不正義があり，それを是正すべきであるという考え方であり，社会運動である。

　「パリ協定」の要請を受けてその後，地球温暖化に関する詳細な報告を行

ったのが「気候変動に関する政府間パネル」（IPCC，1988年設立）であり，2018年10月に「1.5℃の地球温暖化に関するIPCC特別報告書」を公表している。その要点は，温暖化が急速に進行しており，現状のままでは，早ければ2030年，遅くとも2050年までには，平均気温は産業革命以前に比して1.5℃以上上昇する可能性が高いとして，1.5℃目標を達成するためには，2030年までに排出量を2010年比で約45％削減すべきであり，2050年には排出量を実質的にゼロにすることが必要である。そしてそうした削減目標の達成のためには，社会と経済とりわけエネルギー，土地利用，都市，産業の大転換が必要であるというものである。

　以上のような気候変動問題の提起は，「気候危機」の認識の拡がりと「気候正義」を求める若者の世界的社会運動（グレタ・トゥンベリ「未来のための金曜日」）そして欧州諸国と欧州自治体を中心とした「気候非常事態宣言」の議決さらに米国では「グリーン・ニューディール」構想すなわち再生可能エネルギー，ゼロカーボン建築・住宅，クリーン公共輸送，森林再生，土地再生，等への大規模投資とグリーン産業での先住民，非白人，女性，不安定労働者の優先雇用そして国民皆保険や保育・高等教育無料化，等の政策組合せの提起を生み出してきたことが注目される[9]。

　以上のようなSDGsの環境・社会・経済の三側面の関係の「入れ子構造」と気候変動問題の考察は，本書が問題とする「持続可能なまちづくり」がすぐれて「エコロジカルなまちづくり」に集約されることを物語っていると言えよう。

3　SDGsを活かした日本型の持続可能なまちづくり「自治体SDGs」

　以上のようなSDGsに関する検討を踏まえたうえで，改めて「持続可能なまちづくり」について考えれば，それは，環境と地球の生命維持システムの保護という意味での「持続可能性[10]」の原則を軸とした「エコロジカルなまちづくり」に集約されると言える。そのより具体的な含意と内容は，この間，フランスと欧州を中心に広がったミュニシパリズムという独自のまちづくり構想が大いに参照に値すると思われるが，その前に日本政府においてSDGs

〈事業イメージ〉

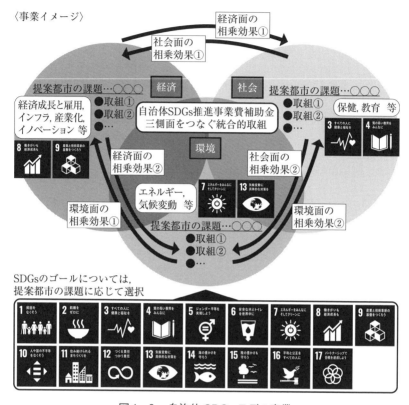

図1-3　自治体 SDGs モデル事業
（出所）https://www.kantei.go.jp/jp/singi/sousei/meeting/tihousousei_setumeikai/ h30-01-11-shiryou17.pdf。2019/ 9 /28閲覧。

を活かした持続可能なまちづくりの構想としての「自治体 SDGs」について
簡潔に確認しておきたい。

　周知のように，日本政府は，2014年に「まち・ひと・しごと創生法」（い
わゆる地方創生法）と「まち・ひと・しごと創生総合戦略」を決定し，地方
自治体に対しては，地方版総合戦略と人口ビジョンの策定を奨励してきた。
SDGs が2015年に国連で採択されると日本政府は，翌年2016年に「SDGs 推
進本部」を設置した後，2017年の地方創生総合戦略において，地方創生の推
進にあたり「SDGs の主流化」を図ると明記し，今後の施策の方向として

「地方公共団体における SDGs の達成に向けた取組の推進」を位置づけつつ，そのための先進的モデルとして「SDGs 未来都市」のプロジェクトを発足させた。それは要するに，環境，経済，社会面の統合的取組によって，地域課題の同時解決を実現し，それらの間の自律的好循環を達成しようとしている先進的地方自治体の顕彰の仕組みである。これらの取組について政府は「自治体 SDGs」と呼んでいるが，そのより端的な取組は，選定された SDGs 未来都市のなかから特に先導的な取組として選定される「自治体 SDGs モデル事業」であろう。その要件としては，①経済・社会・環境の三側面の統合的取組による相乗効果の創出，②自律的好循環の構築，③多様なステークホルダーとの連携，の三点が明示されている。こうしたものが，政府によって推奨されたいわば日本型の持続可能なまちづくりであると言ってよいであろう[11]（図 1 - 3 参照）。これは，環境と地球の生命維持システムの保護がまちづくりについても土台であるという考え方が稀薄であると言える。

4　エコロジカルなまちづくりとしての「ミュニシパリズム」

　上記のような考察のもとでは，「持続可能なまちづくり」はすぐれて「エコロジカルなまちづくり」に集約されるとするならば，後者は具体的にはどのようなものであろうか。それを体現していると思われるまちづくりの考え方が，ここで取り上げるフランスと欧州を中心として広がっている「ミュニシパリズム」というまちづくり構想あるいは新しい自治体刷新・民主化運動とでも言うべきものである。

　新しい自治体刷新・民主化運動と述べたのは，2020年前半に実施されたフランス統一地方選挙において「緑の波」として日本でも紹介された環境保護政党と市民グループ推薦候補者の大きな躍進を支えた選挙運動の進め方と選挙公約こそ「ミュニシパリズム」を体現しているからである。すなわち，選挙の結果，マルセイユ，ストラスブール，ボルドー，レンヌ，ブザンソン，等の大都市においてヨーロッパエコロジー・緑の党（EELV）が勝利を治め，緑の市長（うちボルドーを除く 5 つの都市は女性市長）が新たに誕生したことが報道されたが，実はこの「緑の波」の背後には，2008年に設立された「市

民参加協議研究所」（ICPC）のもとにスペインなどの経験に学んで，多くの市民団体，社会運動グループ，市民と政党が選挙候補者の「参加型リスト」を一緒に作り上げていくという新たな市民参加型選挙運動の成功があったのである。実際，408人の候補者リストを市民集団（以下，同じく集団を意味する groupe ではなく collectif という原語なので以下，市民コレクティフと記す）が提出して選挙運動を行い66人の当選を勝ち取ったのであるが，その際，地方政治，自治体運営の刷新・民主化の旗印として掲げられたのが「ミュニシパリズム」（municipalisme）である[12]。

　それでは，ミュニシパリズムとは何か。フランスの専門家は，それが「ポスト成長のエコロジカルな社会の実現のために，直接民主主義の精神における市民の結集によって導かれた政治システム」「自治体または自治体庁舎の民主化それゆえ住民による地方諸制度の集団的再領有を目指す政治的プロジェクト」であり，具体的には，公共財の共同管理，公共サービスの自治体再公有化，公共契約の責任感ある地方企業優先の条項，社会住宅への大規模融資，社会連帯経済の推進，参加型予算，難民との積極的連帯，等を目指すものであるとしている[13]。

　また，ミュニシパリズムを日本に紹介してきたアムステルダムのトランスナショナル研究所研究員の岸本聡子氏によれば，それは，スペインのバルセロナやフランスのグルノーブル，等の欧州都市を中心に拡大している「市民の直接的な政治参加」「市民の社会的権利の実現」「公共財（コモンズ），公共サービスの公的コントロール」を目指す「地域主権的」な新しい政治的潮流・運動であり，環境保全と地元産自然エネルギー活用，有機農業支援，独自の公共調達による地域内経済循環，市民参加型予算，等の自治体政策を共通して目指すとともに，政治の女性化と国境を越えた都市間の協力連携を重視する国際主義という自治体戦略を共通して指向しているとされている[14]。

　上記の「市民参加協議研究所」は，統一地方選挙に際してミュニシパリズムに賛同して参加型リストづくりを行った26の市民コレクティフをネットワークの構成メンバーとして公表している[15]が，そのなかにミュニシパリズムを体現する具体的政策を明示して，それに同意し署名することを候補者リスト

推薦の条件にしている市民コレクティフが存在する。

　それは，それ自体がグリーンピースなど社会運動グループや市民団体等，数十の小規模コレクティフから構成されている「移行のための協定」（Pacte pour la Transition）という市民コレクティフである。このコレクティフは，推薦を受ける者が同意し署名すべき3つの横断的原則と32の措置すなわち具体的な施策を明示している。なお，コレクティフの名称にある移行とは，「地域の環境保護，社会的公正と連帯，民主主義の強化そして持続可能な地域を求めての移行」という意味である。[16]

　まず，3つの横断的原則とは，次のとおりである。

　　原則A：移行への関心喚起と教育行動
　　原則B：地域政策の共同構築
　　原則C：長期的な影響と気候的社会的緊急事態の統合

　そのうえで提示された32の施策は，次頁表1-1のとおりである。

　こうして市民コレクティフ「移行のための協定」によって提示された横断的原則と施策の一覧表を見ると，日本型の持続可能なまちづくりとしての自治体 SDGs とは異なる特徴を見出すことができる。それは，3つの横断的原則に集約されるが，施策の一覧表の表現も交えて要約すれば，次のようになろう。その特徴は，ミュニシパリズムの上記の定義にもあるように，何よりも市民の直接民主主義的な政治参加すなわち参画にもとづく社会的公正と連帯を求めての公共財（水道，等）と公共サービス（福祉，社会住宅，交通，等）の自治体による公営化ないし参加型予算，等を通じた市民との共同構築すなわち協働を基軸として，そのうえで温室効果ガス増大と生物多様性減少を防止し，環境保護を促進する環境的施策を広範に提示することによって地域政策の土台にしていることである。そして非営利活動団体が主要な当事者になる社会的弱者支援や住民の居場所づくり，環境保全的な公共空間の創出，等の社会的施策，地域内経済循環を目指す公共調達の地域内企業への受注可能化，環境保全的地域福祉的プロジェクトへの融資とそこでの不安定労働者への雇用提供，有機農業の関連産業の支援，廃棄物の3R（リデュース・リユ

32

表1-1　市民コレクティブ「移行のための協定」の32の施策

施策の内容	
01	責任ある公共調達（社会的環境的地域的条項含む）の野心的政策
02	倫理的に正当な資金源による環境保護的地域福祉的プロジェクトへの資金調達
03	公共施設・車両等のエネルギー節約と地域産の再生可能エネルギー100%供給
04	公共サービスにおける情報処理について公益のために自由ソフトウェアの優先
05	農民のために地域の利益の出る有機農業関連産業の構造化の支援
06	農地を保全し動員して新規農民が就農するための付き添い支援
07	集合的レストランにおける地域の公正な肉の少ない自然食品の食事の提案
08	地域に生物多様性の空間を再び与えるため植物の充満，水の循環，夜間照明制限
09	地域における大規模小売店の発展への終止符
10	水を公共財として水資源保護，より良い水質，全ての人々への無償の水道水保障
11	エネルギーの最小限消費，再生可能エネルギーの地産地消と野心的気候計画
12	エネルギーを十分使えない家庭への支援を伴った高いエネルギー効率の実現
13	温室効果ガス増大と生物多様性減少をもたらす計画とインフラへの終止符
14	地域における公共交通機関の導入，アクセス，魅力の強化
15	公共空間における身体を動かす移動（徒歩，自転車）の優先
16	都市において最も環境汚染的な車両と個人用乗用車の走行空間の制限
17	自治体の特性に適合した大気汚染の少ない商品輸送，都市物流方式の開発
18	自治体廃棄物の削減・再使用・有効活用と社会連帯経済の担い手との協力
19	自治体の全ての当事者について廃棄物の削減と選別を動機づける料金設定
20	全ての者にアクセス可能な参加型居住形態と環境保護地区の拡張
21	困難な状況にある人々の受容，付き添い支援，社会復帰の保障
22	公共空間における広告の設置場所の制限
23	全ての者に保障する差別的でない公共空間へのアクセスと整備の実現
24	全ての者について手頃な価格の穏当な住宅へのアクセスの保障
25	全ての者について常駐者のいる無料デジタル支援場所の提案
26	地域に参入した外国人の非営利団体と連携しての公共的受容の仕組みの創設
27	仕事から最も隔てられた人々の環境保護を促進する地域雇用政策による包摂
28	男女市民の参加とイニシアチブ，自治体の共同構築の仕組みの設置と強化
29	環境保護的社会的気候的観点から自治体の大規模計画の外部検証組織化
30	地域における自発的参加による非営利活動政策の全ての関係者との共同構築
31	住民間の協力・繋がり，第三の居場所のための空間・資源の非営利団体への委託
32	参加型予算，非営利団体支援，地域通貨の自治体公共サービスへの組み込み

（出所）https://www.pacte-transition.org/#mesures　2020/9/5閲覧。
　（注）施策の各項目の内容は，必ずしも直訳ではなく，各項目の詳細説明に依拠して意
　　　訳または追加の表現を入れた場合がある。

ース・リサイクル）を担う社会連帯経済への支援，大規模小売店の展開抑制，等の経済的施策が提示される一方，上記の市民の実質的な参画と協働を通じて土台としての広範な環境的施策との意識的な統合が目指されていることである。

　また，この市民コレクティフの施策の一覧表には，女性の政治参画と外国人難民支援が提示されていることも注目されるべきである。

　こうして私たちは，SDGsの環境・社会・経済の三側面の関係の「入れ子構造」と気候変動問題を踏まえた持続可能なまちづくりのあり方を，ミュニシパリズムを掲げたフランスの一市民コレクティフが提示した地域政策のひとまとまり，すなわち市民の実質的な参画と協働を通じて，広範な環境政策の土台のうえでの意識的な統合が目指されている社会政策と経済政策という一体的組合せのなかに，すぐれてエコロジカルなまちづくりの体現を見出すことができるように思われる。

　　［注］
　（1）　石原武政・西村幸夫編『まちづくりを学ぶ：地域再生の見取り図』有
　　　　斐閣，2010年。
　（2）　日本建築学会編『まちづくりの方法』丸善，2004年，3頁。都市計画
　　　　論の立場からの考察については，室田昌子「持続可能な都市・コミュニ
　　　　ティへの再生」（佐藤真久他編『SDGsと環境教育』学文社，2017年）参
　　　　照。
　（3）　日本建築学会編『地球環境時代のまちづくり』丸善，2007年，136頁。
　　　　なお，この間の日本の首相による「ゼロカーボン」宣言との関連におい
　　　　て注目されている「ゼロカーボンシティ（脱炭素都市）」については，本
　　　　書第2章において言及する。
　（4）　「持続可能な開発（発展）」を巡る国際的論議の経過については，矢口
　　　　芳生『持続可能な社会論』農林統計出版，2018年，馬奈木俊介・中村寛
　　　　樹・松永千晶『持続可能なまちづくり』中央経済社，2019年，竹本和彦
　　　　編『環境政策論講義』東京大学出版会，2020年，蟹江憲史『SDGs（持続
　　　　可能な開発目標）』中公新書，2020年，等参照。なお，矢口氏は，Sustainable
　　　　Developmentの訳語について先進国を想定した場合には「持続可能な発
　　　　展」とし途上国を想定した場合には「持続可能な開発」とするとされて
　　　　いる（上記『持続可能な社会論』8頁）。

（5） J.ロックストローム・M.クルム著，武内和彦・石井菜穂子監修，谷淳也・森秀行訳『小さな地球の大きな世界：プラネタリー・バウンダリーと持続可能な開発』丸善，2018年，参照。なお，プラネタリー・バウンダリーについては，石坂匡身・大串和紀・中道宏『人新世（アントロポセン）の地球環境と農業』農文協，2020年も参照。

（6） 同上書，167頁。ロックストローム氏は，こうした認識のもとで同上書の別の所で「環境負荷のないグリーンな経済成長」（20頁）という表現を与えている。なお，斎藤幸平氏は，グリーン成長についてロックストーム氏の最新の自己批判的研究を踏まえれば，それは持続可能ではなく「脱成長」が採用されるべきであり，グリーン成長を帰結するSDGsは「大衆のアヘン」であると述べている。斎藤幸平『人新世の「資本論」』集英社，2020年，参照。

（7） https://www.stockholmresilience.org/research/research-news/2016-06-14-how-food-connects-all-the-SDGs.html

（8） 蟹江憲史，前掲書，62頁。なお，山本良一『気候危機』岩波ブックレット，2020年，18頁も参照。

（9） 山本良一，前掲書，ナオミ・クライン著，中野真紀子・関房江訳『地球が燃えている』大月書店，2020年，等参照。

（10） 「持続可能性」（Sustainability）の概念については，紙幅の都合もあり言及しない。この概念については，大森一三「プルラリズムとしての『サステナビリティ』概念」（法政大学『サステナビリティ研究』第1号，2010年），池田寛二「サステナビリティ概念を問い直す」（同上誌，第9号，2019年），福永真弓「サステナビリティと正義」（同上誌，同号）等，参照。なお，この点については，矢口芳生，前掲書，斎藤幸平，前掲書も参照。

（11） 内閣府地方創生推進事務局「地方創生に向けた自治体SDGs推進事業について」（平成30年1月）https://www.kantei.go.jp/jp/singi/sousei/meeting/tihousousei_setumeikai/h30-01-11-shiryou17.pdf，2019/9/28閲覧。なお，日本政府によるSDGsを活かした持続可能なまちづくりについては，田中治彦・枝廣淳子・久保田崇編著『SDGsとまちづくり』学文社，2019年，村上周三他『SDGsの実践：自治体・地域活性化編』事業構想大学院大学出版部，2019年，南博・稲葉雅紀『SDGs：危機の時代の羅針盤』岩波新書，2020年，等参照・

（12） J.Guitton-Boussion, Sous la vague verte des municipals, le surprenant succès des listes citoyennes, in *Reporterre*, le 3 juillet 2020, https://reporterre.net/Sous-la-vague-verte-des-listes-citoyennes, E.Dau, Un bilan des dynamiques de listes participatives aux élections municipals françaises

en 2020, https://commonspolis.org/wp-content/uploads/2020/08/
BilanMunicipales_V10-compresse%C3%A9.pdf, いずれも2020/ 9 / 1 閲覧。
この間の事情を紹介したものとして，岸本聡子「地域自治でグローバル
資本主義を包囲する」（『世界』2020年11月号）参照。

（13）　S.Cattiaux, Le municipalisme, nouvelle voie de la démocratie locale ?
le 4 janvier2020, in *Lettre du cadre*, https://www.lettreducadre.
fr/15729/le-municipalisme-nouvelle-voie-de-la-democratie-locale/,
2020/ 9 / 1 閲覧。

（14）　岸本聡子『水道，再び公営化！』集英社新書，2020年。

（15）　Institut Concertation Partipation Citoyenne, Municipalisme et listes
participatives, https://i-cpc.org/focus-sur/municipales-2020/, 2020/ 9 / 2
閲覧。

（16）　Pacte pour la Transition : 32 mesures concrètes en vue des élections
municipalsde 2020, le 6 janvier 2020, https://www.rtes.fr/pacte-pour-la-
transition-32-mesures-concretes-en-vue-deselections-municipales-de-2020,
2020/ 9 / 5 閲覧。

第2章　事例としての千葉県匝瑳市「豊和村つくり協議会」の取組

Ⅰ　エコロジカルなまちづくりを目指す事例
——千葉県匝瑳市豊和村つくり協議会——

　次に，SDGs が提供しうる「持続可能なまちづくり」の枠組みの具体化が端的には「エコロジカルなまちづくり」であるという第1章の考察を踏まえ，まさにそのような地域づくりに奮闘している小規模地域の事例を検討したい。それは，再生可能エネルギーとしてのソーラーシェアリング（営農型太陽光発電）を活用して独自の地域づくりを目指している千葉県匝瑳市の地域団体「豊和村つくり協議会」の事例である。SDGs が提供しうる枠組みすなわち環境・社会・経済の三側面の関係の「入れ子構造」を活かした持続可能なまちづくり（地域づくり）の観点からソーラーシェアリングに注目するのは，それが温室効果ガスの排出量の削減という地域の環境的課題の解決に役立つだけでなく，ソーラーパネルの下での農作物の良好な成育それゆえ農業の面から見た地域の経済的社会的課題の同時解決すなわち農業振興と農村活性化にも役立つという CHO 技術研究所の長島彬氏によって考案され特許が公開された技術に依拠しているからである。

1　地域活動の経過
　千葉県匝瑳市は，県の東部に位置する人口約3万5,000人の小都市であり，戦後，匝瑳郡八日市場町と豊和村をはじめとする多くの村が合併して成立した八日市場市と，残っていた匝瑳郡野栄町が平成の大合併時に合併して現在の匝瑳市に至っている。ここで取り上げるのは，市内の北部の旧豊和村，現

在は飯塚開畑地区においてソーラーシェアリングの活用と展開によって地域課題の解決とエコロジカルな地域づくり,(3) 地域自治活動を行っている団体「豊和村つくり協議会」である。

飯塚開畑地区は,その名のとおり山林を切り開いて農地を造成した場所であり,土地が痩せていて水はけも悪いため,農業者の高齢化,就農者の減少も相俟って次第に耕作放棄地が増加してきた地区である。そうした地域課題を抱えるこの地区の代々の農家で郵便局に勤務しながら農業に従事していた椿茂雄氏は,早くから太陽光発電の活用による地域課題の解決を模索し,退職後,県の太陽光発電所ネットワーク(PV-Net)の交流会の場で東光弘氏と出会い,ソーラーシェアリングを見聞するに至る。東光弘氏は,東京で有機農産物やエコ商品の販売業に従事しながら環境問題やエネルギー問題の勉強をしていたところ2011年3月11日の東日本大震災と福島原発事故の勃発に遭遇し,それを契機として,長島彬氏の考案したソーラーシェアリングの見聞と千葉県のその実験農場通いを行うようになり,そのなかで上記交流会にも参加し椿茂雄氏と出会う。こうして長島彬氏が考案したソーラーシェアリングすなわち営農型太陽光発電のなかに環境問題と農業・農村問題を同時解決する仕組みを創ることに意気投合した両氏は,2014年7月に飯塚開畑地区に「市民エネルギーちば合同会社」を設立して共同代表に就任した。

会社は当初,環境NPO関係者や地元農業者など9人が10万円ずつ出資した資本金90万円で設立された。そして同年9月に耕作放棄地約850m²の上にソーラーパネルが設置された「匝瑳第一市民発電所」が完成する。その設置費用約900万円は,市民共同出資型のパネルオーナー制度によって調達されたことが注目される。パネル1枚2万5,000円で販売され,出資者には固定価格買取制度(FIT,当時1kW36円)によって売電収益が毎年還元される仕組みである。この最初の発電所の定格出力は30kWhであり,年間約250万円の売電収益を得て発電所の設置費用約900万円の一部を回収していた。また同時に,パネルの下の農地約800m²ですでに大豆の栽培を行い,まさに〈畑で電気も野菜も作る〉ことが可能であることを実証していた。

合同会社「市民エネルギーちば」とその第一市民発電所は,日本初の市民

出資型ソーラーシェアリングの担い手として注目されるだけではない。当初の会社設立時，本店事務所は千葉市内に置かれていたが，第一市民発電所の開設後の翌年2015年8月に匝瑳市飯塚に移転されている。また会社は，その定款に非営利型の合同会社として「利益を出資者に分配しない」ことを明記するとともに，農業活動の条項を追加している（2015年3月）。これらの事実は，当会社のソーラーシェアリング事業が地域住民組織による設立と所有，収益の一部の地域分配という「コミュニティパワーの3原則」（後述）を事実上，すでに体現している点において注目される。

　会社はその後の2年間ほど，理念を共有する他の事業者と協力して5つの設備を建設して出力約290kWhを実現している。

　会社は第一市民発電所開設の翌年2016年7月に完全子会社「匝瑳ソーラーシェアリング合同会社」を設立し，代表に就いた椿氏のもとで新たなメガソーラー発電所建設の準備に入る。こうして2017年3月に「匝瑳メガソーラーシェアリング第一発電所」が完成する。この発電所は，ソーラーシェアリングとしては日本最大規模の出力1MW（メガワット）を有し年間発電量としては約160万kWhになり，一般家庭約300世帯分の年間消費量に相当する電力を作り出す。設置費用は約3億円の巨額に上ったが，事業プロジェクトに賛同する「千葉エコ・エネルギー株式会社」，「城南信用金庫」，「SBIエナジー株式会社」，環境イベント企画会社「有限会社en」の資金協力によって調達された。発電所の面積は，約3万2,000m^2（3.2ha）の広さであり，そのうちの半分以上が15年以上もの間，耕作放棄地で痩せた土地であった。

　そしてソーラーパネルの下で再生された広大な農地の耕作を請け負うのは，前年2016年2月に地元の若手農業者を中心に設立された農業生産法人「Three Little Birds合同会社」（以下，TLBと略す）である。この法人は，有機JAS認証を得て，雑草を活かす自然農法に近い形で大豆と麦を栽培している。合同会社の売電収入約5,000万円のなかから耕作委託料として当初，年間200万円が支払われ，農業生産法人の経営の安定を支えることになった。また農地の地権者には，10アール当たり年間2万円の地代が支払われる。こうして，長い間の地域課題であった耕作放棄地の問題が解決され，再生された畑でク

リーンな電気と有機野菜を作るという魅力ある事業の展開が可能になったのである。

　以上のメガソーラーシェアリング事業は，地域を支援するための「地域基金」として当初，年間200万円の拠出を事業計画のなかに組み込んだが，そのための受け皿として2018年３月に設立されたのが「豊和村つくり協議会」である。

　当協議会の設立の目的は，「豊和村つくり協議会規約」において「飯塚開畑地区に設置されたソーラーシェアリング発電設備から拠出される『地域基金』等の管理，運営のために設置する」（規約第１条）と明記されている。そしてその基金の使用目的については，次のように規定されている。「基金は，飯塚開畑地区の農地の保全や農業支援および豊和地区の環境保全と活性化，将来を担う子供たちの育成，地域のための活動への支援のために使う」（同第２条）。またその構成団体については，次のように多様である。「①土地改良区飯塚分区，②飯塚開畑環境保全会，③豊和小学校とPTA，④豊和保育所保護者会，⑤豊和地区（飯塚，大寺，内山）各区長，⑥市議会議員・農業委員・青少年相談員等，⑦豊葉会（地区の伝統行事の伝承団体—引用者），匝瑳プロジェクト等，地域活動団体，⑧匝瑳ソーラーシェアリング合同会社，市民エネルギーちば，⑨Three Little Birds 合同会社，⑩会の目的や趣旨に賛同するものであって，協議会が認めた団体・法人・個人」（同第３条）。以上の当協議会の構成とソーラー発電によるお金の流れは，図２−１のように示される。

　当協議会の構成団体のなかでユニークな活動を行っている団体の一つが，「匝瑳プロジェクト」（SOSA Project）であり，2011年にNPO法人として設立されている。東京からの移住者，高坂勝氏が発起人であるこのNPO法人は，地元有志の任意団体「アルカディアの里」が管理していた里山や田畑を引き継ぎ，独自の「冬期湛水不耕起栽培」の方法で米作りを行う中で，都会の人々にレンタル農地「マイ田んぼ」を紹介し提供することによって都市・農村間住民交流を進め，昔からの地元住民と都会からの移住者や「週末農業」者との協働により地域の文化・伝統・技術の継承と活力ある新しいコミ

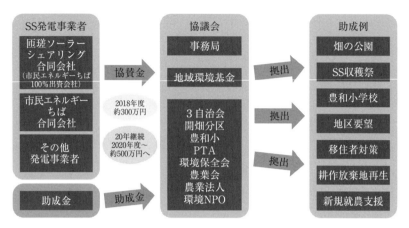

図 2 - 1　豊和村つくり協議会とソーラー発電によるお金の流れ
（出所）市民エネルギーちば「ソーラーシェアリングと有機農業の融合による環境型の地
域作り」2019/04/25（https://tamaempower.co.jp/news/file/19061...）2020/ 6 /23
閲覧。

ュニティの創出とを実現することを目的としている。また高坂氏は東光弘氏
とともに2018年10月に古民家改修，農村民泊，農作業体験，農村体験，等を
展開する「株式会社 Re」を設立している。

　なお「市民エネルギーちば」はその後，2019年 7 月に株式会社に移行する
ものの合同会社の時と同様，定款に余剰利益の配当がない非営利型法人であ
ることを明記している。収益を地域と共有することにより循環させて地域づ
くり，地域再生に役立てるという一貫した事業経営姿勢の現われに他ならな
い。株式会社の資本金は1,000万円，株式会社移行時の保有発電所は 8 号機
にまで達している。

　こうして豊和村つくり協議会とその構成団体によるソーラーシェアリング
発電事業は，地域住民組織によって設立，所有され，事業の意思決定が行わ
れ，その収益の一部が地域に分配されているという点において，世界風力エ
ネルギー協会（WWEA）が2011年 5 月に発表している「コミュニティパワ
ー 3 原則[4]」をほぼ体現してきたと言えよう。それは，①プロジェクトの利害
関係者がプロジェクトの大半もしくはすべてを所有している，②地域に基礎

表2-1　ソーラーシェアリング発電所の展開と発電能力の推移（数値は概数）

発電所設置時点	2014年9月	2015〜2016年	2017年3月	2020年9月
設置発電所	第一市民発電所	5つの発電所	メガ第一発電所	総計23発電所
発電能力	30kW	計290kW	1,000kW	計2,410kW
年間売電額	250万円	2,050万円	5,400万円	8,000万円
設置費用	900万円	6,500万円	3億円	6億4,000万円
パネル下の農地	大豆800m^2	大豆1ha	大豆3.2ha	大豆＋麦10ha

（出所）事前質問書への回答および「市民エネルギーちば」広報 MIN・ENE 各号
　（注）2020年9月の数値は全て総額。

を置く組織がプロジェクトの意思決定を行う，③社会的・経済的便益の大半が地域に分配される，という三つの原則であり，このうちの二つを満たしたものをコミュニティパワーとして認定するというものである。この原則は，言い換えれば再生可能エネルギー発電事業による「地域内経済循環」（後述）の原則を表現したものと理解できるのであり，その意味で豊和村つくり協議会とその構成団体によるソーラーシェアリング発電事業は一貫して「地域内経済循環」による地域再生を目指してきたと言えよう。

　最後に，以上の当協議会の地域活動の経過をソーラーシェアリング発電事業の展開としてまとめれば，以下の四つの段階を経過してきたように思われる。第一段階は，合同会社「市民エネルギーちば」の設立とそのもとでの初めての市民出資型ソーラーシェアリング発電所の設置（2014年9月）。第二段階は，その後の二年間ほどの他の事業者との協力のもとでの五つの発電所の設置（2015〜2016年）。第三段階は，「匝瑳メガソーラーシェアリング合同会社」の設立とそのもとでの日本最大規模の「匝瑳メガソーラーシェアリング第一発電所」の設置（2017年3月）。第四段階は，現段階であり，私の訪問時点の2020年9月の時点では，発電能力を異にする総計23発電所の設置が実現されている。当該地域におけるソーラーシェアリング発電所の展開と発電能力（定格出力）の推移は，表2-1のようになる。

2　SDGs の環境・社会・経済の三側面から見た
　　地域づくり事業の成果と課題

　以上のような「豊和村つくり協議会」とその構成団体によるソーラーシェアリングを軸とする地域づくり事業と地域自治活動を，ここでは敢えて，第1章において考察した持続可能なまちづくりを進める場合に SDGs が提供しうる環境・社会・経済の三側面の関係の「入れ子構造」の観点から接近したいと思う。すなわち，持続可能なまちづくり（ここでは，地域づくり）のためには，何よりも温室効果ガスの排出量を削減し地域の環境保護を促進する環境的課題解決のための施策が地域政策の土台として展開される。次いでそれとの関連において，地域社会の活性化や高齢者生活支援，子育てや教育の充実に取り組む社会的課題解決のための施策，そして地域の産業振興や技術革新，いわゆる「グリーン雇用」[5]を促進する経済的課題解決のための施策が，地域の多様な利害関係者のパートナーシップすなわち当該関係者のまちづくり（地域づくり）への参画と協働を通じて，土台としての環境的課題解決のための施策との意識的な統合が目指されることが必要である。そしてそれら三者の施策の意識的統合の結果として，社会的経済的課題の同時解決が可能になるという観点からの接近である。

　ここで予め，当協議会とその構成団体によって展開されてきたソーラーシェアリング発電事業が，SDGs が提供しうる上記のような地域課題の同時解決の枠組みに非常に親和的であることを簡潔に確認しておこう。

　すでに触れたように，長島彬氏によって考案され特許が公開されたソーラーシェアリングの技術は，太陽光発電の新しい活用方法であり，農地を耕作しながら農地の上に設置した太陽光パネルで発電も同時に行うものである。そこで太陽光パネルの下でトラクターやコンバイン等の走行と農作業ができるように，地上から約3メートルの高さの支柱と架台が建てられる一方，架台の上に設置された幅の狭い細形の太陽光パネルは，作物に必要な太陽光の量が届き，かつ適度な遮光ができる（「光飽和点」）ように一定の間隔をあけて設置される。さらに太陽光パネルを東西向きに設置して日の出から日没まで太陽の動きに同期化する回動機構「スマートターン」の技術が開発され設

　置されることによって，より高い発電量が実現される。そこにパネルで発電
された直流の電気を交流に変換して電力系統に流せるようにするパワーコン
ディショナーが設置されれば，太陽光による農作物栽培と発電を同時に可能
にする営農型太陽光発電が実現される。

　ソーラーシェアリングは農地の上で行われるので，農地法に従って農地転
用の許可を得る必要がある。優良農地の農地転用は従来原則不許可であり，
耕作放棄地を生じさせる背景になっていたが，2013年に農林水産省が農地転
用に関する指針を発表し「営農の適切な継続」等を条件として「一時転用」
を可能にしたことによって，優良農地でも許可期間 3 年で継続も可能なソー
ラーシェアリングができるようになった。さらに農林水産省は，2018年に新
たな通知を発表して，担い手による所有または耕作権保有の農地での営農ま
たは「荒廃農地」での活用，等の場合に転用許可期間を10年に延長しソーラ
ーシェアリングの推進に道を開いたのである(6)。

　このようなソーラーシェアリングの発電事業は，以下に詳細に明らかにす
る豊和村つくり協議会のケースのように，地域住民組織によって設置され，
管理され，その収益の一部が地域に分配される場合には，次のような大きな
可能性をもたらすであろう。すなわち，それは，温室効果ガスの排出量の削
減と農村環境保全をもたらすことを前提として，農作物の販売による収益の
他に太陽光発電による売電収入を同時にもたらすがゆえに，それ自体地域の
農業振興につながるとともに，農作業に余裕を与えて生産効率の観点から投
入していた農薬や化学肥料に頼らない有機農業への挑戦に道を開き，都会の
若者にとって魅力ある「グリーン雇用」の創出それゆえ地域住民と都会の若
者との交流による地域再生，地域活性化，さらには売電収入の高齢者生活支
援，子どもの育成・教育への分配による地域福祉の充実，等の大きな可能性
である。

　こうして，地域住民組織によるソーラーシェアリングの発電事業は，地域
の環境的課題の解決が社会的経済的課題の同時解決を可能にするという
SDGs が提供する持続可能なまちづくりの枠組みに非常に親和的であり，そ
の枠組みのまちづくりにとっての有効性を実証するものと考えられよう。

　ここでは以下，豊和村つくり協議会とその構成団体によるソーラーシェアリング発電事業を通じた地域の環境的課題解決，社会的課題解決，経済的課題解決のための取組がそれぞれどのように展開され，環境的課題解決の取組を土台として社会的経済的課題の同時解決がどのように可能にされてきたのか，そこにおける成果と課題はどのようなものかについて順に考察することにする。

　①環境的課題解決のための取組

　それでは，豊和村つくり協議会とその構成団体によるソーラーシェアリング発電事業について，まず環境的課題解決のための取組から見ていこう。

　その取組の最も大きな成果は，言うまでもなくソーラーシェアリング発電による温室効果ガスの排出量の削減である。

　事前配布された国立研究開発法人産業技術総合研究所の太陽光発電研究センターの文書「太陽光発電の特徴」[7]によれば，温室効果ガス（ここではCO_2に代表させる）の排出量の削減は，以下のように概算される。

　温室効果ガス排出の原単位は，化石燃料依存の火力発電全体の平均が約690g/kWhであるのに対して，太陽光発電の平均が約17〜48g/kWhである。そこで簡略化して太陽光発電の平均を約30g/kWhとすれば，化石燃料依存の火力発電から営農型の太陽光発電に転換した場合，太陽光発電1kWh当たりの温室効果ガスの排出量の削減は約660g/kWhとなる。豊和村つくり協議会を構成するソーラー発電事業会社の責任者の椿茂雄氏の説明によれば，開畑地区における全ての発電設備（1000kW×1，360kW×1，50kW×21）の年間の総発電量実績は約378万kWであるから，それによって削減される温室効果ガスの排出量は，次のようになる。0.66kg/kWh×378万kW＝249万4,800kg　年間約2,500tである。

　地球温暖化対策として温室効果ガスの排出量を削減するために，その手始めとして市役所等の公共施設に太陽光発電パネルを設置している自治体は少なくないが，通常その発電能力は数十kWhであり，それによって削減される温室効果ガスの排出量も数十tにすぎない[8]。ところで，2020年10月，日本政府も遅ればせながら2050年実質ゼロカーボン宣言を行ったが，それとの関

連で地方自治体における2050年ゼロカーボンシティ（脱炭素都市）宣言が注目されている。当地の匝瑳市が今後，2050年脱炭素都市宣言を行うならば，豊和村つくり協議会のソーラーシェアリング発電事業による温室効果ガスの排出量の上記のような大量の削減が，その実現に大いに貢献することは明らかである。

　なお，地域の環境的課題解決の取組に関して確認すべきことがある。一つは，豊和村つくり協議会が，すでに見たように「飯塚開畑環境保全会」を構成団体としており，地域の自然環境保全，不法投棄ごみ・廃棄物の撤去，公園整備，動植物観察，等の活動を行っていることである。この点では，当協議会自身が，山を切り開いて造成された開畑地区の広大な耕作放棄地に長年放置されてきた不法投棄のごみ・廃棄物を地元の農民，都市からの移住者の力を結集して撤去し，一緒に草刈り作業をして公園にする交流の場づくりの開畑「畑の公園」推進事業を実施してきていることが注目される。もう一つは，当地のソーラーシェアリングについて「環境保全型」であると自己規定し，その設備について，埋設管の架設時に木炭を入れること，地元の間伐木材と自然塗料を使用した木製遮光板を設置してパワーコンディショナー（パワコン）の温度低下とそれによる発電効率の向上を目指していることである。[9]

　②社会的課題解決のための取組

　豊和村つくり協議会は，上述のように，当地のソーラーシェアリング発電事業から拠出される「地域基金」の管理運営のために設立されたが，その基金が充当される対象領域は広範である。再び協議会の規約で確認すれば，次のように明記されている。「①飯塚開畑地区をはじめとする豊和地区の耕作放棄地の解消や農地と環境の保全，②地域の振興や活性化，環境保全，子どもたちの育成等，地域のために活動している団体等への支援，③子どもたちの育成に資する活動への支援，④新規営農や農村と都市との交流への支援，⑤その他，会の目的のために必要なこと」（規約，第2条）。

　今日，少子高齢化と人口減少のもとで，地方小都市や農村地域は，地場産業や地域経済の衰退とともに，地域の社会生活上の衰退や困難に直面しており，コミュニティの共助機能や子育て機能の低下，地域資源活用や伝統行

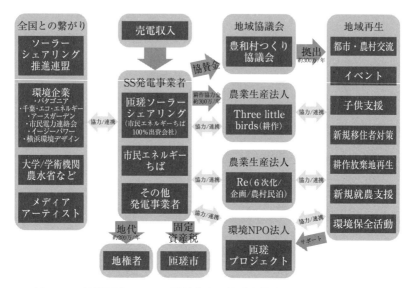

図2-2　地域再生のための地域基金の協議会構成団体間の共有と連携
（出所）図2-1と同じ。

事・工芸の継承，等の担い手の不足，耕作放棄地の増大やごみの不法投棄，空き家の増加，地域の防災力低下，地域公共交通の維持困難，等の社会的課題に直面している。豊和村つくり協議会は，「地域基金」の活用と多様な構成団体の協働によって，これらの社会的課題の解決と地域再生，地域活性化を目指してきた。地域再生のための地域基金の協議会構成団体間の共有と連携を示したのが，図2-2である。

　豊和村つくり協議会とその構成団体によるソーラーシェアリング発電事業が，当地の社会的課題の解決に貢献しているように思われる取組を示せば，以下のようになる。

　第一に，豊和村つくり協議会による地域福祉，地域活動への支援である。

　当協議会は，地域福祉として，まず地域の子どもたちに向けて豊和保育園への電子オルガンや掲示板，物置，豊和小学校へのPCモニターやテント，小学生の御輿や盆踊りの祭はんてん，等の提供，そして地域の高齢者に向けて高齢者の外出支援のバスハイク実施，シニアクラブのゲートボール場の芝

表2-2　村つくり基金の支出と受け入れ

いきいき百歳体操用の器材の購入	16万円
ホタルを愛でる会への助成	5万円
シニアクラブに芝刈り機の寄贈	6万円
グランドゴルフ場の災害復旧支援	7万円
ソーラーシェアリング収穫祭協賛金	50万円
豊和保育所の物置設置	28万円
豊和保育所の掲示板設置	26万円
豊和保育所に電子オルガン寄贈	12万円
豊和保育所コンサートに助成	2万円
犬屋敷跡地のごみ処理費用	54万円
（支出計）	206万円
匝瑳ソーラーシェアリング合同会社	200万円
市民エネルギーちば株式会社	33万円
千葉エコ・エネルギー株式会社	18万円
株式会社イージーパワー	12万円
株式会社横浜環境デザイン	6万円
YKDエナジー合同会社	6万円
株式会社市民ソーラー	6万円
Mさん（市民エネルギーちば役員）	6万円
Tさん（元パタゴニア日本支社長）	6万円
（受け入れ計）	293万円

（出所）第10回豊和村つくり協議会報告（2020年2月）

刈り機，事務所修繕，等の提供を行っている。これらの地域福祉充実のための「地域基金」＝「村つくり基金」からの支援額は，ソーラーシェアリング収穫祭と蛍を見る会への助成金を含めると年間約200万円に達しており，表2-2に見るように，協議会の構成団体の二つの会社をはじめとするソーラーシェアリング関係事業者から拠出された基金総額約300万円のうちの三分の二を占めている。

　こうして，当協議会とその構成団体によるソーラーシェアリング発電事業の収益の一部は，地域福祉と地域活動に支出されており，地域の社会的課題の解決に貢献していることは明らかである。

　第二に，ソーラーシェアリング収穫祭である。

　これは，2017年から「市民エネルギーちば」のなかに作られたソーラーシ

ェアリング収穫祭実行委員会が主催して，毎年11月に開催され，ソーラース
テージでの音楽・芸能演奏やトークショー，有機野菜や地元の食材を使った
飲食コーナー，当協議会の構成団体の農業法人や地元の農民団体が生産した
農産物販売コーナー，クラフト・伝統工芸コーナー，芋堀り大会，等のイベ
ントから構成されている。当協議会も2018年から共催団体となり，匝瑳市全
域へのチラシ配布やポスター掲示，メディアへの宣伝も功を奏して，この収
穫祭は，地域の農業関係者，地元市民，近隣の家族連れ，県内外のソーラー
シェアリング関係者，等からなる多くの参加者を集め，第1回は約800人，
第2回は約1,000人，第3回は約750人という地域の新しい祭りの賑わいを実
現している。それは，地域住民と都市からの参加者との一大交流機会，当協
議会とその構成団体によるソーラーシェアリング発電事業の参加者にとって
の一大学習機会となっているように思われる。[(10)]

　第三に，NPO法人「匝瑳プロジェクト」（SOSA Project）による都市在住
市民やいわゆる関係人口「週末農業」者への就農支援，移住支援である。

　NPO法人 SOSA Project は，すでに触れたように，都会の人々にレンタ
ル農地「マイ田んぼ」を紹介し提供することによって都市・農村住民間交流
を進め，地方移住を支援している。そのために米作り（冬期湛水不耕起栽培）
や大豆作り，空き家の斡旋・修理，小屋作り，味噌や醤油作り，草木染めの
服作り，太陽光パネルによる発電，等の移住者の自給力を高めるプログラム
やワークショップそしてそれと連携しての「株式会社 Re」による年間を通
じた多様な農村体験，農作業体験を提供している。NPOはこの間，毎年80
組ほどに田んぼを斡旋し，そのうち30〜40組ほどが新規で田んぼの耕作を始
め，耕作面積の合計は1町5反歩ほどになるとのことである。こうして「数
えていないので正確ではない」（発起人，高坂勝氏の発言）が，自給的米作り
や大豆づくりを通じて人生転換の自信につなげ，地方移住した人々は数百組
と数えられない人数であり，各地で就農した人もまた50組を優に超え，地方
創生で実績を挙げて著名になっている例も数多くある（例：徳島県の吉田基
晴氏，宮崎県の斎藤潤一氏，等）。匝瑳市への移住者については，40人近くに
なるとされている。その際，NPOが移住者や関係人口「週末農業」者に提

案し勧めているのは，いわゆる「半農半 X」すなわち農作物・食料の部分的な自給プラス個人自営業・小商いのナリワイという生き方，働き方である。[11]こうした NPO の取組は，当然ながら地元農民または地元住民による広大な遊休農地，耕作放棄地や空き地の提供，木材や土木技術，動力機械の提供，等の協力によって支えられていると同時に，季節ごとの各種農作業体験や草刈り作業，蛍を見る会，等の年間を通じた多様なイベントの取組を通じて NPO 関係者，移住者，関係人口「週末農業」者と地元農民，地元住民との新しい交流や繋がり，コミュニティの再生をもたらしており，明らかに地域の社会的課題の解決に貢献している。

　第四に，巨大な自然災害（台風15号）による大規模停電発生時の当協議会の構成団体「市民エネルギーちば」によるソーラーシェアリング発電設備の非常用電源としての地域への開放である。

　2019年9月上旬に千葉県に上陸した台風15号によって大規模な停電が発生した時，この事業会社は，市民第一発電所の前に充電ステーションを立ち上げ5台のパワコンからスマホやノートパソコンの充電ができるようにし，停電復旧までの6日間，地域住民に無料開放し，のべ150人の利用を可能にした。また，その間，飲食店・産地直売所の「ふれあいパーク八日市場」に小型太陽光パネルと蓄電池を運び，訪れた地域住民に同様にスマホ等の無料充電を可能にした。こうして，「市民エネルギーちば」のソーラー発電設備は，自然災害による大規模停電発生時に非常用電源として，さらには防災拠点として地域の社会的課題の解決に貢献しうることが実証されたと言える。

　今後は，当協議会に関係する匝瑳市内の22発電所の災害時の市民への無償の電力供給（匝瑳市と「災害時におけるソーラー発電設備による電力供給に関する協定」（2020年9月1日付）締結済み）だけでなく，電気自動車による必要な場所への電力供給や夜間の蓄電池活用，等が目指されている（後述）。

　③経済的課題解決のための取組——地域内グリーン経済循環と電気の地産地消

　地域の経済的課題について一般的に言えば，それは，製造業の工場の海外移転や商業の中心市街地空洞化とともに，農業については担い手の高齢化や後継者不在による耕作放棄地の増加，等として現れ，地場産業や地域経済の

衰退は不可避であるかのようである。

　農村地区を抱える全国の地方小都市に共通のこうした地域経済と農業の危機的状況に対して，豊和村つくり協議会とその構成団体は，地権者から賃借した広大な耕作放棄地を農地として再生させ，その上に独自の太陽光パネルを設置して大規模なソーラー発電を実現し，再生した〈畑で電気と有機野菜と雇用を作る〉という持続可能な魅力ある農業を実現したのである。具体的に見れば，当協議会とその構成団体は，一方では，ソーラー発電といういわば脱炭素のクリーンな電力を供給して大きな売電収入を得るとともに，他方では，パネル下の農地の耕作を地元の農業生産法人 TLB に委託して売電収入の一部を耕作委託料（当初，年間200万円→2020年９月360万円）として支払い，この法人の有機野菜（大豆，麦）づくりを安定させ，耕作放棄地の解消と再生（当初７町歩→同上時点10町歩）そして自然農法に近い有機農法による土壌微生物の CO_2 固定という温暖化防止の中期的効果[12]，いわば有機農産物が持つ「安全性や健康や環境保全[13]」という魅力にも支えられた農業振興を実現させるという持続可能な農業のあり方を体現してきたと言えよう。

　農業生産法人 TLB による有機農業はその後，新たな展開を見せている。TLB は，福祉作業所を運営しつつ自然食品を製造・販売している市川市の食品製造業者（株）實埜邑と連携して，有機無農薬の大豆ともち麦を提供して2019年にコーヒーとクッキーの商品化を実現したのである[14]。それは，国の「農商工等連携事業」に認定されることにより，有機野菜の安定的販路確保それゆえ耕作農地の拡張可能性をもたらすとともに，すでに前年から提供されている實埜邑の障碍者の従業員への農作業従事の機会をさらに広げることを可能にすることが見込まれる。いわば〈有機農業による農福連携〉の実現である。

　なお，農福連携について言えば，SOSA Project による就農・移住支援の取組の対象には障碍者も含まれ，そうした多様な人々の当地への移住も実現されているので，農福連携は豊和村つくり協議会の事業の事実上の方針とされていると見ることもできよう。

　当協議会とその構成団体によるソーラーシェアリング発電事業は，地域の

表2-3　匝瑳メガソーラーシェアリング第一発電所からのお金の流れ

お金を出す理由	お金の受取者と金額
工事費用	地元の業者・企業・個人（8,000万円）
固定資産税	匝瑳市（初年度350万円×20年間で2,000万円以上）
法人事業税	匝瑳市（年間60万円以上×20年）
耕作協力金・管理費	地元農家（年間200万円×20年間固定）
地代	地元地権者（年間80万円×20年間固定）
環境対策費	地元協議会（年間200万円×20年間固定）
発電事業者利益	地元企業分（年間600万円×20年）
見学者から支出	物販・飲食・サービス（半期で600名以上）

（出所）図2-1と同じ。

経済的課題の解決にとって，もう一つ別の側面を有している。それは，ソーラー発電によって協議会の構成団体の発電事業者から協議会，地元の工事業者，行政，地元の農業生産法人，土地地権者，等にお金の流れが発生し，地元のソーラーシェアリング関連事業者間の相互取引や雇用増加を通じて地域内を循環しソーラー発電事業者にもお金が還流して地域内への再投資力が高まるといういわゆる「地域内経済循環」の実現である。表2-3は，匝瑳メガソーラーシェアリング第一発電所から発生したお金の流れである。市民エネルギーちばの計算によれば，FITの20年間で地元に3億2,800万円以上のお金が配分され循環するとされている。

　以上の地域内経済循環を支える事業者または経済団体にさらに注目してみよう。ここでは，ソーラー発電事業者「市民エネルギーちば」が経済的取引または交流関係のある事業者や団体に注目すると表2-4のようになる。

　ソーラー発電事業者「市民エネルギーちば」と経済的取引および交流関係にあるこれらの事業者と団体に共通しているのは，明らかにソーラーシェアリング発電事業，環境保全活動そして有機野菜・自然食品の生産販売活動である。それゆえ，豊和村つくり協議会とその構成団体がソーラー発電事業を通じて実現しようとしている地域内のお金の流れの発生と循環は，誰でもよい経済的事業者と経済団体との取引ではなく，ソーラーシェアリングをはじめとする再生可能エネルギーまたは自然エネルギーの発電事業や（地球）環境保全，有機野菜・自然食品の生産販売を担っている事業者や団体との取引，

表2-4　「市民エネルギーちば」と取引・交流関係にある事業者と団体

関係	事業者・団体名	活動内容
協議会グループ	豊和村つくり協議会	地域の環境・社会・経済活動支援
〃	SOSA Project	都市市民への就農・移住支援
〃	（株）Re	農村民泊，農作業・農村体験
〃	（合）TLB	有機野菜生産販売
〃	ソーラー収穫祭実行委員会	地域内外住民・市民間交流
交流関係	Green Turtles	ソーラー発電活動
〃	PV-Net 千葉地域交流会	太陽光発電交流
〃	ちば環境情報センター	環境保全活動
〃	ベアーズ	自然食品販売
〃	山武の海の塩	天然塩の製造販売
〃	アースデイちば実行委員会	地球環境保全活動
〃	CHO 技術研究所	ソーラーシェアリング開発普及
〃	全国ご当地エネルギー協会	地域型自然エネルギー事業支援
〃	Renet Chiba	自然エネルギー普及活動
経済的取引	（株）アグリツリー	ソーラーシェアリング発電事業支援
〃	（株）千葉エコエネルギー	ソーラーシェアリング発電事業支援
〃	（株）市民ソーラー	ソーラーシェアリング発電事業支援
〃	（有）エムエススィー	ソーラーシェアリング設備開発製造
〃	（株）實埜邑	有機野菜使用食品加工製造販売
地元のつながり	たけおごはん	有機野菜使用レストラン
〃	アグリーン	廃油回収 BDF 製造販売
〃	みやもと山	有機野菜生産販売
〃	Sol Farm 佐藤農園	有機野菜生産販売

（出所）市民エネルギーちば「お互いの『ココロ』と『顔』が見える『つながり』」
（https://www.energy-chiba.com/リンク/）2020/12/16閲覧。

　交流を通じてであることは明らかである。ここに当協議会とその構成団体によるソーラー発電事業を通じて実現しようとしている「地域内経済循環」がいわば〈地域内グリーン経済循環〉と呼ぶべきものを意図していることは明白であろう。

　地域の経済的課題の解決に関して，さらに近い将来を展望すれば，より進んだ動きが見出される。「市民エネルギーちば」代表の椿茂雄氏は，台風15号による大規模停電時の匝瑳第一市民発電所の充電ステーションの地域住民への開放に関連して，ソーラー発電による事実上の〈電気の地産地消〉について次のような内容の発言をされている。すなわち，2021年から匝瑳市の賛

同を得た補助事業として，停電時には東京電力の送配電ネットワークを切り離し，地域独自のネットワークに切り替える「地域マイクログリッド」を当面は避難所や公共施設等の災害対策拠点への電力供給として，その後には豊和地区の約600世帯に災害時の電力供給として，将来的には，蓄電池と電気自動車の有効活用を前提として，災害に関係なく常時，地域に電力供給できる仕組みとして構築することを目指すが，そのためには発電設備も含めて地域住民が運営に関わることのできる体制が必要であるという発言である。⁽¹⁷⁾

　こうして豊和村つくり協議会とその構成団体によるソーラーシェアリング発電事業による地域の経済的課題解決の取り組みは，近い将来も視野に入れるならば，〈地域内グリーン経済循環〉と〈電気の地産地消〉の実現に集約されるように思われる。

　④環境・社会・経済の三側面の地域課題解決の取組の成果と課題

　改めて豊和村つくり協議会とその構成団体による以上のようなソーラーシェアリング発電事業による地域の環境的，社会的，経済的課題の同時解決のための取組を総括すれば，次のような連関にあると思われる。すなわち，環境的課題解決の取組であるソーラー発電とそれによる売電収入が全ての取組の土台であり，それは，環境保全，子どもたちの育成・教育や高齢者生活支援，都市・農村住民間交流，就農・移住支援，等の社会的課題解決の取組のための資金として配分されるとともに，耕作放棄地のソーラー発電用地および有機野菜栽培農地への転換という有機農業の実現，ソーラー発電に伴う地元のソーラーシェアリング関連事業者等との相互取引，農商工連携と農福連携を通じた〈地域内グリーン経済循環〉の追求と実現という経済的課題解決の取組のための資金としても活用されている。そしてそこでは，当協議会とそれを構成する多様な団体のソーラーシェアリング発電事業への参画と協働を通じて，社会的経済的課題解決の取組が，土台としてのソーラー発電の展開という環境的課題解決の取組と意識的に統合されており，その結果，地域の社会的経済的課題の同時解決が可能になっているという連関である。

　こうして，当協議会とその構成団体が「ソーラーシェアリングと有機農業の融合による環境型の地域作り」（「市民エネルギーちば」自己紹介パンフレッ

トのタイトル）に成功していることは明らかであり，その点をソーラーシェアリング発電事業の地域づくり事業としての成果として確認することができよう。

　こうした「〈匝瑳システム〉とでも呼べる仕組み[18]」は，第1章が考察してきた SDGs が提供しうる「持続可能なまちづくり」のための枠組み，すなわち環境的課題解決の施策がまちづくりの土台として据えられ，それとの相互連関において社会的課題解決の施策と経済的課題解決の施策が展開され，多様な利害関係者の地域政策への参画と協働を通じて社会的経済的課題解決の施策と環境的課題解決の施策との意識的統合が追求されるというまちづくりの枠組みと基本的に合致している。それは，現代ヨーロッパにおけるミュニシパリズムという「エコロジカルなまちづくり」の構想が体現するものでもあった。それゆえ，本章は，SDGs が提供しうる「持続可能なまちづくり」そしてその具体化としての「エコロジカルなまちづくり」の枠組みは豊和村つくり協議会の事例においてその有効性を確認することができたと考える。

　ただし，当協議会とその構成団体による「環境型の地域作り」または「匝瑳システム」においてそのような成果が確認されるとしても，今後とも持続可能であるためには残された課題はあると考えられる。

　課題の一つは，地域の社会的課題の解決も経済的課題の解決もソーラー発電とそれによる売電収入すなわち固定価格買取制度（FIT）による電気の長期的買い取りに依拠していることの限界である。この間，買い取り価格は低下しているなか，今後は売電価格が固定制から変動制に変わることが決定されている（「エネルギー供給強靭化法」2020年6月5日成立）。すでに椿氏が明言しているように，今後は「地域マイクログリッド」すなわち〈電気の地産地消〉がますます必要とされるのであり，それをどのように実現してゆくのかが課題となるであろう[19]。椿氏はすでに課題克服のためのいくつかの方向性を提示しているが，それは，より長期的な観点からは，この間話題の2050年「ゼロカーボンシティ」（脱炭素都市）宣言との関連においてソーラーシェアリングを脱炭素都市のための不可欠のインフラとしてどのように活用していくのかというまちづくり戦略に関連するであろう。

　もう一つの課題は，やはり椿氏が指摘されたソーラー発電の運営に地域住民が関わることのできる体制づくりの不十分さである。豊和村つくり協議会が地域の多様な利害関係者，住民団体によって構成されていることは，すでに確認してきたところである。土地改良区，環境保全会，PTA，各地区長，伝統行事伝承団体，農業生産法人そしてソーラー発電事業会社，等である。その限りにおいて，当協議会がSDGsの目標17である多様な利害関係者によるパートナーシップを体現していることは明白である。しかしながら，全国的に見れば，地域住民のまちづくり（地域づくり）への参画と協働の仕組みは，島根県雲南市，三重県名張市，同県伊賀市，兵庫県朝来市をリーダーとする「地域自治組織」または「地域運営組織」を意味する「小規模多機能自治組織」を設置・活用しようとする自治体の全国ネットワーク「小規模多機能自治推進ネットワーク会議」が2015年に設置されたことが一つの画期であると考えられる。複数の名称を持つもののほぼ同一の内容を追求しているこれらの組織は，ほぼ小学校区を範囲とする住民の自治組織であり，独自の予算の配分を得て地域計画とまちづくり事業への参画と行政との対等な協働を目指すものであり，SDGsが提供しうるわが国における「持続可能なまちづくり」の枠組みの具体化の枢軸となりうるものであると考えられる[20]。そのような「地域自治組織」または「地域運営組織」による地域資源を活用した再生可能エネルギーの地産地消を目指す動きは，すでに長野県飯田市の事例を踏まえて「エネルギー自治」[21]と規定され明らかにされている。それはすなわち，地域資源活用のエネルギー創出，自治体または地元企業によるエネルギー事業体の設立，化石燃料の地域資源への転換による燃料費削減と地域の実質所得上昇，エネルギー事業体の展開に伴う関連産業の発生と地域内所得・雇用の創出という一連の循環的プロセスの仕組みである。本章が述べてきた世界風力エネルギー協会（WWEA）の「コミュニティパワー3原則」を踏まえた〈地域内グリーン経済循環〉は，この「エネルギー自治」と内容を共有していると考えられる。いずれにせよ，問題は，地域の再生可能エネルギー発電事業の運営に，地域の全住民に門戸開放され「地域代表性」を目指す「地域自治組織」または「地域運営組織」を実質的に参画させ協働を進める

ことができる仕組みの構築にあろう。この点において，豊和村つくり協議会とその構成団体によるソーラーシェアリング発電事業の運営にとって検討し実践すべき課題は残っているように思われる。

Ⅱ　第1章と第2章のまとめ
――エコロジカルなまちづくりの究極，脱炭素都市を目指して――

　第1章は，「持続可能なまちづくり」について考える場合に，SDGs が提供しうる枠組みを次のように把握した。すなわち SDGs が掲げる環境・社会・経済の三側面の目標群の関係は，国連と国際会議の長期にわたる論議を要約すれば，環境の目標群の実現が土台であり，その目標群の実現に関わる多様な利害関係者のパートナーシップを基軸として，その土台の保護のうえで相互に依存しあう社会と経済の目標群の実現が可能になるという「入れ子構造」にあるというものである。次にこのような関係の「持続可能なまちづくり」への適用としては，次のように把握した。すなわちそれは，多様な利害関係者のまちづくりへの参画と協働を基軸として，地域の環境的課題解決の施策を地域政策の土台として据え，それとの相互連関において社会的課題解決の施策と経済的課題解決の施策が展開され，土台としての環境的施策との意識的統合が目指されるという枠組みである。それについては外国の事例に視野を広げれば，この間注目されている現代ヨーロッパにおけるミュニシパリズムという「エコロジカルなまちづくり」の構想こそがそれを体現しているということが明らかにされた。

　本書，第2章は次に，SDGs が提供しうる「持続可能なまちづくり」の枠組みの具体化が「エコロジカルなまちづくり」であるという観点から千葉県匝瑳市の豊和村つくり協議会とその構成団体による「ソーラーシェアリングと有機農業の融合による環境型の地域作り」について考察してきた。その結果は，上述のように，当地の地域作りがまさに独自の「エコロジカルなまちづくり」に他ならないということであった。すなわち，当協議会は，ソーラーシェアリング発電事業に関わる多様な利害関係者を構成団体として，その

事業への参画と協働を通じて地域の環境的課題，社会的課題，経済的課題の同時解決をそれぞれの取組の実施と意識的統合によって次のように実現してきたのである。要するに，環境的課題解決の取組であるソーラー発電による売電収入を地域づくり事業の土台として，それを環境保全，子どもたちの育成・教育や高齢者生活支援，都市・農村住民間交流，就農・移住支援，等の社会的課題解決の取組のために配分するとともに，耕作放棄地のソーラー発電用地および有機野菜栽培農地への転換という有機農業の実現，ソーラー発電に伴う地元の工事業者や関連事業者との相互取引，農商工連携と農福連携，等を通じた〈地域内グリーン経済循環〉の追求と実現，という経済的課題の取組のためにも配分してきた。こうして，当協議会とその構成団体による何よりも地域の環境的課題解決の取組であるソーラーシェアリング発電事業は，その売電収入を地域の社会的経済的課題解決のための取組に配分し環境的取組と意識的に統合することによって，それらの同時解決に成功してきたのである。こうしてこの豊和村まちつくり協議会の「環境型の地域作り」の成功事例のうちに，SDGs が提供しうる「持続可能なまちづくり」の枠組みの具体化としての「エコロジカルなまちづくり」の有効性を見出すことができたのである。

　とはいえ，当協議会の以上のようなソーラーシェアリング発電事業においては，まさに今後とも持続可能な地域づくり事業であるためには，将来に向けて課題があることも明らかにされた。一つは，いずれの地域課題解決もソーラー発電からの売電収入に依存していることの限界であり，電気の買取価格の低下とその価格の変動制への変更のもとで，「地域マイクログリッド」すなわち電気の地産地消をどのように実現してゆくのかが課題になるということである。もう一つは，ソーラー発電の運営に地域住民が関わることのできる体制づくりの不十分さであり，全国的にはすでに一定の経験が蓄積されている，地域の全住民に門戸開放された「地域代表性」を目指す「地域自治組織」または「地域運営組織」の経験に学ぶ余地があるということである。

　ところで，昨年2020年10月に政府によって2050年実質ゼロカーボン宣言が行われたこととの関連において，自治体レベルでも同じく2050年「ゼロカー

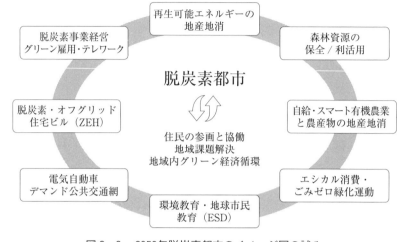

図2-3　2050年脱炭素都市のイメージ図の試み

ボンシティ」（脱炭素都市）宣言がこの間，注目されている。それは，「パリ協定」とそれを受けた IPCC 特別報告書による国際的要請すなわち世界平均気温上昇を産業革命以前に比して1.5℃に抑制するためには2050年に温室効果ガスの排出量を実質ゼロにする必要があるという要請に応えたものである。

　こうして今日，SDGs が提供しうる「持続可能なまちづくり」の枠組みの具体化としての「エコロジカルなまちづくり」は，その究極の姿を2050年脱炭素都市の実現に見出すことになる。それは，国家レベルの脱炭素と省エネルギーの産業構造への転換と水素やアンモニアを活用した新技術開発を前提としてエネルギー需要を減少させ，その減少した需要を再生可能エネルギーの供給で100％充足する戦略のもとで，自治体レベルにおいて，再生可能エネルギーの地産地消を可能にする〈地域内グリーン経済循環〉または「エネルギー自治」の戦略のもとで，脱炭素の事業を担う企業や異業種連携，テレワーク，電気自動車と太陽光パネル・蓄電池を備えてオフグリッドを可能にする住宅（ZEH）やビルへの転換，脱炭素のデマンド公共交通網，森林資源の保全・利活用（木質バイオマス），自給型・産業型（スマート）有機農業と農産物の地産地消，グリーン雇用の創出施策，エシカル消費やごみゼロ緑化

運動とそれを支える環境教育や地球市民教育，等の「持続可能な開発のための教育」(ESD)，等の脱炭素のまちづくりのために相互に関連した一連の施策を必要とするであろう。そのイメージを試みに作図したのが図2-3である。

　以上のような脱炭素都市のイメージの観点から改めて「市民エネルギーちば」の引用文書のなかの「エコシティ SOSA」を目指した「将来的な村事業展開」の9つの事業を見ると，「エコロジカルなまちづくり」の究極の姿としての脱炭素都市の構築への接近を可能にする一連の取組が想定されているように思われる。豊和村つくり協議会とその構成団体による独自の地域づくりが今後ますます注目される所以である。

　　［注］
　（1）　筆者は，事前に訪問調査受け入れ要請と質問項目を記した文書を送付
　　　　のうえ，2020，年9月30日，千葉県匝瑳市飯塚地区において「豊和村つく
　　　　り協議会」のソーラーシェアリング（営農型太陽光発電）を軸とする地
　　　　域づくり事業と地域自治活動について現地調査を行った。応対していた
　　　　だいたのは，「豊和村つくり協議会」の事務局長，「匝瑳ソーラーシェア
　　　　リング合同会社」代表の椿茂雄氏そして同協議会の構成団体である NPO
　　　　法人「匝瑳プロジェクト」(SOSA Project) の発起人，「株式会社 Re」
　　　　の代表である高坂勝氏である。記して感謝の意を表したい。なお本章は，
　　　　両氏からの聞き取りとともに以下の文献にも依拠している。田畑保『農
　　　　業・地域再生とソーラーシェアリング』筑波書房，2018年，『Earth
　　　　Journal』Vol.06（特集「持続可能な新農業ソーラーシェアリング」），
　　　　2018年，『農業経営者』No.273（特集「ソーラーシェアリング営農と太陽
　　　　光発電を両立させる農業経営」），2018年。
　（2）　長島彬「農業経営の新しい形を支えるソーラーシェアリングの理論と
　　　　技術」（同上『農業経営者』所収）参照。
　（3）　当地のソーラーシェアリング事業会社「市民エネルギーちば」がネッ
　　　　トで公開している自己紹介のパンフレットのタイトルは「ソーラーシェ
　　　　アリングと有機農業の融合による環境型の地域作り」である。
　　　　https://www.tamaempower.co.jp/news/files/19060講演%20資料%20%
　　　　20%20.pdf 2020/ 6 /23閲覧。
　（4）　環境エネルギー政策研究所（ISEP）「コミュニティパワー」2012年5

60

月22日付。https://www.isep.or.jp/archives/library/2549，2020/10/ 6 閲覧。

（ 5 ）　「グリーン雇用」または「緑の雇用」という考え方を提唱したのは，ILO（国際労働機関）の第30回理事会（2007年11月）である。それは，生態系回復，省エネルギー，低炭素経済，廃棄物削減，等の取組によって創出される雇用のことである。https://www.ilo.org/global/topics/green-jobs/lang-en/index.htm，2020/11/29閲覧。

（ 6 ）　ソーラーシェアリングと農地転用の制度的変遷については，廣町公則「新潮流『ソーラーシェアリング』『発電×農業』で地域振興」（『エコノミスト』2019年 1 月29日号）参照。

（ 7 ）　https://unit.aist.go.jp/rcpv/ci/about_pv/feature_1.html，2020/12/10再度閲覧。

（ 8 ）　例えば，環境省「地方公共団体による再生可能エネルギー・省エネルギー設備導入事例集」参照。https://www.env.go.jp/earth/report/h26-07/1.pdf，2020/12/ 1 閲覧。

（ 9 ）　注（ 3 ）の文書，参照。

（10）　「市民エネルギーちば」広報 MIN・ENE。https://www.energy-chiba.com/会社概要/会社の歩み/，2020/12/ 1 閲覧。

（11）　これらの取組については，NPO 法人の発起人であり「株式会社 Re」の代表である高坂勝氏の発言と著書，参照。高坂勝「SOSA Project から始める地方移住」（https://agri.mynavi.jp/2018_06_07_28191/，2020/12/10閲覧），同『次の時代を先に生きる』ちくま文庫，2020年。なお，「半農半 X」とナリワイという生き方，働き方は従来，いわゆる田園回帰との関連において取り上げられてきたところである。例えば，小田切徳美・筒井一伸編著『田園回帰の過去・現在・未来』農文協，2014年，『季刊地域』編集部編『新規就農・就林への道』農文協，2017年，等参照。また最近の文献としては，大江正章『有機農業のチカラ』コモンズ，2020年も参照。

（12）　この点については例えば，西尾道徳「有機農業による炭素の土壌蓄積増加は温暖化防止の解決策か」参照。http://lib.ruralnet.or.jp，2020/12/12閲覧。

（13）　大江正章，前掲書，133頁。

（14）　注（26）の広報からダウンロード。『千葉日報』2019年 2 月23日「有機大豆でコーヒー」参照。

（15）　地域内経済循環については，岡田知弘『地域づくりの経済学入門』自治体研究社，2005年，藤山浩編著『循環型経済をつくる』農文協，2018

年，等参照。なお，有機農業による地域内経済循環の試みについては，大江正章，前掲書，参照。

(16)　なお，ここで使っている「グリーン経済」は，2011年の国連環境計画（UNEP）の「グリーン経済報告書」や2012年の地球サミット「リオ＋20」での提起で有名になった用語であるが，ここでは矢口芳生氏の次のような用法を念頭に置いている。「再生可能エネルギーを基軸に転換し，大量生産・大量消費・大量廃棄から適正生産・適正消費・最小廃棄（無害化）のグリーン経済への産業構造の質的な転換」（矢口芳生『持続可能な社会論』農林統計出版，2018年，209頁）。

(17)　「市民エネルギーちば」代表の椿茂雄氏の発言記事（2019年11月15日付と2020年12月4日付）参照。https://solarjournal.jp/solarpower/32697/　および https://www.data-max.co.jp/article/38972，202012/12閲覧。

(18)　注（10）の広報からダウンロード。五嶋正嵐「語り部の経営者たち：市民エネルギーちば東光弘代表④」（『ゲンダイ』2019年5月24日）。

(19)　なお再生可能エネルギーの地産地消については，田畑保『地域振興に生かす自然エネルギー』筑波書房，2014年，諸富徹編著『再生可能エネルギーと地域再生』日本評論社，2015年，白井信雄『再生可能エネルギーによる地域づくり』環境新聞社，2018年等，多くの研究がある。

(20)　「地域自治組織」または「地域運営組織」については，月刊誌『ガバナンス』2017年1月号特集，同じく月刊誌『都市問題』2017年10月号特集，等参照。このテーマについては，筆者も論じたことがある。拙稿「地域自治組織とまちづくり（上）(下)」（『彦根論叢』第418号，2018年，第420号，2019年）参照。SDGsの目標17との関係については，佐藤真久・関正雄・川上秀人編著『SDGs時代のパートナーシップ』学文社，2020年の特に第8章，板持周治「地域『総働』で進める小規模多機能自治」参照。

(21)　諸富徹編著，前掲書，諸富徹『「エネルギー自治」で地域再生！』岩波ブックレット，No.926，2015年，参照。

(22)　大江正章，前掲書，93頁。なお，産業型のスマートな有機農業については，農林水産省「有機農業と地域振興を考える自治体ネットワーク」（2019年8月1日設立）https://www.maff.go.jp/j/seisan/kankyo/yuuki/jichinet.html，2021/1/16閲覧，参照

(23)　「持続可能な開発のための教育」（ESD）については，佐藤真久他編著『SDGsと環境教育』学文社，2017年，佐藤学他編著『SDGs時代の教育』学文社，2019年，西井麻美他編著『ESDがグローバル社会の未来を拓く』ミネルヴァ書房，2020年，等，多くの研究がある。

(24)　2050年脱炭素都市の構想にかかわる参考文献資料としては，自然エネルギー財団「脱炭素社会へのエネルギー戦略の提案」2019年4月4日付，

https://www.renewable-ei.org/pdfdownload/activities/REI_LongTermE
missionReductionStrategyProposal_JP.pdf, 2021/ 1 /21閲覧。三菱総合
研究所環境・エネルギー事業本部『2050年エネルギービジョン』エネル
ギーフォーラム，2020年，国立環境研究所福島支部「地域における『脱
炭素社会ビジョン』策定の手順」2021年 2 月，https://www.nies.go.jp/
fukishima/pdf/decarbon_manual_2021.pdf, 2021/ 1 /21閲覧，等。

(25) 市民エネルギーちば「ソーラーシェアリングと有機農業の融合による
環境型の地域作り」が示している「将来的な村事業展開」は次のとおり
である。①間伐材によるバイオマスエネルギー利用，②畜産し尿・家庭
ごみなどによるバイオマスエネルギー利用③電気自動車・トラクタなど
の再エネスタンド，④再エネによる非常電源設備の拡充・地元電力小売
り事業『匝瑳電力』，⑤エネルギー及び食料自給率100％を達成，⑥環境
企業の誘致活動，⑦地域内循環型経済の構築，⑧地域環境資源を活用し
ての医療・福祉・教育ビジネス開発，⑨エコロジカルな公共交通事業。

付記：図 2 - 3 「2050年脱炭素都市のイメージ図の試み」について，作図全体の原案
は筆者のものであるが，見やすいデザインへの修正とその作業は，NPO 法人
しらかわ市民活動支援会事務局の班目康平氏の手になるものである。記して
感謝の意を表したい。

補足：本章のもとになった論文発表後の豊和村つくり協議会および市民エネルギー
ちば（株）の取組の展開については，市民エネルギーちば（株）の会社案内
冊子『MIN・ENE』2022 Autumn，東光弘「ソーラーシェアリングのノウハ
ウ」（『季刊地域』No.48，2022 Winter から連載継続中）を参照されたい。

第3章　エコロジカルでジェンダー平等を
　　　目指すまちづくりと SDGs

Ⅰ　はじめに

　私たちはこの間，新型コロナウイルスのパンデミック（世界的大流行）の継続深化とそして世界各地における「史上最大」と形容される記録的豪雨・熱波，大規模洪水・森林火災等の異常気象の頻発まさに気候危機に直面してきた。行き過ぎたグローバル資本主義の産物というべきこれらのコロナ禍と気候危機は，地球の生命維持システムから私たちの身近な生活共同体までを含めて社会の「持続可能性」に警鐘を鳴らし続けている。このようなグローバルとローカルの双方にわたる危機に対して，2015年の国連総会で採択された SDGs（持続可能な開発目標）が世界的に注目され，その様々な適用と実践，それに依拠した「グリーン・リカバリー」（緑の復興）や「グリーン・ニューディール」（緑の新政策）の構想が提起される一方，SDGs は危機の根本原因であるグローバル資本主義そのものを問題にしないがゆえにあれこれの地球温暖化対策の提示にとどまり人々のアリバイ作り，現代版「大衆のアヘン」としての役割を果たすにすぎず，必要なのはそれを乗り越える「脱成長コミュニズム」という構想であり運動であるという理論的提起も行われている。

　本章は，以上のような大きな議論の枠組みを念頭に置きつつも，私たちの身近な生活共同体の持続可能なあり方すなわち「持続可能なまちづくり」と SDGs の関連に関してこれまで行ってきた考察の継続である。なぜ継続が必要になったかについて言えば，それは，この間のコロナ禍が，日本の労働市場と家族社会の独自の構造を背景として，女性の非正規労働者が集中してい

る対人サービス業と女性が多数を占めるいわゆるエッセンシャルワーカーを直撃し，すぐれて「女性不況」広くは女性苦境と表現されるような国民生活の困難と少子化の促進を引き起こしているという事実と関連している。要するに，コロナ禍は，わが国の社会経済構造上の問題点である顕著な「ジェンダー・ギャップ（不平等，格差）」とりわけ有償・無償の「ケア労働」の担い手の女性への圧倒的偏りという問題を顕在化させ，女性の生活上の困難，「生きづらさ」を増幅させることによって，結婚・出産の抑制そしてコロナ禍以前から続く若年女性の地方から大都市への流出を通じて，私たちの身近な生活共同体の「持続可能性」に警鐘を鳴らしているのである。

　私たちはそれゆえ，ウィズコロナ時代またはアフターコロナ時代における「持続可能なまちづくり」を構想し実現するためには，地球温暖化と気候危機を緩和しそれに適応するために脱炭素を目指す「エコロジカルなまちづくり」を追求するとともに，SDGsの目標5「ジェンダー平等を実現しよう」を様々な地域課題の同時解決を可能にする横断的目標として地域政策の中心に据えること（ジェンダー主流化）による「ジェンダー平等を目指すまちづくり」を一体的に追求する必要があると考える。

　本章はこうして，この間のコロナ禍による「女性不況」広くは女性苦境の概要をまず確認する。次に，それとの関連において，「持続可能なまちづくり」を構想する場合にSDGsの特に地球環境保護・気候変動緩和の諸目標とともに全体を貫通する横断的意義を持つものとして目標5のジェンダー平等を重視する枠組みが必要であることを確認する。その後にそうした枠組みの重要性を，第1章に引き続きSDGsの枠組みをまちづくりに具体的に体現した考え方としてフランスにおけるミュニシパリズム（自治体主義）を取り上げ，それを掲げた自治体の典型例，ポワチエ市による「エコロジカルなまちづくり」と「ジェンダー平等を目指すまちづくり」の一体的構想，いわば〈エコロジカルでジェンダー平等を目指すまちづくり〉を目指す行政文書を紹介することによって明らかにする。この点に関して，わが国ではゼロカーボン都市宣言を行っている自治体は多数存在するもののそのような一体的構想を掲げている所はないと思われる。しかしながら，兵庫県豊岡市は「ジェ

ンダー・ギャップ解消」のまちづくりの構想をほとんど唯一掲げている自治体であるので，この事例を次の第 4 章において明らかにすることによって，「持続可能なまちづくり」にとってその構想の意義をフランスのポワチエ市の事例との比較において考察しようとするものである。

Ⅱ　コロナ禍による「女性不況」広くは女性苦境と SDGs

1　コロナ禍による「女性不況」広くは女性苦境の概要

　ここではまず，ウィズコロナ時代またはアフターコロナ時代における「持続可能なまちづくり」を構想し実現するためには，SDGs の目標 5「ジェンダー平等を実現しよう」を様々な地域課題の同時解決を可能にする横断的目標として地域政策の中心に据えること（ジェンダー主流化）による「ジェンダー平等を目指すまちづくり」を追求する必要があるという新たな思考に私たちを導いてきた「女性不況」広くは女性苦境について，今まで公表されている調査研究に依拠してその基本的事実を参考値の概数とともに簡潔に確認しておきたい。

　公表されている様々な調査研究(1)によれば，2020年春以降，顕在化したコロナ禍は，男女で異なる影響をもたらし，雇用面や生活面で女性により深刻な影響を与え，「女性不況」広くは女性苦境と言うべき事態（以下，女性苦境の事態と略す）を次のように重層的に出現させてきたのである(2)。

　第一に，コロナ禍が外出自粛等を通じて，女性の非正規労働者が多く働いている宿泊・飲食や娯楽業などの対人サービス業に集中して現れたがゆえに，これらのサービス業の女性非正規労働者が真っ先にシフト削減，解雇・雇い止めされてきたという事態である（参考値：2021年 2 月の女性非正規労働者は前年同月比で89万人減，男性非正規労働者は18万人減）。

　そしてそうした事態の最も集中的で深刻な現れとして，その約 7 割が非正規雇用とされる働くシングルマザーは，母子家庭でワンオペ育児の場合，コロナ禍によって勤め先から解雇・雇い止めされるだけでなく，保育所や学校の休園・休校，自宅待機によって自主的に休職・退職せざるをえず生活の困

窮に陥ってきたという事態である（参考値：2020年末の調査で暮らし向きが苦しいと回答したひとり親は61％）。

　なお，これらの女性非正規労働者における生活困窮は，政府による支援策である「雇用調整助成金」や「小学校休業等対応助成金」などの休業手当がこれらの女性たちによっては部分的にしか受け取られていないという事実とも関連している。

　第二に，コロナ禍は，事務系職種の勤労者を外出自粛による休職や在宅勤務・テレワークに追い込む一方，医療，介護，保育やスーパー等の小売業，宅配，運送業さらにはごみ収集，電気，交通等の公共サービス業などに従事する勤労者，いわゆるエッセンシャルワーカーについては，多大な感染リスクに晒しながら日々の職場勤務とそして感染クラスター発生時には一斉休職とに追い込んできた事態である。とりわけ日々の労働力再生産および生命維持再生産を担う必要不可欠な「ケア労働」，ただし有償のそれである看護，介護，保育の担い手は圧倒的多数が女性であり，しかもその相当部分が非正規雇用，低賃金それゆえ人手不足であるという共通の特徴を有している。コロナ禍は，これらの女性労働者に対患者接触，対人接触による高いストレスとメンタル不調，休業・休職による収入減少，生活不安という苦境をもたらしたのである（参考値：2020年4～5月の心理調査でストレスを感じやすい医療・福祉業等の業種の女性の54％が家計先行き不安，40％が仕事の過剰負担感，33％が仕事の喪失不安，31％が家庭内のケア労働の過剰負担感ありと回答しておりいずれも男性を凌駕）。

　第三に，コロナ禍による勤労者の外出自粛，自宅待機，在宅勤務・テレワーク，子どもの休園・休学は，家庭内の人間関係への大きな軋轢，ストレスと家事・育児・介護等の無償の「ケア労働」の顕著な増大をもたらすとともに，被害者が無収入になった女性に多い性暴力も含む家庭内暴力（DV）の増加をもたらしたのである（参考値：DVの2020年度の相談件数は約19万件で前年度の1.6倍，性犯罪・性暴力の2020年度の相談件数は約5.1万件で前年度の1.2倍）。それは，肉体的暴力だけでなく精神的暴力や経済的暴力も含んでおり，経済的暴力については，例えば「特別定額給付金」が家族人数分金額の世帯主男

性への一括振り込みゆえ，妻や子どもが受け取れないという事態をもたらしたのである。

　第四に，コロナ禍による以上の事態が重複し複合的になる結果，女性の自殺者が増加してきたという事態である。特に同居人がいる無職の女性と女子高校生というDV被害を受けやすい女性の自殺の増加が明らかにされている（参考値：2020年の女性の自殺者数は前年より約15％の935人増えて7026人，他方で男性の自殺者は微減）。それは，失職によってパート収入が無くなった既婚女性に対する世帯主男性のハラスメント，そうした女性の外出困難と「井戸端会議」の消滅による精神的孤立，元々家族との折り合いの悪い未成年女性にとっての終夜営業ファストフード店やネットカフェの閉鎖による「逃げ場」の消滅，それによる精神的絶望などに関連することが指摘されている。

　以上のようなコロナ禍による深刻な女性苦境の事態の背景には，いわゆる日本的雇用慣行のもとでの正規雇用と非正規雇用の処遇格差・分断構造を前提として，男性正社員（夫）のフレキシブルな長時間労働を支える女性非正社員（妻）の家計補助的労働と家庭内の家事・育児・介護の無償「ケア労働」との二重負担という性別役割分業の固定化があることは明白である。そうした構造のもとでコロナ禍によって引き起こされた女性の苦境として少なくとも女性に対する家庭内暴力や女性の自殺の顕著な増加が見られる以上，そうした事態の根底には，男性の女性に対する権力支配の構造という意味での「家父長制」を内包した性別役割分業の固定化すなわち無償の「ケア労働」の女性への圧倒的偏りがあることは否定できないであろう。そうした労働市場と家族社会の構造こそが，社会的文化的それゆえ人為的につくられた性差であるジェンダー（セクシャルマイノリティも含むが，ここでは言及しない），「男らしさ」「女らしさ」を支えてきたが，コロナ禍は，無償の「ケア労働」の女性への圧倒的偏りを根底的要因とする「女性不況」広くは女性苦境という事態として深刻な「ジェンダー・ギャップ」を顕在化させてきたと言えよう

　以上のようなコロナ禍による女性苦境の事態は，上記のいくつかの事態にとどまらず，コロナ禍以前から続いていたわが国の少子化を加速している事

表3-1　コロナ禍による「女性不況」広くは女性苦境の概要

発生した事態	コロナ禍との関連
対人サービス女性非正規労働者のシフト減・解雇等, 特にシングルマザーの困窮	外出自粛や自宅待機による宿泊・飲食・娯楽業の需要減, 保育所・学校の休園・休校
エッセンシャルワーカー, 看護・介護・保育の女性に収入減・生活精神不安	対人接触による感染リスク, 保育所・学校の休園・休校
同居人がいる無職失職女性や女子への家庭内暴力や性暴力の増加	外出自粛・自宅待機・在宅勤務と休園・休学による家庭内軋轢・無償ケア労働の増大
同居人がいる無職失職女性や女子の自殺の増加	無職失職・収入減の妻への夫のハラスメント, 外出困難「井戸端会議」「逃げ場」消滅
少子化の加速	未婚・既婚男女の収入減・失職・将来生活不安による婚姻数減少と出生数減少

（出所）注（1）の文献資料にもとづき筆者作成。

態にも注目すべきであろう。すなわち，コロナ禍が一方では，結婚予定の男女とくに女性の収入減少や失職による結婚の延期または断念，さらには外出自粛や自宅待機の要請により男女の出会いの場の減少による婚姻件数の減少をもたらしてきたとともに，他方では，既婚カップルにおける世帯収入減や失職による将来生活への不安，あるいはまた妊娠時のコロナ感染への不安や医療崩壊状況下の周産期医療への不安による妊娠の延期または断念によって出生数の減少をもたらしてきたという事態である（参考値：2020年の出生数は約87万3,000人足らずで過去最低であり，前年の89万8,600人と比較して約2万6,000人近く約3％減少）[4]。

　ここで少子化の加速の事態も含めて，コロナ禍による女性苦境の事態について，一括してその概要を示せば，表3-1のようになる。

　こうした少子化の加速による人口減少は，地域社会の持続可能性，本書の観点からは「持続可能なまちづくり」を困難にすることに注目したい。とりわけ地方都市のまちづくりにとって少子化が進むことは，若者とくに若い女性の大都市への流出を伴うがゆえに，まちの多様性や活力の喪失と同義であり，まちの持続可能性の危機をもたらすのである[5]。

　ところで，少子化を引き起こす要因とはどのようなものであろうか。その要因としては，一般に次のようなものが挙げられている。第一に，女性の社会進出に伴う仕事と子育ての両立の困難，第二に，結婚市場のミスマッチ，第三に，1990年代以降の若年層における雇用の悪化，第四に，いわゆるパラサイトシングル，第五に，出産・子育ての先送り，第六に，子育てや教育にかかる費用の重さ，第七に，子育てにかかる心身の負担の重さ，第八に，都市住民の増加，第九に，同棲の少なさ，等である。

　だが，今回のコロナ禍が顕在化させ加速させた少子化は，以上の要因に加えて独自の要因によってこそ引き起こされていると考えるべきであろう。コロナ禍による少子化の加速が，未婚カップルにおける収入減少や失職，将来生活への不安による婚姻件数の減少そして既婚カップルにおける同様の事情による出生数の減少との帰結であるとすれば，その帰結の根底にあるのは，男性（夫）はフルタイム勤務で家族賃金を得る仕事，女性（妻）は家庭で無償「ケア労働」を担いつつ家計補助的賃金を得るためにこの家庭内労働と両立可能なパートタイム勤務もするという性別役割分業が，女性（妻）のパートタイム雇用先の消失または男性（夫）の在宅勤務や子どもの休園・休学と一日中在宅による女性（妻）の一日中「ケア労働」＝専業主婦化によってパートタイム通勤が不可能になり成り立たなくなったという事実であろう。要するに，今回の少子化の加速の根底にも無償の「ケア労働」の女性（妻）への圧倒的偏りという「ジェンダー・ギャップ」が厳存するのであり，上記のコロナ禍による女性苦境の事態と共通しているのである。

　こうしてコロナ禍による今回の少子化の加速は，わが国における少子化対策の柱の一つであるいわゆるワークライフバランス（仕事と生活の調和）の曖昧な内容に関して，「ジェンダー・ギャップ解消」の視点から有償の賃金稼得労働と無償の「ケア労働」の男女（夫妻）間の平等な分担と共有という内容への制度的意識的転換を要請するであろう。

　そうしたジェンダー的視点は，今回のコロナ禍によって可視化された従来の少子化対策の〈盲点〉と言うべきものであり，とりわけ地方（小都市）においては，政治的経済的社会的活動の意思決定や中心的役割は男性が担うと

70

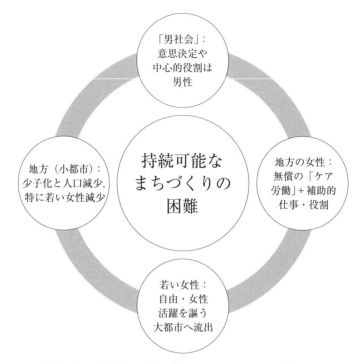

図3-1　地方の少子化対策の盲点：「ジェンダー・ギャップ」の悪循環の解消

いう「男社会」→女性は無償の「ケア労働」と補助的仕事・役割→若い女性は自由と女性活躍を謳う大企業や働き口のある大都市に流出→地方（小都市）は少子化と人口減少・労働力不足，特に若い女性減少→「男社会」の再生産…という「ジェンダー・ギャップ」による悪循環が観察されるのであり，こうした「ジェンダー・ギャップ」の悪循環の解消は従来十分に検討されてこなかったという意味で，特に地方の少子化対策の〈盲点〉と言うべきである。図3-1がそれを示している。

　無償の「ケア労働」の平等分担・共有を基盤とする女性の社会的労働への一層の進出と政治的経済的社会的活動の意思決定の場への女性の一層の参画は，地方出身の若い女性の大都市流出の抑制策，地元への定住策としても有効であろう。そしてそれは，上記の女性苦境の事態への対策としても有効で

あることは明らかであろう。

　事実，このようなジェンダー的視点の提起は，今，私たちが直面している女性苦境の事態に対する対策，政策提言としてすでに提起されている。例えば，内閣府男女共同参画局「コロナ下の女性への影響と課題に関する研究会報告書」(7)は，苦境にある女性と女の子たちの救済のためにはジェンダー的視点を入れた政策設計，「ジェンダー主流化の視点」の不可欠性と SDGs の「誰一人取り残さない」という基本理念に触れながら，2020 年 4 月の国連グテーレス事務局長の「新型コロナウィルスの女性に対する影響」と題する政策提言すなわちコロナに関連する全ての意思決定の場における女性の参画，女性に偏るケア労働の是正，コロナの社会経済的影響に対処する全ての取組みへのジェンダー的視点の適用という三点の分野横断的対応の要請を紹介している。そのうえで，同報告書は，基本的な政策提言として，ジェンダー統計・分析の重要性，ジェンダー平等・男女共同参画への取組，女性の参画，制度・慣行の見直しという四点を提示したのである。この報告書が，こうしてコロナ後の新しい経済社会，「誰一人取り残さない」社会を構築していくうえでジェンダー的視点をあらゆる政策や制度に反映させていくという「ジェンダー主流化の視点」が不可欠であることを強調していることは，本書の「持続可能なまちづくり」と SDGs というテーマの考察にとって非常に示唆的である。(8)

2　「ジェンダー主流化」の視点から見た SDGs の意義と限界

　そこで改めてコロナ禍による「女性不況」広くは女性苦境を克服していくうえで，SDGs が謳っている「ジェンダー主流化」の視点と目標 5 の「ジェンダー平等を実現しよう」（ロゴ用簡易タイトル）および SDGs 全体の意義と限界について，簡潔に確認しておこう。

　2015 年 9 月の国連総会で採択され SDGs を中心内容として含む文書「我々の世界を変革する：持続可能な開発のための 2030 アジェンダ」（外務省仮訳）は，ジェンダー平等とジェンダー主流化についてその「宣言」の段落 20 において，その重要性を次のように謳っている。

72

「ジェンダー平等の実現と女性・女児の能力強化［エンパワーメント—引用者］は，すべての目標とターゲットにおける進展において死活的に重要な貢献をするものである。人類の潜在能力の開花と持続可能な開発の達成は，人類の半数に上る（女性）の権利と機会が否定されている間は達成することができない。女性と女児は，質の高い教育，経済的資源への公平なアクセス，また，あらゆるレベルでの政治的参加，雇用，リーダーシップ，意思決定において男性と同等の機会を享受するべきである。我々は，ジェンダー・ギャップを縮めるための投資を顕著に増加するために努力するとともに国，地域及びグローバルの各レベルにおいてジェンダー平等と女性のエンパワーメントを推進する組織への支援を強化する。女性と女児に対するあらゆる形態の暴力は男性及び男子の参加も得てこれを廃絶していく。新たなアジェンダの実施において，ジェンダーの視点をシステマティックに主流化していくことは不可欠である。」

　この「宣言」の叙述は，ジェンダー平等と女性のエンパワーメントそしてジェンダー主流化が，SDGsの全ての目標とターゲットの達成のために不可欠であり，それゆえSDGs全体を貫通する「横断的な視点・テーマ[9]」であることを明らかに示している。

　そこで次に，SDGsそのもののなかで「ジェンダー平等を達成し，すべての女性及び女児のエンパワーメントを行う」という正式タイトルの目標5を見れば，9つのターゲットから構成されており，それを要約すれば，以下のようになる。

　女性と女児へのあらゆる形態の差別の撤廃（ターゲット5.1），人身売買や性的搾取などあらゆる形態の暴力の撲滅（5.2），未成年者の結婚や女性性器切除などあらゆる有害慣習の撤廃（5.3），無報酬の育児・介護・家事労働の認識評価（5.4），政治経済等における全レベルへの女性の参画と平等なリーダーシップ機会の保障（5.5），性と生殖に関する健康と権利への普遍的アクセスの保障（5.6），土地や財産所有権，金融サービス，相続財産，天然資源へのアクセスなど経済的資源への女性の平等な権利の保障改革の着手（5.a），女性のエンパワーメントの促進のため情報通信技術などの実現技術の活用強

化 (5.b)，ジェンダー平等の促進と女性のエンパワーメントの促進のため適正な政策と拘束力ある法規の導入強化 (5.c)。[10]

　ここで先に確認したコロナ禍による「女性不況」広くは女性苦境と言うべき事態に対する有効な対策，政策提言の基本的内容が，すでにSDGsの目標5のもとでのこれらのターゲットによって提示されていることは明らかである。ここに，今回のコロナ禍によって可視化され増幅されたジェンダー・ギャップ問題に対処し解決を目指すうえでのSDGsの意義を見出すことができよう。

　だが問題の根本的解決を図るためには，SDGsを構成する環境，社会，経済という三側面の目標群全体について，上記のように，ジェンダー平等と女性のエンパワーメントそしてジェンダー主流化が「横断的な視点・テーマ」として貫通していることが必要であろう。この点については，「2030アジェンダ」の「宣言」において上記のように示唆されているにもかかわらず，17目標のうち7つの目標とターゲットにはジェンダーに関する文言は全く言及されていない。まさに「SDGsにおけるジェンダー主流化は未完といえる」[11]のである。

　とりわけSDGsの目標群全体の構造について，環境目標群の実現が土台にあって，その土台の保護のうえで相互に依存し合う社会と経済の目標群の実現が可能になるという「入れ子構造」（ヨハン・ロックストローム氏）にあるという把握が重要であり，そうした観点こそ「持続可能なまちづくり」に活かすべきであるという本書の立場からは，[12] グローバル，ローカル双方の持続可能性の土台である環境目標群にその言及があるかどうかが注目される。その結果は，水と衛生管理の目標6がターゲットのなかに1つ，気候変動の目標13がターゲットのなかに1つ，指標のなかに1つ，海洋資源の目標14が皆無，陸上資源の目標15も皆無，また関連するエネルギーの目標7も皆無である。[13] 要するに，環境目標群へのジェンダー的視点からの言及はほとんど皆無に等しいと言える。

　1970年代初頭以降のストックホルム会議以降の開発と環境の相互関係をめぐる国連と国際会議の長期にわたる論議，とりわけ1992年のリオデジャネイ

ロで開催された「環境と開発に関する国連会議」(UNCED) いわゆる「地球サミット」で採択された行動計画「アジェンダ21」のなかに第24章「持続可能かつ公平な開発に向けた女性のための地球規模の行動」が提起されて以来,「環境とジェンダー」という概念が提起され展開されてきたプロセスのなかにSDGs も位置づけられる以上[14], ジェンダー的視点がSDGs 全体を貫通する「横断的な視点・テーマ」に実態としてなっていないという事実は,今回のコロナ禍によって可視化され増幅されたジェンダー・ギャップ問題の根本的解決を目指すうえでの SDGs の限界と言えよう。

　以上の考察から重要な視点が引き出される。それは「環境とジェンダー」をめぐる国際的論議のなかで「エコフェミニズム」(Ecofeminism) という概念が提起され,その概念は「環境的公正とジェンダー的公正が同時に達成されてこそ〈持続可能な社会〉は実現する[15]」という立場を貫いているということが注目される。こうした「環境とジェンダー」の概念と問題構成のなかで提起された「環境的公正とジェンダー的公正との同時達成」という視点は,SDGs の限界を補って持続可能な社会したがって「持続可能なまちづくり」を考える場合に不可欠であると思われる。すなわち,前章で考察したように[16],私たちが市民・住民の実質的な参画と協働を軸としつつ地域の環境的課題解決を土台として,それとの関連において社会的課題と経済的課題との同時解決を目指すという〈エコロジカルなまちづくり〉は,少子化問題に関して触れたように,女性の市民・住民が男性と対等の立場で政治的経済的社会的活動の意思決定の場に参画し行政等,他の利害関係者と協働することが「持続可能なまちづくり」のためにはどうしても必要であるからである。それは現実のジェンダー・ギャップを解消しSDGs の目標5が示すジェンダー平等を指向することに他ならないであろう。こうして私たちが「持続可能なまちづくり」を構想し実現するためには,〈エコロジカルなまちづくり〉から〈エコロジカルでジェンダー平等を目指すまちづくり〉への進化が要請されるであろう。以下,この点を前章に引き続き,フランスにおける「ミュニシパリズム」(自治体主義)とそれを体現した自治体としてのポワチエ市の事例について簡潔に考察しよう。

Ⅲ　フランスのポワチエ市における〈エコロジカルで ジェンダー平等を目指すまちづくり〉

1　フランスのミュニシパリズムにおける「環境とジェンダー」

　私たちは前稿において，「持続可能なまちづくり」を構想し実現する場合にSDGsが提供しうる枠組みは〈エコロジカルなまちづくり〉に集約され，それを体現しているのは，ミュニシパリズという欧州とくに2020年前半のフランス統一地方選挙における躍進により注目されたまちづくり構想あるいは新しい自治体刷新・民主化運動と言うべきものであることを明らかにした。

　本章は，前稿を踏まえつつも上記のように「持続可能なまちづくり」を進める場合にSDGsが提供しうる枠組みは〈エコロジカルなまちづくり〉から〈エコロジカルでジェンダー平等指向のまちづくり〉にいわばバージョンアップすべきことを考察してきた。そこで，この観点から改めてフランスのミュニシパリズムのまちづくり構想あるいは自治体刷新・民主化運動を制度的側面から考察し直したいと思う。

　昨年のフランス統一地方選挙において，スペインなどの経験に学んで，多くの市民団体，社会運動グループ，市民個人と政党も交えて選挙候補者の「参加型リスト」を一緒に作り上げていくという新たな市民参加型選挙運動を成功に導いた「市民参加協議研究所」（ICPC）のリーダーの一人，エリザベート・ドゥが行った選挙運動総括[17]によれば，以下のような点が注目される。

　まず，選挙運動を担った様々な「市民コレクティフ」は，共通して直接民主主義的な政治参加すなわち基本方針や政策の練り上げへの市民の参加・提案のうえで，公共サービスの自治体再公有化等による社会的公正，再生可能エネルギーや有機農業等への転換による「エコロジカルな移行」（transition ecologique）[18]そして家庭生活，職業生活，政治生活や私生活にわたる男女平等と「政治の女性化」といった原則や基本方針を掲げてきた。

　ジェンダー平等と言い換えてよい最後の原則に関しては，選挙運動・政治活動主体としての女性の立場から彼女は，自らが関与したオンライン・ワー

クショップ⁽¹⁹⁾における論議を紹介している。

それによれば，「政治の女性化」さらには「ケア」という用語は，これらの概念がミュニシパリズムと本質的に結びついているがゆえに，ミュニシパリストの基本方針によって引き合いに出されている。しかしながら「政治の女性化」という用語は曖昧であり，実際に問題であるのは「政治の脱家父制化」（dépatriacalisation de la politique）すなわち「男性と女性，諸個人を貫通している指向の論理，私たちの姿勢，私たちを関係づける仕方そして結局，私たちを組織する仕方を導いている家父長制を脱構築し打破すること」である。

また「ケア」という用語は，余りにもしばしば欠落している現実の理解を可能にするのであり，それを問題にすることは「女性たちが余分に抱えている負担（例：子どもの世話）から解放されるのを可能にする受け入れの措置を発展させることは，彼女たちと家族の民主主義的生活への参加を保障する」ことである。そのために選挙期間中，「子どもたちに充当される空間，調整された勤務時間そして子どもの世話の種々の可能性」が「市民コレクティフ」によって必要とされ実現されたのである。

なお，オンライン・ワークショップにおける論議のなかで「ケア」に関して「エコフェミニズムによって示唆されたケアの側面を中心に置く政治を行う新たな仕方」という表現があるが，ドゥはこの点に触れていない⁽²⁰⁾。

もう一つの点は，以上のような市民参加型選挙運動さらには自治体刷新・民主化運動が，この間の様々な社会運動，特に「黄色いベスト」運動の後にマクロン大統領によって提起された1990年と比較して2030年までに温室効果ガスの排出量を少なくとも40％削減するための措置をくじ引きで全国から選ばれた150人が専門家の助言のもとで決定する「気候のための市民協約」やスウェーデンの高校生グレタ・トゥンベリが始めフランスにも広がった若者による「気候のためのストライキ」など，気候変動・気候危機と環境保護に関する問題意識，政治意識をもった若者の運動を継承していることである。その結果，様々な「市民コレクティフ」による「参加型リスト」の先頭候補者に若者や女性が選ばれ，自治体議員の年齢構成の若返りを実現したのであ

る。その典型として「ポワチエ・コレクティフの参加型リストの新しいポワチエ女性市長レオノール・モンコンドゥイは，とりわけ彼女がその30歳の若さにより，彼女のチームとともに担う世代的刷新について，今やその理由で基準と見なされる」という事態が生じたのである。

　こうしてミュニシパリズムという考え方は，フランスのまちづくりにおける「環境とジェンダー」の問題構成を事実上，担いその同時解決を目指す新しい自治体刷新・民主化運動として「持続可能なまちづくり」としての〈エコロジカルでジェンダー平等指向のまちづくり〉を目指していると見なすことができよう。そこで次に，上記の運動総括によって「基準」とされたフランスのポワチエ市をそうしたまちづくりの事例として注目してみよう。

2　ポワチエ市におけるコロナ禍緊急対策と〈エコロジカルでジェンダー平等を目指すまちづくり〉

　ポワチエ市は，フランス中西部の旧ポワトー・シャラント地域圏，現在ヌーベル・アキテーヌ地域圏に含まれるヴィエンヌ県の県庁所在地である。ポワチエは，1000年以上前に建造された多数の教会や大聖堂を擁する歴史文化都市であると同時に，人口約8万9,000人のうち総合大学ポワチエ大学において約2万9,000人以上の学生を数える学園都市である。また地方行政の中心地であることから行政や公共サービスそして輸送や商業の経済的比重が大きいものの，大企業の本社も相当数設置されており，工業や建設の比重も小さくない近代都市である。(21)

　2020年前半のフランス統一地方選挙の時にポワチエ市においては，市民団体，社会運動グループ，市民個人とともにEELV（ヨーロッパ緑の党），PCF（フランス共産党）等の政党が一緒に組織した市民コレクティフ「ポワチエ・コレクティフ，エコロジー，社会的公正，民主主義」が，選挙候補者の「参加型リスト」を作成し，そのリストの先頭にEELVの地域圏議会議員の女性レオノール・モンコンデュイを選んだのである。選挙の結果，「ポワチエ・コレクティフ」のモンコンデュイが，2008年以降，市長を務めてきたフランス社会党のアラン・クレイズ等の候補者に打ち勝ち，ポワチエ市初の女

性市長に選出されたのである。[22]

　ここでの問題は，30歳の若さで注目されるこの女性市長が就任後，市民コレクティフの参画と協働を得つつ，「環境とジェンダー」にかかわる地域課題の同時解決のためにどのようなまちづくりの方針を提示してきたかである。それを端的に示しているのが，今年2021年2月22日の市議会に提出された二つの文書，「持続可能な開発（発展）に関する報告書」と「男女間の職業的平等に関する行動計画」である。[23]

　以下，二つの文書の内容を要約しよう。

　前者は，2020年度途中に登場した市政の新執行部が，当該年度当初からのコロナ禍により保健衛生的危機管理に集中しつつも，2015年9月に採択されたSDGsから導かれる「持続可能な開発（発展）」の諸政策とりわけ「エコロジカルな移行」の活性化をそうした危機管理との連携において強化すべきであるという立場に立つことを明示している。そのうえでSDGsに先行するフランスの「環境への国民的参画法」（2010年7月12日法）の施行令（2011年6月17日付）が住民5万人以上の全ての地方自治体に義務づけている「持続可能な開発（発展）の状況に関する報告書」の作成という枠組みに従って提出されることを明示している。

　その報告書の内容は，次の五点である。第一に，気候変動に対する闘いと大気の保全，第二に，生物多様性の保護，環境と資源の保全，第三に，全ての人間存在の開花，第四に，社会的結束と管轄地域間・世代間の連帯，第五に，責任ある生産と消費の様式に配慮する開発（発展）の活性化。

　その意味で当該報告書の枠組みは全国の自治体に共通であるものの，「エコロジカルな移行」を掲げた新しい市政の独自性は，国内的国際的な焦点である第一の気候変動への緩和策と適応策においても確認されるので，ここでは紙数の関係もありその紹介に限定したい。

　しかしながらその前に，第四の社会的結束と連帯に関する叙述が，この間のコロナ禍に対するポワチエ市の緊急対策を含んでいることに注目したい。それは上述のわが国の考察との関連があるので，それを急ぎ要約しておきたい。

　緊急対策の柱は二つである。第一の柱は，保健衛生的危機に直面した最も脆弱な人々への付き添い支援の展開である。それはまず「ウイルス情報室」による相談と情報提供，必要な場合の接触である。次に隔離（ロックダウン）のなかでの緊急対応であり，市庁舎の開放，駐車料金の一時停止，ごみ収集の継続，マスクの全戸配布，臨時宿泊所としての旧兵舎と体育館の開放，緊急医療救援サービス（SAMU）と赤十字による市内巡回を通じてのホームレスへの食糧・毛布・衛生キットの配布と臨時宿泊所への案内である。さらに，行政と非営利活動団体やフードバンクの協働による販路を失った農産物や食料品の購入と社会的食料品店の開放と食料品の無料提供である。

　第二の柱は，「私は参加する・グランポワチエ」というコロナ禍に対する社会的連帯の基本方針の実践である。それは，市民への寄付金の呼びかけと市民ボランティア180人による社会的距離を保っての買物支援・宅配，電話相談・助言，子どもたちへの遠隔宿題援助，市民への遠隔情報機器使用援助そして自治体若者会議による「民衆救援」と「心の食堂」支援のための連帯的募金活動，さらには家族協会県連合会が組織したボランティア，学生，退職者，若い親，等によるひとり親の0歳から12歳までの子どもたちのための無料の連帯託児所の土曜日午後の開設，等である。

　以上のようなコロナ禍に対する緊急対策のなかに，SDGsの基本理念「誰一人取り残さない」の具体化としてポワチエ市の行政と市民の協働による社会的連帯の実現を見出すことができるように思われる。これらの社会的連帯に依拠した緊急対策は，日本のこの間の女性苦境の事態への特に自治体レベルの対策として明らかに学ぶべきものがあると言えよう。

　なお，これらの社会的結束と連帯に関する報告書の叙述のなかには，「男女間の諸権利の実質的平等のための闘い」と「ジェンダー不平等の削減に関する私たちのプロジェクトとそれらの資金調達」という文言が記されていることに予め注目しておきたい。

　第一の気候変動対策に戻れば，それは，ポワチエ市を中核とする近隣の40市町村で組織された自治体連合グラン・ポワチエにおいて決定された「気候・大気・エネルギー管轄地域計画」そしてそれにもとづくポワチエ市の行

表3-2　グラン・ポワチエの気候変動対策とポワチエ市の行動計画

グラン・ポワチエの目標	対象
温室効果ガスの排出削減（34%）	輸送，住宅，第3次産業部門
エネルギーの消費削減（25%）	同上
再生可能エネルギーの生産増大（260%）	太陽光・地熱・木質エネルギーの活用
ポワチエ市の行動計画	対象と方法
再生可能エネルギーの生産支援	公共施設の土地活用，工業団地需要20%充足
自転車プランの拡張	自転車専用道路，電気自動車賃貸借・援助
自転車専用道路整備の住民意見集約	自動車道との適切分離，交差点優先明示，等
公共交通機関の無料実験	25歳までの若者無料，22時以降全乗客無料
エネルギー消費抑制の支援	省エネ・断熱家屋への助言，廃棄物削減，等
市民ボランティアによる環境関心喚起	住宅・学校・公共空間の訪問対話・ビラ配布
公共施設の省エネと再エネ生産	公共的照明，幼稚園建設・学校改築等に適用
エコロジカルな移行の議員・職員研修	市議会議員と市役所職員が対象
第3次産業部門の目標追求：40%省エネ	不動産管理計画の刷新
毎年のエネ・水・温室効果ガス排出総括	

（出所）Rapport sur la situation en matière de Développement durable, ville de Poitiers,
　　　2021

　動計画によって示されている。グラン・ポワチエのレベルでは，温室効果ガ
スの排出削減，エネルギーの消費削減，再生可能エネルギーの生産増大に関
する2020年と比較しての2030年の目標が示され，それを前提としたポワチエ
市の行動計画は，再エネ生産，自転車専用道路整備，公共交通機関実験，環
境的関心喚起，公共施設省エネ，エコロジカル移行研修，等から構成されて
いる（表3-2参照）。
　こうして，「エコロジカルな移行」を掲げたポワチエ市の新しい市政は，
焦点の気候変動対策として「温室効果ガスの排出を削減し，エネルギーの消
費を抑制し，再生可能エネルギーを発展させ，気候変動に適応し，大気汚染
に対して闘い，持続可能な移動を促進する」ことを目指しているのである。
　次に，後者の「行動計画」について簡潔に確認しよう。そのために予め考
慮に入れるべきは，上記の「持続可能な開発（発展）に関する報告書」にお
ける第四の社会的結束と連帯にかかわる叙述のなかにすでに触れたように，
「男女間の諸権利の実質的平等のための闘い」と「ジェンダー不平等の削減
に関する私たちのプロジェクトとそれらの資金調達」という文言が記されて

いることである。それらを体現しているものこそ，2020年末に公表された文書「男女間の職業的平等に関する行動計画」（2020年12月10日付[25]）である。当該計画の直接の対象になるのは但し，ポワチエ市の公務員である。

　この行動計画もまた，「公共的職務の転換法」（2019年8月6日法）から導かれた政令（2020年5月4日付）が住民2万人以上の全ての地方自治体に義務づけている「男女間の職業的平等に関する行動計画」の作成という枠組みに従って提出されたことが明示されている。

　当該計画は，上記の法律に倣って次の四つのテーマから構成されている。第一に，報酬格差の予防と対策，第二に，職の男女混成（mixite），職業的経路とキャリアの展開，第三に，職業的生活と個人的家族的生活との連結，第四に，差別に対する闘い，暴力・モラルまたはセクシャル・ハラスメントの行為ならびに女性差別の背理行為に対する闘い。

　これらの計画全体を通じてポワチエ市が力点を置いている「男女混成」すなわち「一つの社会的空間における男女両性の共存の実現[26]」と「ジェンダー・ステレオタイプとの闘い」すなわちジェンダーによる「男らしさ」「女らしさ」の思い込みの克服が多少とも目立つような簡潔な一覧表を作成すれば表3-3のようになる。

　こうして「男女間の諸権利の実質的平等のための闘い」と「ジェンダー不平等の削減に関する私たちのプロジェクトとそれらの資金調達」を体現しているこの行動計画は，その目的を「男女平等を私たちの全ての公共政策のなかに横断的に統合することを可能にすること」であると謳っているが，少なくとも雇い主としての自治体とそのもとでの公共的職務に関する限り，目的達成のために必要な「ケア労働」の男女共有につながる管理職も含めた職場全体への普及を目指す「男女混成」，「ジェンダー不平等」の解消につながる「ジェンダー・ステレオタイプとの闘い」に力点を置いた多様な施策を提起しており，端的にジェンダー平等を目指すまちづくりを進めていると言ってよいであろう。

　以上のように，フランスのミュニシパリズムという自治体刷新・民主化運動を体現した自治体の一つ，ポワチエ市がこの間，提示した「持続可能な開

82

表3-3　ポワチエ市の「男女間の職業的平等に関する行動計画」の概要

テーマ	提案されている行動
報酬格差の予防と対策	男女報酬格差のデータ整理，男女平等に向けた予算方針に反映 コース間の手当格差を減らし内部移動を促進
職の男女混成，キャリア展開	職種間の性の偏りを是正し職種の男女混成を促進 同じ職種を担う男女をペアにして採用の広報装置を創設 男性的職種にいる女性職員の証言そしてその逆のビデオ作成 採用プロセスの脱ジェンダー化と選別基準の客観化・追跡可能 学校での男女平等教育の強化，全教育レベルでの男女混成 職場チーム・マネジメントの男女平等の展開，役職者の参画 役職者と部局長への男女平等訓練プログラムの実施 職階昇進男女数と現男女職員構成との不均衡の是正 訓練プログラムへの男女平等なアクセスと個人的付き添い支援
職業的生活と個人的家族的生活との連結	家族的理由の可変的勤務時間・パートタイム・休職の可能化 家族的出来事のための欠勤の特別許可 e-ラーニングの研修 温室効果ガス削減の面でもテレワーク実施，切断享受の権利 欠勤扱いしない妊娠出産・父親・育児休暇と欠勤特別許可 （PACS［連帯市民協約］等の同棲中の男女職員にも適用） 妊娠中女性職員の健康診断・医療にパートナー付き添い許可 ３歳未満の子ども保育の「普遍的サービス雇用小切手」享受 障害を持つ20歳未満の子どもの看護についても同上享受
差別・暴力・モラハラ・セクハラ・女性差別的背理行為との闘い	障害を持つ職員の採用・受け入れ・統合の促進 暴力・モラハラ・セクハラ・女性差別的背理行為の記載制度 予防・健康・社会福祉部の秘密厳守と記載者への報復阻止 安全衛生労働条件委員会と心理的社会的リスクの予防と計画

（出所）表3-2と同じ。

発（発展）に関する報告書」と「男女間の職業的平等に関する行動計画」の内容を要約してきたが，これらの要約を通じてポワチエ市は，SDGsの枠組みを踏まえて事実上〈エコロジカルでジェンダー平等を目指すまちづくり〉を進めていることが明らかになったように思われる。

3　参考：ポワチエ市における若年女性の人口動向

最後に，日本の少子化に関連する地方の若年女性の大都市流出と「ジェンダー不平等」の厳存との関係という次のテーマに移る前に，その問題構成を浮かび上がらせるために，ここでポワチエ市の新市政における以上のような

ジェンダー平等指向のまちづくりの確認のうえで，それ以前の市政のもとでの若年女性の人口動向に参考までに触れておきたい。それは，以前の市政のまちづくりのもとでポワチエ市出身の若年女性が他地域に流出したのか，または地元に定住したのか，あるいは他地域出身の若年女性が逆にポワチエ市に流入したのか，そうではなかったのかの動きを概括的に反映すると思われるからである。

　一般的に言えば，フランスはよく知られているように，その充実した家族政策，特に多様な家族給付とりわけ「家族生活と職業生活の間の選択の自由を保障する」家族給付によって先進国のなかでは早期に少子化を抑制し最も高い出生率を実現した国の一つである。[27]

　その限りにおいて，フランスの若年女性は，自分の能力・欲求を活かせる働き口または起業対象がある限り，自分の生まれ育ったポワチエ市のような歴史と誇りある故郷の地方から大都市に移住して妊娠・出産・育児をするインセンティブは低いと言えよう。実態としては逆に，1990年代以降「都市部」から「農村部」への子育て世代の移住が進んだことが明らかにされている。[28]

　とはいえ，問題は，特定の地方自治体にそのような若年女性の能力・欲求を活かせる働き口または起業対象，そのための男女間の職業的平等の観点からの支援体制ないし受け入れ体制，要するにジェンダー平等を目指すまちづくりが行われているかどうかにあると言えよう。[29]

　上述のように，ポワチエ市の新市政は〈エコロジカルでジェンダー平等を目指すまちづくり〉に着手したのであるが，それ以前の市政のもとでの若年女性の人口動向をこの約10年間，2007年と2018年との性別・年齢層別人口の比較によって確認しておけば，表3-4のようになる。

　見られるように，ポワチエ市の前市政のもとでは，10歳台後半から20歳台後半の若年女性の人口は，若年男性とともにこの約10年間に減少している。多数の学生を擁するポワチエ大学が存在し，その卒業生の多くがパリ等，全国に流出していることは十分に考えられるが，いずれにせよ，事実上〈エコロジカルでジェンダー平等を目指すまちづくり〉を掲げた若い女性市長によ

表3-4　ポワチエ市の性別・年齢層別人口の変化

	2007年		2018年	
年齢層	男性	女性	男性	女性
0 ～14歳	5,903	5,700	6,068	6,041
15～29歳	15,431	18,279	14,685	17,099
30～44歳	7,204	7,268	7,156	7,245
45～59歳	6,376	7,429	5,858	6,698
60～74歳	3,686	5,012	4,564	5,987
75～89歳	2,113	4,045	2,174	3,878
90歳以上	179	628	304	908

（出所）2007年：https://www.cartefrance.fr/carte-france-ville/population_86194_Poitiers
　　　　2018年：https://www.insee.fr/fr/statistiques/2011101?geo=COM-86194
　　　　閲覧はいずれも2021/10/10。

る新市政のもとで今後，若年女性の人口動向がどのように変化するのかが注
目される。

　　［注］
（1）　周燕飛「コロナショックと女性の雇用危機」JILPT, Discussion Paper
　　21-09, 2021年3月，（https://www.jil.go.jp/institute/discussion/2021/
　　documents/DP21-09.pdf），山田久「コロナショックが促すジェンダー平等」
　　日本総研 Viewpoint,No.2021-002（https://www.jri.co.jp/MediaLibrary/
　　file/report/viewpoint/pdf/12596.pdf），内閣府男女共同参画局「コロナ
　　下の女性への影響と課題に関する研究会報告書」令和3年4月28日
　　（https://www.gender.go.jp/kaigi/kento/covid-19/siryo/pdf/post_
　　honbun.pdf），外務省・SDGs推進本部「2030アジェンダの履行に関する自
　　発的国家レビュー2021」（https://www.mofa.go.jp/mofaj/gaiko/oda/sdgs/
　　pdf/vnr2021_00_full.pdf）。これらのネット資料の閲覧，2021/9/7。山
　　田昌弘『新型格差社会』朝日新書，2021年，飯島裕子『コロナ禍で追い
　　つめられる女性たち』光文社新書，2021年，等参照。またコロナ禍によ
　　る「女性不況」広くは女性苦境と言うべき事態を扱った政府白書として，
　　内閣府編『令和3年版男女共同参画白書』令和3年6月，厚生労働省編
　　『令和3年版厚生労働白書』令和3年7月，内閣府編『令和3年版少子化
　　社会対策白書』令和3年7月，厚生労働省編『2021年版自殺対策白書』
　　2021年11月，等がある。
（2）　もとより「女性不況」広くは女性苦境と言うべき事態は，コロナ禍が

初めて出現させたわけではなく，それは以前から存在していたものを増幅して集中的に顕在化させたにすぎない。こうした事態に関しては多くの調査研究が積み重ねられてきたが，最近のものとしては次のような文献が挙げられる。藤原千紗・山田和代編『女性と労働』大月書店，2011年，NHK「女性の貧困」取材班『女性たちの貧困』幻冬舎，2014年，小杉礼子・宮本みち子編著『下層化する女性たち』勁草書房，2015年，小杉礼子・鈴木昌子・野依智子他『シングル女性の貧困』明石書店，2017年，心理科学研究会ジェンダー部会編『女性の生きづらさとジェンダー』有斐閣，2021年，等。

（3）　こうした意味での「家父長制」については例えば，関西女の労働問題研究会編『竹中恵美子が語る労働とジェンダー』ドメス出版，2004年，岩本美砂子「家父長制とジェンダー平等：マイノリティ女性条項が新設された2004年DV法を手がかりに」（『年報政治学』第57巻第1号，2006年）等，参照。なお，「家父長制」と「ケア労働」を結びつけることへの批判として山根純佳『なぜ女性はケア労働をするのか』勁草書房，2010年を参照。

（4）　前掲『令和3年版少子化社会対策白書』参照。

（5）　これは，人口減少による地域社会の持続可能性の困難あるいは「地方消滅」として論議されてきた点である。吉田良生「人口減少時代における地域社会の持続可能性」（同他編著『人口減少時代の地域政策』原書房，2011年，所収），増田寛也編著『地方消滅』中公新書，2014年，参照。

（6）　例えば，松田茂樹『少子化論』勁草書房，2013年，参照。

（7）　この報告書以外に，ドイツ・ベルテルスマン財団と研究組織「持続可能な開発ソリューション・ネットワーク（SDSN）」によって作成された『持続可能な開発報告書2021』もまた2021年度の日本のSDGs達成度ランキングを18位に下げた理由として，目標5のジェンダー平等，目標13の気候変動，目標14の海の生物多様性，目標15の陸の生物多様性，目標17のパートナーシップに深刻な課題があるからであるとしたうえで，目標5のジェンダー平等については，女性国会議員，賃金のジェンダー格差そして無償労働時間のジェンダー格差に深刻な課題があるとしている。（https://www.unsdsn.org/sdg-index-and-monitoring），2021/9/10閲覧。

（8）　もっとも「ジェンダー主流化」の視点とは，SDGsやコロナ禍の今に始まったことではなく，1995年に北京で開催された「世界女性会議」で採択された行動綱領に「女性のエンパワーメント」と並んで盛り込まれた二つのスローガンの一つであることが知られている。この点については，目黒依子「ジェンダー視点からみた開発」（アジア女性資料センター『女たちの21世紀』第84号，2015年），大崎麻子「ジェンダー主流化の20

年（1）〜(11)」（内閣府男女共同参画局『共同参画』2018年5月号〜2019年3・4月号）等，参照。

（9）　目黒依子，前掲論文。またエリア・ボロムストロム「持続可能な開発目標の策定における女性NGOが果たした役割」（前掲『女たちの21世紀』第84号）も参照。

(10)　SDGsの目標5とそのターゲットそして指標も含めた詳細な内容説明については，田中雅子「ジェンダー平等，女性と女の子のエンパワーメント」（高柳彰夫・大橋正明編『SDGsを学ぶ：国際開発・国際協力入門』法律文化社，2018年）参照。

(11)　織田由紀子「持続可能な開発目標（SDGs）におけるジェンダー視点の主流化」（『アジア女性研究』第28号，2019年），この点については，田中雅子前掲論文も参照。

(12)　この点については，第1章，参照。

(13)　織田由紀子，前掲論文，参照。

(14)　萩原なつ子「環境とジェンダーの主流化の変遷：ストックホルム会議からSDGsへ」（国立女性会館『NWEC実践研究』第6号，2016年）参照。

(15)　萩原なつ子，同上論文，参照。但し，「エコフェミニズム」に関しては，国内的国際的に長期にわたる論争，論議が行われており，SDGsとの関連づけは今後の課題であるように思われる。これらの論争，論議については，例えば，環境思想・研究会編『環境思想・教育研究』第13号，2020年の特集「エコフェミニズムの今日的意義」参照。

(16)　注(12)参照。

(17)　E.Dau, Un bilan des dynamiques de listes participatives aux élections municipales Françaises en 2020, (https://commonspolis.org/wp-content/uploads/2020/08/BilanMunicipales_VIO-compresse.pdf) 2021/7/6閲覧。

(18)　「エコロジカルな移行」とは，イギリスのロブ・ホプキンスによって2008年に提起された概念であり，その内容は，有機農業，再生可能エネルギーへの転換，リサイクル可能な財生産，生物多様性の保全，省エネ・緑地等の都市計画見直し，乗用車相乗等の環境保護的な移動と輸送，様々な節約や廃棄物削減を奨励する課税などの相互依存的事業によって達成される「経済社会モデルの変化」であると定義されている（L.Schmid, Transition écologique, https://www.toupie.org/Dictionnaire/Transition_Ecologique.htm) 2021/10/5閲覧。

(19)　Atelier : Faire commun.e un fearless cities français sur le care, le covid et le municipalisme, le 7 mai 2020, (https://commonspolis.org/fr/propositions/faire-commun.e -un-fearless-cities-français-en-ligne-le-resume-des-ateliers/) 2021/7/25閲覧。

(20)　いわゆる「エコフェミニズム」は，フランスのフェミニスト，フランソワーズ・ドーボンヌによって1974年に初めて使用された概念であるとされるが，フランスにおいては，「ミュニシパリズム」と「エコフェミニズム」の関係は余り密接ではないように思われる。例えば，次の発言参照。L. Bugier, Ecoféminisme : Ecologie et droits des femmes, même combat ? le 8 mars 2019（https://www.wedemain.fr/dechiffrer/ecofeminisme-ecologie-et-droits-des-femmes-meme-combat_a3972-h…）2021/ 3 /11閲覧。

(21)　INSEE, Dossier complet, Commune de Poitiers (86194), le 29 septembre 2021,（https://www.insee.fr/fr/statistiques/2011101?geo=COM-86194）2021/11/ 3 閲覧。

(22)　Léonore Moncond'huy,（https://fr.wikipedia.org/wiki/Leonore_Moncond%27huy）, La derniere modification a ete faite le 19 octobre 2021. 2021/11/ 3 閲覧。

(23)　R.Rousselet, Conseil municipal du 22 février, le débrief, ville de Poitiers,（https://elus.poitierscollectif.fr/conseil-municipal-du-22-fevrier-le-debrief/）2021/ 8 / 6 閲覧。

(24)　Rapport sur la situation en matière de Développement durabre, ville de Poitiers,（https://www.poitiers.fr/c_0_0_Actualite_39475_0_Conseil_municipal…）2021/ 7 /20閲覧。

(25)　ibid.

(26)　「男女混成」とは，フランスの女性労働の専門家たちによって直接には「一つの社会的空間における男女両性の共存の実現」であると定義されているが，それは，職，職種，昇進昇格，キャリア，職業的経路，職業訓練などの職業的プロセス全体を通じての男女平等に関連する「ダイナミックな概念」であるとされている。M.Wierink & D.Méda, Mixité professionnelle et performance des entreprises, un levier pour l'égalite ? in *Travail et Emploi*, No.102, avril-juin 2005.（拙訳「職業的混成と企業のパフォーマンス，平等の梃子か？」『滋賀大学経済学部研究年報』Vol.13, 2006年）参照。

(27)　この点に関しては，多くの研究調査文献がある。例えば，神尾真知子「フランスの家族政策」（内閣府経済社会総合研究所編『フランスとドイツの家族生活調査』2005年，所収），大場静枝「フランスの家族政策の現在」（岡沢憲芙・小渕優子編著『少子化対策の新しい挑戦』中央法規出版，2010年，所収），神尾真知子「フランスの家族政策と女性」（井上たか子編著『フランス女性はなぜ結婚しないで子どもを産むのか』勁草書房，2012年，所収），神尾真知子他編著『フランスのワーク・ライフ・バラン

ス』パド・ウィメンズ・オフィス，2013年，等参照。なお，筆者も考察
したことがある。拙稿「フランスにおけるワーク・ライフ・バランス支
援給付としてのCLCA」（『彦根論叢』No.410, 2016年）参照。

（28）　日本とは逆の若者や子育て世代の都市から地方への移住の実態につい
ては，ヴァソン藤井由美『フランスではなぜ子育て世代が地方に移住す
るのか』学芸出版社，2019年，参照。

（29）　O.Baudy, Améliorer l'accès a l'emploi des femmes dans les territoires
ruraux, Commssariat Général à l'Egalité des Territoires, mars 2018,
（https//www.europe-en-france.gouv.fr/sites/default/files/en-bref_cget_
emploi_des_des_femmes_territoires_ruraux.pdf）2021/11/13閲覧。

第4章　事例としての兵庫県豊岡市の取組

I　豊岡市における「ジェンダーギャップ解消」のまちづくり

　第3章において見てきたように，SDGs が提供しうる「持続可能なまちづくり」の枠組みの具体化がすぐれて〈エコロジカルでジェンダー平等を目指すまちづくり〉に進化すべきであり，その事例を「ミュニシパリズム」（自治体主義）を掲げたポワチエ市のようなフランスの自治体に見ることができるとすれば，日本においてはどうであろうか。私の限られた調査・検索ではそのような事例はないように思われるが，〈ジェンダー平等を目指すまちづくり〉の面に関しては，「ジェンダーギャップ解消」（以下，「ジェンダー・ギャップ」ではなく豊岡市が使用している「ジェンダーギャップ」と表記する）のまちづくりを掲げた兵庫県豊岡市がすでに全国的に著名である。そこで以下，豊岡市における「ジェンダーギャップ解消」のまちづくりについて考察を進めたい。

1　「ジェンダーギャップ解消」への着目の理由と戦略
　豊岡市は，平成17年（2005年）に兵庫県の北東部に位置する1市5町が合併してできたまちであり，市の約8割を森林が占め，北は日本海，東は京都府に接し，中央部には円山川，海岸部には山陰海岸国立公園，山岳部には氷ノ山後山那岐山国定公園を有する自然環境に恵まれたまちである。同年9月には，国指定の特別天然記念物のコウノトリが自然放鳥され，人里での野生復帰は世界的にも注目されている。産業としては，全国的に有名な城崎温泉や出石城下町といった観光業，「コウノトリ育む農法」で知られた農林水産業，地場産業としてのかばんの生産などで知られている。人口は約7万

7,000人余りの地方都市である。

　このような豊岡市において「ジェンダーギャップ解消」は，まちづくりの枢要な課題として何時，どのような理由をもって着目され，その課題解決のためにどのような戦略が立てられ，どのような取組が行われてきたのであろうか。これらの点からまず明らかにしよう。

　豊岡市が当該課題に関する戦略と取組についてホームページで公開している諸文書によれば，「ジェンダーギャップ解消」の課題は，「ジェンダーギャップ解消推進」によって総括的に取り組まれるとともに，その「推進」を具体的に担う「ワークイノベーションの推進」「キャリアデザインの推進（豊岡市役所内）」「女性の就労促進」という三つの領域の戦略によって一体的相互促進的に展開されていると見なすことができる。

　そしてこれらの戦略の関係は，それぞれの戦略の内容を明示した公的な文書の相互的な関係として示すことができるように思われる。具体的には，2019年1月に策定された「豊岡市ワークイノベーション戦略」，同じく同年1月に策定された「豊岡市役所キャリアデザインアクションプラン」，さらに同年5月に締結された「豊岡市女性の就労に関する協定」そしてこれらの文書を踏まえて2021年3月に策定された「豊岡市ジェンダーギャップ解消戦略」という公的文書の相互的関係である。

　そこで豊岡市において「ジェンダーギャップ解消」が着目されるに至った理由を探るために最初に策定された「ワークイノベーション戦略」の簡潔な要約から始めよう。

　①「豊岡市ワークイノベーション戦略」とワークイノベーションの推進について

　本戦略によれば，「小さな世界都市―Local&Global City」の実現に向けて「多様性を受け入れ支えあうリベラルなまちづくり」（「豊岡市基本構想」2017年9月）を進めている豊岡市（以下，本市と略す）が「ジェンダーギャップ（性別に基づき定められた社会的属性，機会等の格差）の解消」を最大の課題として着目する理由は，次のようなものである。まず，10歳代の転出超過数に対する20歳代の転入超過数の占める割合である「若者回復率」（「豊岡市地方創生総合戦略」2015年10月策定）が，2010年と2015年を比較すると，男性は

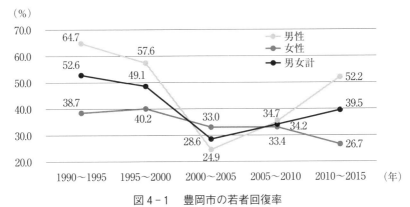

図4-1　豊岡市の若者回復率
（出所）「豊岡市ワークイノベーション戦略」2019年1月，2頁。

52.2%と17.5ポイント上がっているのに女性は26.7%と6.7ポイント下がっており，女性の若者回復率の低下が本市のこの間の人口減少の最大の要因として検出されたことである。そしてそのような若い女性の社会減がさらなる少子化をもたらし，まちの存続自体を危うくするのであり，本市の地方創生（人口減少の緩和）にとって女性の若者回復率の向上はそれゆえ最大の課題と言えるからである（図4-1，参照）。

　それでは，そのような若者回復率低下の要因は何か。この点について，本戦略は「仮説」として，本市が根強い男性中心の社会であり，女性は社会的経済的分野において専ら補助的役割を担ってきたこと，大都市・大企業において多様性確保の観点から女性の採用や定着率向上の取り組みが進んだこと，ジェンダーギャップ解消が進む世界の状況が周知になったこと，等によって女性にとって「豊岡に暮らす価値」の相対的低下が進んだことにあるとしている。

　なお，第3章における〈「ジェンダー・ギャップ」による悪循環〉の認識と本戦略の以上の「仮説」は，ほぼ同一であることを確認しておきたい。[3]

　戦略は次に本市におけるジェンダーギャップの状況について明らかにしている。給与収入の男女格差については，図4-2に示されているように，年齢が上がるにつれて男女格差が拡大している。雇用形態の男女格差について

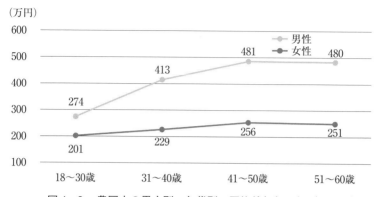

図4-2　豊岡市の男女別・年代別の平均給与収入額（2017年）
（出所）同上「戦略」3頁。2018年度市県民税課税データから作成されたもの。

表4-1　豊岡市の男女別の雇用形態

性　別	正規	非正規	計
男　性	13,078人 （81.5％）	2,975人 （18.5％）	16,053人 （100％）
女　性	6,626人 （45.6％）	7,897人 （54.4％）	14,523人 （100％）
計	19,704人 （64.4％）	10,872人 （35.6％）	30,576人 （100％）

（出所）同上「戦略」4頁。2015年国勢調査のデータから作成されたもの。

も，表4-1に示されているように，男性の多数は正規雇用であるのに女性の過半数は非正規雇用である。

　また戦略は，女性の就労に関する本市の状況を全国と比較して「男は仕事，女は家庭」と思わない市民の割合と共稼ぎ率は全国より高いものの，企業のポジティブアクションの実施率と女性の育児休業取得率は全国より低く，相当な開きがあることを明らかにしている。

　ではこのような状況のもとで，改めて本市のまちづくりにとってジェンダーギャップはなぜ問題であるのか。戦略は次のように四点にわたって整理している。

　第一に，すでに指摘された人口減少の加速，第二に，女性の補助的役割あ

るいは能力にふさわしい役割の不在という点からの社会的損失，第三に，女性にとって働きやすいし働きがいを感じる職場環境整備の不十分さによる優秀な女性の採用・能力発揮の機会喪失，出産後の離職率上昇，等による事業所業績の伸び悩みという点からの経済的損失，第四に，仕事に意欲ある女性のキャリア形成の不本意な断念，夫婦共働きのもとで家事・育児の大半を担うことによる女性の職場での補助的役割の不本意な甘受という点からの公正さと命への共感にかける社会，である。

　そして女性の就労に関する以上のような「課題の真因」について，戦略は「性別役割分担意識が職場に根強く残っていること」であると指摘している。

　以上のようなジェンダーギャップの状況の確認のうえで，戦略は，その目的を「女性も働きやすく働きがいを感じる事業所を増やすことを通じた職場のジェンダーギャップの解消と，これを切り口としたまち全体のジェンダーギャップの解消」を目指すことにあるとしている。

　そのうえで，2018年度〜2027年度の10年間の長期を対象とする本戦略は，その目指す将来像と戦略の全体像そして KPI（重要業績評価指標）について次のように明示している。

　目指す将来像としては，「ありたい姿に向かって，いきいきと働く女性が増えている」こと，戦略の全体像としては，01「働きやすい事業所が増えている（定着率の向上）」こと，02「働きがいがある事業所が増えている（モチベーションの向上）」こと，03「働きがいがあり働きやすい事業所が知られている（成果の可視化）」こと，04「性別役割分担意識にとらわれない人が増えている（意識の変化）」こと，そして KPI としては，「女性従業員の3分の2以上が『働きやすくて働きがいがある』と評価している事業所の数」であり，その目標値は2021年度5社，2023年度15社，2027年度50社である。

　最後に，本戦略の進め方とその事業概要が次のように明示されている。すなわち，「市民の理解拡大」として解消に取り組む理由や職場の好事例等の可視化，それとの相互連携において「経営者の認識改善」として商工団体・業界団体等での説明や経営者との対話→「経営者の意識改革」としてワークショップ・事例共有会の開催や従業員アンケート支援→「人事担当者意識改

革と改善手法検討」としてワークショップ・事例共有会の開催や各事業所の具体的改善手法の検討要請→「管理職と従業員の意識・行動改革」としてワークショップの開催や職場の具体的改善手法の検討要請，同時に「女性従業員のキャリア形成支援」としてワークショップの開催や目指す将来像の実現行動支援→「先進事業所の可視化と他の事業所への波及」として表彰制度の創設や事例発表，である。

　以上のようなものが「豊岡市ワークイノベーション戦略」の概要である。

②「豊岡市キャリアデザインアクションプラン」[4]と
　市役所内キャリアデザインの推進について

　次に，豊岡市ワークイノベーション戦略豊岡市役所版というサブタイトルが付けられた「豊岡市キャリアデザインアクションプラン」に移ろう。

　このプランは二つの部分から構成されており，前半はプランの基本的考え方と現状について，後半は一層の働きがいと成長のために強化すべき課題，重点目標と具体的アクションについて叙述されている。

　プランの前半はまず，それが「目指すこと」として次のように指摘している。すなわち，市役所においても男女間のキャリア形成機会の差や固定的性別役割分担意識による無意識バイアスなどを要因として政策決定の場や配属の男女割合に格差が生じている現状のもとで，多様な人材とりわけ女性職員の行政の意思決定への関与，能力向上・発揮とキャリア形成支援，組織全体の意識改革が不可欠であり，市役所の実態把握のうえで必要な手立てを講じること，にある。

　プランは次に市役所の現状について明らかにしている。具体的には，職員の男女別年齢構成の状況，男女別職員新規採用者数の推移，現時点の正規職員部署別人数，女性管理職比率の推移，部署別の女性管理職登用状況，等であるが，ここではより注目に値するであろう職員の男女別年齢構成，一般職と管理職における男女間の配属の偏りを示す図表（図4-3〜図4-5）を紹介しておきたい。

　以上の図表から40歳以上の職員の男女比が大きく男性に偏っていること，一般職の部署ごとの配属の男女比に大きな偏りがあること，また管理職につ

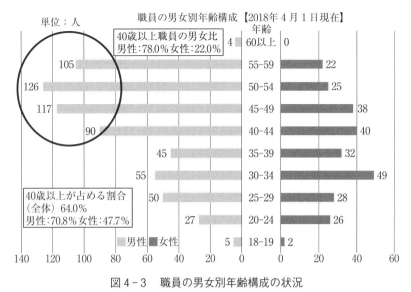

図 4 - 3　職員の男女別年齢構成の状況

（出所）「豊岡市役所キャリアデザインアクションプラン」2019年 1 月，8 頁。

いても女性は僅かなうえその配属も特定部局に偏っていることが判明する。

　プランは以上のような現状を「課題」と見なし，その要因を把握するために職員意識調査を行い，その結果を明らかにしている。そこから浮かび上がったポイントは，次のような点にある。

　第一に，男性は年代が上がるにつれて働きがいが上昇するが，女性は40代を境にそれが減少するとともに自信がないと感じる職員が増加しているという点において「性別」である。第二に，50代男性は管理職の割合が高く勤務時間も比較的縮減傾向，40代男性は管理・監督職中心で仕事量増大・時間外勤務増加傾向，40代女性は配属と仕事配分自体に問題所持傾向という点において「世代」である。第三に，働きやすい・やや働きやすいと感じているのは男性の 8 割強であるのに女性は 7 割強にとどまり。子育ての休業・休暇制度の認知度についても女性の約86％に対して男性は約75％の差があるという点において「働きやすさ」である。第四に，働きがいが低い職員は働き続けたくないうえに，より高い役職も担いたくないという結果が得られたという

部署ごとに配属の男女比に偏りが存在
（女性職員数の比率が高い順に表示）

2018年度正規職員部署別人数【2018.4.1現在】

■女性　■男姓

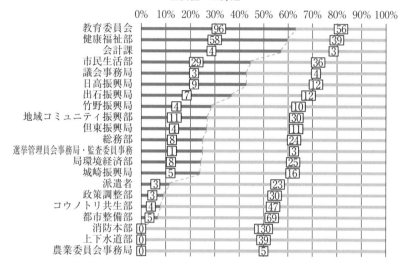

図4−4　現時点の正規職員部署別人数

（出所）同上「プラン」9頁。

点において「働きがい」である。第五に，それを「担いたくない」と感じて
いるのは男性の約20％に対して女性は約33％，「どちらかというと担いたく
ない」を含めると男性約48％に対して女性は約68％と男女間で相当の差があ
るという点において「より高い役職」である。第六に，性別役割分担につい
て「どちらかというと賛成」を含めた賛成と「どちらかというと反対」を含
めた反対を男女で比較すると女性は賛成が約20％，反対が約80％に対して男
性は賛成が約35％，反対が約65％と差があるという点において「性別役割分
担意識」である。

　プランの後半はまず，強化すべき課題として次のような四つの項目を示し
ている。第一に，自律的なキャリア形成を支援する仕組みの不足である。具
体的には自己申告制度の運用見直しやキャリアの明確化が必要となる。第二
に，性別による「働きやすさ」の差である。具体的には女性に多い仕事と家

女性管理職の配属においても男女で偏りが存在
(管理職数が多い部署順に表示)
部署ごとの男女の管理職者数【2018.4.1現在】

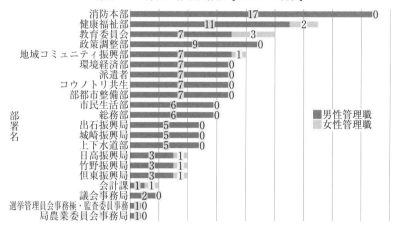

図4-5　部署別の女性管理署登用状況
(出所) 同上「プラン」10頁。

庭の両立不安の改善が必要となる。第三に，キャリア形成機会の男女格差の解消である。具体的には女性の配属の見直しや管理・監督職1年目の職員への支援・相談体制の整備が必要となる。第四に，上司による部下育成と支援スキルの向上である。具体的には部下のキャリア形成支援における管理職のスキルアップが必要となる。

　プランは次に，以上の課題提示との関連において，三つの重点目標と具体的なアクションを提起している。第一に，職員の自律的なキャリア形成支援である。それは，キャリア形成支援策としてのキャリアサポートシート導入，全職員キャリアデザイン研修，ロールモデルとの出会い支援，部下の成長を支援する管理職の育成としてのキャリアサポート管理職マネジメントマネジメント研修，新任管理・監督職フォロー制度の創設，若手職員の育成支援としての実践力強化研修，職員間の共有としての「シェアラボ」(仮称)の開催，部署ごとの進捗状況の把握としての職員アンケート調査から構成される。第二に，働きやすい職場風土の実現である。それは，働きやすい職場風土への

改善としての管理職の組織運営のためのマネジメント力向上，業務の効率化を図るツールの導入促進，休暇取得の促進から構成される。第三に，性別役割分担意識（ジェンダーギャップ）の解消である。それは，男女の機会格差・性別役割分担意識の解消としての無意識バイアスの理解促進ワークショップ，女性のリーダーシップ研修，女子 café ミーティング（仮称），復職後研修，男性職員の育児休業の取得促進から構成される。

　そのうえで「ワークイノベーション戦略」と同じ10年間を対象とする本プランは，その目指す将来像としては「すべての職員が能力を発揮し，市民の暮らしを支えている」こと，その戦略目的としては「自ら成長しようとする職員が増えている」こととして提示し，その KPI としては「働きがいを感じる職員の割合」であり，その目標値として男女ともに2019年度27％，2022年度30％，2027年度35％と明示している。

　以上のようなものが「豊岡市役所キャリアデザインアクションプラン」の概要である。

　③「豊岡市女性の就労に関する協定」と女性の就労促進について

　以上のような「戦略」と「プラン」の策定の後に，女性の就労促進を目指して「豊岡市女性の就労に関する協定」が，豊岡市と厚生労働省兵庫労働局，豊岡市ワークイノベーション推進会議の三者によって締結されている（2019年 5 月 8 日付）。

　地方自治体と労働局の雇用対策協定は多くの自治体によって締結されているが，女性就労に限定した雇用対策協定は兵庫県内初の取り組みである。豊岡市は協定そのものについては公表していないが，協定の大まかな内容については以下のように紹介している。[(5)]

　「三者が女性をはじめとする就労に関する課題を共有し，課題解決に向けた対策を総合的，効果的かつ一体的に取り組むことを目的に，共通の事業目標のもとに具体的な取り組み内容や実施方法などを事業計画書としてとりまとめて定める。また，計画を実施するために関係者で構成される運営協議会と作業部会を設置する。」

④「豊岡市ジェンダーギャップ解消戦略」[6]とジェンダーギャップ解消推進について

　本市は，時系列的には，以上のような「ワークイノベーション戦略」と「キャリアデザインアクションプラン」の策定そして「女性の就労に関する協定」の締結を踏まえて，本家本元のジェンダーギャップの解消推進そのものを目指す「ジェンダーギャップ解消戦略」の策定に至っている。そこで以下，四つの章から構成されている本戦略の内容について，策定趣旨，ビジョン，現状・課題，計画・主要施策の順に，以上に見た「戦略」「プラン」と重なる部分を除いて簡潔に要約しよう。

　まず，本戦略の策定趣旨についてである。本戦略は，「ワークイノベーション戦略」が対象としていた職場に加え，「家庭，地域，学校を含むまち全体のジェンダーギャップの解消に向けた取り組みを進めるためのもの」として策定され，本市の「各種計画に横串を通すもの」すなわち「ジェンダーの視点をあらゆる施策に反映（ジェンダー主流化）」させるいわば基本文書として位置づけられるとしている。そして目指す将来像について「「固定的な性別役割分担を前提とした仕組みや慣習が見直され，お互いを尊重し支え合いながら，いきいきと暮らしている」こととし，その戦略目的については「ジェンダーギャップ解消を自分ごととして捉え行動する人が増えている」ことと説明している。

　次に，本戦略のビジョンについてである。本戦略は，そのビジョンが2020年2月に二回にわたって開かれた「豊岡市の未来をシナリオに描くワークショップ」（高校生19名・20代17名）とそれを踏まえて同年後半に複数回開かれた「ジェンダーギャップ解消戦略会議」（多様な属性の市民9名と学識経験者1名で構成）によって検討されてきたことを明らかにしたうえで，「ジェンダーギャップが解消したまちの姿」として企業（従業員・管理職の男女比均等，多様なキャリア，女性起業増加，等），家庭（家事・育児の男女共同分担，まちなかの子ども連れの父親増加，等），学校（放課後の子どもの居場所，男女格差のない授業），地域（地域コミュニティの女性役員増加，諸会議の場の対等な意見交換，男女関係なく集まるサロン出現，移住者増加と出生率上昇，等）から構成される「誰もが居心地よく自分らしく輝けるまち」であると説明している。

　さらに，本市のジェンダーに関する現状と課題についてである。本戦略は，これらの点を明らかにするために外部専門家による調査・分析に依拠して世代ごとの現状認識を明らかにしている。すなわち，若年世代における明確な基準での人事評価・職務分担の必要，共働きの必要，家事・育児の分担の受容等，現役世代における家庭内の性別役割分業の容認，職場の人事評価・人材配置の客観性欠如感，男性育児休業の取得の困難感，女性の仕事と家庭の両立不安感，経営者の人材不足の深刻感，地域活動の高齢化と困難感等，シニア世代における若い世代の異なる価値観への理解の必要等，がそれである。そしてこれらの世代ごとの現状認識から見えてくる課題としては，次のように整理されている。すなわち，ジェンダーギャップ解消の意義・メリットが十分に理解されていないこと，職場における女性管理職登用・男性育休取得・時短勤務等を機能させるマネジメントの仕組みが構築されていないこと，多様性・ジェンダー平等・公平性に敏感である若年世代の意識が政策に反映されていないこと，多世代・多様な地域住民の意思疎通・相互扶助・協働の場がないこと，がそれである。

　最後に，計画・主要施策についてである。本戦略は，その計画期間を2021年度から2030年度までの10年間としつつ，上記の「目指す将来像」をここでは「上位目的」と言い換え，5〜10年程度で実現したい姿とし「戦略目的」については3年程度で達成したい姿としたうえで，この戦略目的を達成するための主要手段・具体的手段，その具体的手段を実現するための具体的事業そしてそれを通じた成果目標から構成される「戦略体系図」を提示している。

　ここでは戦略目的を達成するための主要手段のみ示しておけば，次の6点である。

　手段01　市民にジェンダーギャップ解消の必要性が知られている。
　手段02　地域において男女が共に意思決定・方針決定に参画している。
　手段03　女性も男性も働きやすく働きがいのある事業所が増えている。
　手段04　家庭において男女が家計責任とケア責任を分かち合っている。
　手段05　自分のありたい姿に向かって経済的に自立しいきいきと暮らす女性が増えている。

　手段06　子どもたちがジェンダーギャップ解消の必要性を自分のことばで
　　　　　語っている。

　以上の主要手段を含む「戦略体系図」の冒頭の一部を示せば，図4-6の
ようになる。

　最後に，本戦略の進め方について確認しておけば，「ワークイノベーショ
ン戦略」のなかで示された職場を除いて，地域と家庭・個人については，次
のように整理される。

　地域（地域コミュニティ組織・自治会）においては，「市民の理解拡大」と
の相互連携において「地域リーダーの認識向上」「ジェンダーバイアスの存
在」の感知としての諸会合での説明，地域リーダーとの対話等→「地域リー
ダーの意識改革」「ジェンダーギャップ解消の意義・メリット・必要性の理
解」としての説明会，ワークショップ，事例共有会開催等→「組織のあり方
の見直し，改善手法，仕組み検討」としての同上取り組みの他，女性のネッ
トワークづくり等→「地域による実践」としての多世代・多様な市民の参画
による組織運営，地域課題解決に向けた取り組みの検討実施等→「先進地域
の可視化と他の地域への波及」としての事例発表，広報等，である。

　家庭・個人においては，市（行政），職場（事業所），地域，学校における
ジェンダーギャップ解消の推進との相互連携において，「ジェンダーバイア
スの存在に気づく」→「ジェンダーギャップ解消の意義・メリット・必要性を
理解する」→「男女で話し合う」として家族の将来設計，ケアワーク（家事・
育児・介護等）に費やす時間とケアワークの労働対価の可視化による役割分
担の検討→「男女で家計責任（世帯収入）とケア責任（家事・育児・介護等）
を分かち合う」，である。

　以上のようなものが「豊岡市ジェンダーギャップ解消戦略」の概要である。

2　「ジェンダーギャップ解消」の取組の展開

　本市における以上のような「ジェンダーギャップ解消」の諸戦略はその後，
どのように具体化され取り組まれ成果を上げてきたのであろうか。いずれも
策定後，間もない現時点においては，端緒的な取組にとどまっているであろ

主要手段01 （2桁）	市民にジェンダーギャップ解消の必要性が知られている		
指標		基準値	目標値
研修を実施した地域コミュニティ組織の数		— 2020年度	29組織

主要手段を実現するための 具体的手段　01-01（4桁）	ジェンダーギャップの解消の必要性を学び、特に子どもたちの未来に関わることだと理解している市民が増えている		
指標		基準値	目標値
研修を実施した団体数，実施回数，参加者数（男女別） ・富岡市区長連合会（年1回） ・各地域区長協議会（全6団体）		—	1回/年 全6団体/年

具体的手段を実現するための事業		事業概要	担当課
01-01-01	ジェンダーギャップ解消に関する情報発信	ジェンダーギャップの現状（雇用，意思決定，家事・育児等）とジェンダーギャップ解消の意義・メリット・必要性を配信する。	ワークイノベーション推進室
01-01-02	ジェンダーギャップ解消の必要性（アンコンシャスバイアスを含む）理解促進教材の制作・活用	まんがによる啓発冊子を制作し，講座等でも活用や，市HP等で広く発信する。（ジェンダーギャップ職場・地域・家庭編）	ワークイノベーション推進室

図4-6　「豊岡市ジェンダーギャップ解消戦略」の「戦略体系図」（冒頭）
（出所）「豊岡市ジェンダーギャップ解消戦略」33頁。

うが，ここでも「戦略」や「プラン」が目指すテーマごとに具体化の取組を簡潔に確認しておきたい。

　①「豊岡市ワークイノベーション戦略」による
　　ワークイノベーションの推進について

　ワークイノベーションの推進については，この戦略の内容を事実上，先取りし体現する事業所組織として「豊岡市ワークイノベーション推進会議」が，豊岡市役所を含む市内の16事業所によって戦略策定に先行して設立されている（2018年10月23日）。この組織の目的は，次のように謳われている。すなわ

ち「市内の事業所が，女性が働きたい（働きがいがあって，働きやすい）仕事・職場への変革をより効果的に進めることによって，採用力を高め，人手不足を解消するとともに，多様な人材の活躍による生産性向上を図り，企業価値を高める。あわせて，これに取り組む事業所を増やすことで，若い女性等の採用増加を通じ，豊岡市の人口減少対策に貢献する」ことがそれである。また，この組織の事業として次の四点が明示されている。すなわち，女性が働きたい仕事・職場への変革に関する課題の共有，課題の解決に向けた事業所の取り組みの検討および共有，課題の解決に有効と考えられる取り組みのうち各事業所単独では取り組むことが困難なものの検討，取り組みの成果の共有と更なる改善策の検討，がそれである。

　この組織への加入する事業所の数が，本戦略の策定を経て増加していることがまず注目される。設立時の加入事業所は16であったが，本章執筆時点の2022年3月末時点では81事業所に増加している。加入事業所数は5倍に増えており，市内事業所におけるジェンダーギャップ解消への関心と必要性の理解の拡がりを示すものと言えよう。

　次に，ジェンダーギャップ解消の必要性に関する事業所向けセミナー等として「管理職向けワークイノベーション連続講座」が2020年10月に2回にわたって開催される（参加者のべ17事業所25人）一方，市内事業所の女性従業員対象の「女性のためのキャリア支援プログラム」が同年9月から10月に3回にわたって開催されている（参加者のべ30事業所49人）。

　また，本戦略にもとづいて2020年10月に「あんしんカンパニー（豊岡市ワークイノベーション表彰）」という制度が創設され，その表彰第1号として2021年3月に株式会社ユラクが表彰されている。この制度の趣旨は，女性にとって働きやすさ・働きがいなどが高い水準に達している市内事業所を表彰する制度であり，男女従業員双方の3分の2以上が勤務先事業所を「働きやすい職場」「働きがいのある職場」等と評価している場合に表彰され，五角形のなかにハートの四つ葉が描かれたロゴマークの使用が許されるものである。

　その後，新型コロナウイルス感染のパンデミックのもとでも，2021年6月

から8月までの間，毎月1回，事業所経営者を対象として「ワークイノベーション実践セミナー」が主としてダイバーシティマネジメントを内容としてオンライン方式で開催されている。また同年9月と10月には「女性のためのキャリア支援プログラム」そして「とよおか女性みらい塾」がそれぞれ3回，市内事業所の女性従業員を対象として同じくオンライン方式で開催されている。

②「豊岡市役所キャリアデザインアクションプラン」による
　キャリアデザインの推進について

　市役所におけるキャリアデザインの推進については，本プラン策定後，まず市役所の男性職員の育児休業取得が勧められており，本章執筆時点での市のホームページには，2019年8月から2020年2月までに6人の男性職員が育児休業を取得した事実が記載されている。

　次に，「豊岡市役所キャリアデザイン推進事業」として全職員を対象とした「キャリアデザイン研修」が2019年4月中旬の3日間，職員の目指すゴール，ありたい姿，キャリアサポートシート活用をテーマとして3時間研修が6回開催される（受講者564人）とともに，それに続いて管理職を対象とした「管理職研修」が部下・組織のマネジメント，無意識バイアス，キャリアサポート活用をテーマとして6時間研修が2回開催されている（受講者111人）。

　また，「豊岡市役所若手職員実践力強化研修」が30歳代前半の男女職員を対象として同年7月から10月の間に半日研修または1日研修として4回，豊岡の課題，求められる職員像，リーダーシップとリーダー像，班ごとの課題解決策をテーマとして開催されている（受講者44人）。

　さらに，「豊岡市女性のためのリーダーシップ研修」が，女性職員を対象として同年6月から10月の間に同じく1日研修または半日研修として4回，リーダーシップ。自分の強み，変革の実践，班ごとの課題解決策をテーマとして開催されている（受講者26人）。

③「豊岡市女性の就労に関する協定」による女性の就労促進について

　本市における女性の就労促進については，本協定の締結に先行して2018年度から「子育て中の女性の就労促進事業」が開始されている。具体的には市

内事業所を対象として同年 7 月に「人材獲得・活用セミナー」(参加29社，36人) そして女性求職者を対象として同 7 月に「お金の基本講座」，8 月に「適職診断ワークショップ」，9 月に「キャリアセミナー」(これら三つの取り組みで参加者のべ48人) が開催されている。続いて10月には子育て中の女性を対象とする「子育て・お仕事大相談会」が，「プチ勤務」(8) を提供する事業所との個別相談として開催されている (参加14事業所，参加者31人)。

　本協定の締結後の2019年10月には「働きたいママのためのお仕事大相談会」が同様の仕方で開催されている (参加15事業所，参加者32人)。

　その後，新型コロナウイルス感染のパンデミックのもとで，2021年 8 月から2022年 3 月までオンライン方式で「働きたい女性のためのデジタルマーケティングセミナー」が開催されている。また2022年 3 月には「子育てママ向けみらい応援セミナー」の開催が予定されている。

　④「豊岡市ジェンダーギャップ解消戦略」による
　　ジェンダーギャップ解消推進について

　本戦略の策定後，ジェンダーギャップ解消推進について各種の取り組みが行われている。

　まずは，市民の意識啓発のツールとして2021年 5 月に漫画家かんべみのり氏による「マンガで考えよう！ジェンダーギャップ」が創作され，ジェンダー意識のアップデート，コロナ禍の在宅勤務，女性の育児休業復帰後の働き方，職業への無意識の思い込み，産後うつと男性の育児休業取得，家庭内の家事・育児分担という 6 つの短編マンガ・シリーズが公表されている。

　また市民への広報として，本戦略の策定に先行して，本市の広報誌『広報とよおか』の特集号「脱　男だから，女だから―誰もが自由に生き方を選択できるまちへ―」(2019年11月号) が作成・配布されている。そこでは，本戦略が示しているジェンダーギャップによる諸課題とジェンダーギャップ解消による職場・家庭・地域の望ましい姿が解説されている。

　同じく本戦略の策定に先行して，情報発信として，2019年 3 月の政府主催の「第 5 回国際女性会議 WAW!W20」への中貝市長の参加，同年 5 月の本市主催「多様でリベラルなまちを創るシンポジウム」開催，同年10月の東京

都内開催の「ジェンダー平等に関する意見交換会」への中貝市長の参加そして本戦略の策定と同時期2021年3月の「国際女性デーに向けたステートメント」の発表，同年8月の内閣府主催の「輝く女性の活躍を加速する男性リーダーの会」への関貫市長の参加が行われている。

　さらに，研修・意見交換会として，本協定の策定後の2021年8月に「ジェンダーギャップを考える意見交換会」が市内で開催されている。

　最後に，各種調査・研究として，本戦略の策定に先行する2019年3月に豊岡市・慶應義塾大学共同研究「地方自治体政策研究（豊岡市におけるジェンダー課題）⁽⁹⁾」，本戦略の策定後の2021年11月に市民アンケート調査「暮らしの中の性別役割分担の実態と意識調査」の結果（概要）⁽¹⁰⁾が発表されている。これらの内容を簡単に要約しておく。

　前者は，正確には「豊岡市とジェンダー平等SDGsに基づく地域課題の抽出」というタイトルの報告書である。これは，サブタイトルにあるように，SDGsのゴールとターゲットごとに，ジェンダー平等に関連する項目を選んで本市の既存のデータを利用した定量的な現状分析と多様な属性をもつ男女市民（18名）を対象とした仕事，地域，（家庭）生活，意思決定，豊岡市，に関するヒアリング調査による定性分析を組み合わせて本市のジェンダー平等に関する地域政策課題を次のように抽出している。すなわち，いかにして女性も活躍できる労働環境を実現していくか（家庭と仕事の両立の実現），いかにして豊岡市内の女性個人が抱える問題を共有し，状況の改善に資するか（家庭での男女の役割分担をどのように見直していくか），女性の政治参加・社会参加をどのように実現するか，という三点の地域政策課題がそれである。

　後者は，本市の今後のジェンダーギャップ解消に向けた施策の参考とするため，高校生以上の男女市民を対象として，暮らしのなかの性別役割分担の実態とジェンダーギャップに関する意識調査を行ったものである（有効回答数626名）。子育て世帯の家事・育児の実態としては，次のような結果が示されている。すなわち，仕事・家事・育児の時間については，仕事の時間は男性が1時間長いものの，家事・育児の時間は女性が男性の3倍であり，合計時間は女性が4時間以上も長いこと，家事・育児の分担状況は，どちらかと

いえば妻が担っている家庭が 5 割以上で最も多いこと，家事・育児の分担に関する考え方については，男性の 8 割近くが現状のままでよいとしているのに対して，女性の 4 割り以上がもっと夫が担うべきとしていること，男性の育児休業取得については，希望せず取得しない者が約75％で最も多く，希望どおり取得した者は約17％にとどまっていること。次に，ジェンダーギャップに関する意識としては，次のような結果が示されている。すなわち，夫は外で働き妻は家庭を守るという考え方について，反対は女性が約68％，男性が約57％，賛成は女性が約12％，男性が約18％であること，暮らしのなかで男女間の差を感じることについては，男女ともに 8 割り以上が感じており，その具体例としては，親族との交流時の男女の役割，女性の仕事と家庭の両立困難，男性の家庭よりも仕事の優先，職場の男性の基幹的業務と女性の補助的業務，男性が家族を養うべきという考え方，等が挙げられること，固定的な性別役割分担をなくす必要があるかどうかについては，男性の約77％と女性の約83％が必要があると思っていること，である。

　以上のようなものが，本市における「ジェンダーギャップ解消」の2022年 3 月末までの時点におけるいわば端緒的な取組の概要である。

3　「ジェンダーギャップ解消」の戦略とその端緒的取組の評価の試み

　次に，以上のような本市における「ジェンダーギャップ解消」のまちづくりに関する諸戦略とプランの概要およびそれらにもとづく取組に関する評価を試みたい。但し，とりわけ総括的戦略である「ジェンダーギャップ解消戦略」については，その計画期間が2021年度から2030年度までの10年間である以上，それにもとづく取組に関しては現時点では始まったばかりであり，まだ端緒的取組と言うべきであろう。

　先の第 3 章は，この間のコロナ禍によるいわゆる「女性不況」または女性苦境と言うべき事態の根底には，無償の「ケア労働」の女性への圧倒的偏りによって示される「ジェンダー・ギャップ」の問題が検出されることとの関連において，持続可能なまちづくりを構想する場合に SDGs が提供しうる枠組みとして〈エコロジカルでジェンダー平等を目指すまちづくり〉を導くこ

とができるということを考察してきた。なおそこでは，持続可能なまちづくりに貫徹する「ジェンダー主流化」の視点から見た場合の SDGs の意義と限界そして〈エコロジカルでジェンダー平等を目指すまちづくり〉を体現していると思われるフランスの「ミュニシパリズム」（自治体主義）を掲げた自治体の一つポワチエ市の事例についても考察してきたところである。

　以上のような観点から本市，豊岡市の「ジェンダーギャップ解消」の戦略とそれによる現在までの端緒的取組について評価を試みてみたい。

　まず，明確であるのは，本市の「ジェンダーギャップ解消」のまちづくりに関する諸戦略とプラン，とりわけ総括的戦略である「ジェンダーギャップ解消戦略」が，なぜ若い女性は地方のまちに戻って来ないのかという疑問に関する真剣な追究を出発点とする行政，幅広い利害関係者・市民各層，ジェンダー論の専門家の協働と参画の産物であるがゆえに，「ジェンダーギャップ解消」をまちづくりの枢要な課題として位置づけるとはどういうことであるのか，さらに進んで——第３章から引用すれば——この間の「世界女性会議」行動綱領（1995年）や SDGs を含む「持続可能な開発のための2030アジェンダ」（2015年）等の国際的合意文書に謳われた「ジェンダー平等」と「ジェンダー主流化」をまちづくりにおいて探求するとはどういうことであるのかを，まちの「将来像」「ビジョン」「目的達成手段」「具体的事業」「成果目標」等として，わが国においてはじめて可視化した画期的で先駆的なモデルの発信であるという点である。今後，わが国のいかなる自治体も「ジェンダーギャップ解消」あるいはさらに「ジェンダー主流化」をまちづくりの枢要な課題と位置付ける場合には本市の諸戦略とプラン，とりわけ「ジェンダーギャップ解消戦略」を参照のモデルとして踏まえざるをえないであろう。[11]

　例えば，先駆的モデルと呼ぶにふさわしい最近の最も際立った取り組みの一つは，本市の建設工事の入札審査資格の2022・2023年度の加算項目（主観点数）に「豊岡市ワークイノベーションの推進」が加えられ，「ワークイノベーション推進会議」への加入により10点，「ワークイノベーション表彰」により20点と明記されたことであろう。[12] 要するに，それは，本市が「ジェンダーギャップ解消」に取り組む建設土木業者により大規模な工事に参加でき

るメリットを与えると宣言したということを意味するであろう。

　他方において，SDGs が提供しうる枠組み〈エコロジカルでジェンダー平等を目指すまちづくり〉を体現していると考えられる男女平等とりわけ職業的平等の先進国フランスの一自治体ポワチエ市の事例を考察してきた第 3 章の観点からは，若干の論評が可能である。

　具体的に言えば，「豊岡市役所キャリアデザインアクションプラン」はすでに見たように，市役所職員におけるジェンダーギャップ解消を目指したプランであり，第 3 章で考察したフランス・ポワチエ市の公務員を対象とした「男女間の職業的平等に関する行動計画」に相当する。ここでは豊岡市のプランの三つの重点目標と具体的アクションとポワチエ市の行動計画における四つのテーマと具体的行動を手短に比較してみよう。

　すでに見たように，前者の第一の重点目標は，職員の自律的なキャリア形成支援であり，全職員のキャリアデザイン研修，等のアクションから構成されている。第二の重点目標は，働きやすい職場風土の実現であり，管理職の組織運営のためのマネジメント力アップ，休暇取得の促進，等のアクションから構成されている。第三の重点目標は，性別分担意識の解消であり，無意識バイアスの理解促進ワークショップ，女性のリーダーシップ研修，男性職員の育児休業の取得促進，等のアクションから構成されている。

　他方，後者の行動計画の第一のテーマは，男女報酬格差の予防と対案であり，男女報酬平等に向けた予算方針，コース間の手当格差の削減と内部移動の促進，等の行動から構成されている。第二のテーマは，仕事の男女混成とキャリア展開であり，職種間の性の偏りの是正と職種内の男女混成の促進，採用プロセスの脱ジェンダー化と選別基準の客観化・追跡可能化，職員の訓練プログラムへの男女平等なアクセスと支援，等の行動から構成されている。第三のテーマは，職業的生活と個人的家庭的生活の連結であり，家族的理由の可変的勤務時間・パートタイム・休暇の可能化，妊娠出産休暇・父親休暇・育児休暇の欠勤扱い対象外，e-ラーニング研修とテレワーク実施，等の行動から構成されている。第四のテーマは，差別・暴力・モラハラ・セクハラ・女性差別的背理行為との闘いであり，これらの背理行為の記載制度化，

職場の従業員代表組織である安全衛生労働条件委員会と心理的社会的リスクの予防計画化，等の行動から構成されている。

　以上，豊岡市役所職員における「ジェンダーギャップ解消」を目指すプランは，わが国における事例としては先進的で着目に値するとはいえ，「ジェンダー平等指向」の先進国フランスのポワチエ市の事例と比較すると，相当部分が意識改革を目指すアクションにとどまっており，「解消」を実際に可能にする制度の創設と改革には至っていないことが判明する。もとより，このことは，日本とフランスの男女間の職業的平等と格差是正に関する歴史的な法制度・政策の相違を反映するものであり，豊岡市のプランの価値を低めるものではないと考える。⁽¹³⁾とはいえ，フランスの自治体の事例は，豊岡市が今後，「ジェンダー平等指向」のまちづくりに向けてさらに前進する場合の参考にはなると考える。

　さらにもう一つ別の観点から評価することが可能であると考える。地球温暖化と気候危機の現段階における「持続可能なまちづくり」について考察してきた第3章の観点から改めて豊岡市の「ジェンダーギャップ解消戦略」とそれによる端緒的取り組みを見るならば，その「解消」の対象領域である職場や地域にいわばエコロジーの具体例すなわち脱炭素を目指す再生可能エネルギー発電事業・有機農業・林業の振興と地産地消，それへの女性の参入と参画を一層積極的に検討する必要があるのではなかろうか。⁽¹⁴⁾例えば，有機農業の盛んな地域には若い男女の移住・定住が少なくないことが報告されているからである。⁽¹⁵⁾

　本市は，2006年に「コウノトリとともに生きるまちづくりのための環境基本条例」を制定した後，「環境基本計画」2007年と2017年の二度にわたって策定するとともに「地球温暖化対策実行計画」を2017年に区域施策編，2021年に事務事業編として策定するなかで同2021年2月に「ゼロカーボンシティ宣言」を行っている。本市は他方，全国的に知られているように，上記「環境基本計画」にもとづきコウノトリが野生復帰して生きていける環境を創るために「コウノトリ育む農法」を推進し，2021年に「豊岡市農業振興戦略：コウノトリとの共生を目指す環境創造型農業の推進」を策定している。その

後，事実上，2015年の SDGs の採択を踏まえる形で2020年に「豊岡農業ビジョン（2020—2029）：豊岡グッドローカル農業」を策定している。そこでは，SDGs の環境・経済・社会の三側面の統合と目標課題の同時解決の考え方に照応するかのように，農業の環境グッド，経済グッド，社会グッドという三区分が行われ，社会グッドの取り組みのなかに「女性が活躍する農業」が挙げられている。こうした本市独自の有機農業「コウノトリ育む農法」も含む「環境創造型農業」における「ジェンダーギャップ解消」それゆえ女性の参入と参画がもっと積極的に検討されてよいのではなかろうか。なお，フランスにおいては，有機農業や農村の豊かな自然を求めて子育て中の若いカップルや若い女性が都会から農村に積極的に移住していることも付言しておきたい。

　そしてこの点は，論評可能なもう一つの点に関連する。すなわち，「環境創造型農業」が展開されるのは，まさに農村「地域」においてである。地域における「ジェンダーギャップ解消」が進まなければ「環境創造型農業」への女性の参入と参画も進まないことは明らかである。この点に関して，本市の「ジェンダーギャップ解消戦略」は，主要手段02「地域において男女が共に意思決定・方針決定に参画している」こと，そしてその具体的事業として「意思決定の場に女性や若者が参画している地域へのインセンティブ導入検討」（戦略体系図番号02-01-05），あるいは主要手段05「自分のありたい姿に向かって経済的に自立し，いきいきと暮らす女性が増えている」こと，そしてその具体的事業の一つとして「スマート農業推進」（同上05-01-09）や「農業スクール（新規就農支援）」（同上05-01-10）を明記している。

　有機農業だけでなく従来の慣行農業も含めて農業分野への女性の参入と参画については，この間多くの事例調査報告があるが，「コウノトリ育む農法」といういわば強みを持つ本市の「環境創造型農業」における「ジェンダーギャップ解消」それゆえ女性の参入と参画は，「地域」の生活や事業における意思決定・方針決定への女性の参入と参画を推進する契機になると考えられる。この間，地域活性化・地方創生の観点からも SDGs の特に目標17「多様な利害関係者のパートナーシップ」をまちづくりに活かす観点からも

「地域自治組織」または「地域運営組織」あるいは2015年の島根県雲南市，三重県名張市，同県伊賀市，兵庫県朝来市をリーダーとする「小規模多機能自治推進ネットワーク」の設置による「小規模多機能自治組織」が注目されている。ほぼ小学校区を範囲とする住民の自治組織であり，独自の予算の配分を得て地域計画とまちづくり事業への参画と行政との対等な協働を担いつつ「地域代表性」を目指す組織である[20]。それゆえ，これらの組織は「地域代表性」を目指すのであれば本来，「ジェンダーギャップ解消」それゆえ地域全体の女性の何らかの方法での参画を必要とすると言える。今，豊岡市は「ジェンダーギャップ解消戦略」をもって地域と農村において初めて女性参画の可能性を開拓する位置に立っていると思われる。今後の取り組みの展開が大いに注目される所以である。

Ⅱ　第3章と第4章のまとめ

　第3章は，以上のように，「持続可能なまちづくり」とSDGsの関連に関するこれまでの考察を受けて，まず，この間のコロナ禍による「女性不況」広くは女性苦境と言うべき事態の概要を確認した。その結果，これらの女性非正規労働者などにおける失職・収入減・DV・自殺，等の事態の根底には共通して，無償の「ケア労働」の女性への圧倒的偏りによって示される「ジェンダー・ギャップ」の問題が検出されることを確認することができた。同時に，私たちは，結婚・出産の抑制による少子化の加速やコロナ禍以前から続く若年女性の地方から大都市への流出もまたそれに起因していると考えることができるのであり，「ジェンダー・ギャップ」から生じているこれらの問題は，社会の持続可能性に警鐘を鳴らしているのである。

　こうして第3章は，持続可能なまちづくりを構想する時にSDGsが提供しうる枠組みとして，気候変動と環境保護を地域政策の土台に据える〈エコロジカルなまちづくり〉を具体的に構想するだけでなく，職場・家庭・学校等の地域社会の全領域における「ジェンダー・ギャップ」の解消を同時に目指す〈エコロジカルでジェンダー平等を目指すまちづくり〉を具体的に構想す

る必要があると考えるに至った。そのために，地域政策の全てに貫かれるべ
き「ジェンダー主流化」の視点から SDGs の意義と限界について考察すると
ともに，そのようなまちづくりを事実上，体現している事例として「ミュニ
シパリズム」（自治体主義）を掲げた若い女性市長が市長に就任して間もない
フランスのポワチエ市の事例を紹介して考察してきた。

　第 4 章は，わが国の現時点においてほとんど唯一，「ジェンダーギャップ
解消」をまちづくりの枢要な課題に掲げている兵庫県豊岡市の事例について，
それに関するこの間の諸戦略とそれにもとづく取組について，やや詳しく紹
介してきた。それらは具体的には，「豊岡市ワークイノベーション戦略」「豊
岡市役所キャリアデザインアクションプラン」「豊岡市女性の宗論に関する
協定」そして総括的戦略としての「豊岡市ジェンダーギャップ解消戦略」で
ある。これらの諸戦略は，2020年前後から2030年前後の10年間を計画期間と
するものであり，この間それらにもとづいてすでに行われている様々な取組
は，まだ端緒的な取組にとどまると言うべきである。

　最後に，以上のような豊岡市の諸戦略とそれらによる端緒的取組について，
これまでの「持続可能なまちづくり」に関する考察とりわけ第 3 章の考察の
観点から評価を試みた。その基本は，要するに「ジェンダーギャップ解消」
を軸にしたまちづくりとは何かを，諸戦略に示された「将来像」「ビジョ
ン」「目的達成手段」「具体的事業」「成果目標」等としてわが国において初
めて可視化した画期的で先駆的なモデルに他ならないという点にある。その
最近の最も際立った取組として，公共工事の入札審査資格の加算項目に「ワ
ークイノーベーション推進会議」加入と「ワークイノベーション表彰」が付
け加えられたという事実がある。

　他方，上記のような考察を行ってきた第 3 章の観点から豊岡市の「市役所
キャリアデザインアクションプラン」とポワチエ市の公務員を対象とした
「男女間の職業的平等に関する行動計画」を比較すれば，前者はわが国の事
例としては先進的とはいえ，ほとんどが意識改革を目指すアクションにとど
まっており，「解消」を実際に可能にする制度の創設と改革には至っていな
いことが判明するという点を明らかにしてきた。但し，それは，日仏間の男

女の格差是正と職業的平等に関する歴史的な法制度・政策の相違を反映するものであり，豊岡市の事例の先進的な価値を低めるものではないという評価である。

　また，上記の〈エコロジカルなまちづくり〉に関する考察の観点から豊岡市の「環境創造型農業」とりわけ「コウノトリ育む農法」に注目し，こうした独自の農業と農村「地域」における「ジェンダーギャップ解消」による女性の参入と参画をより積極的に取り上げる余地があり，「地域自治組織」や「地域運営組織」と呼ばれる新しい地域のあり方に新しい可能性を開く点において大いに注目されるに値するという評価である。

［注］
（１）　ここでは豊岡市のホームページにおける「ジェンダーギャップの解消」の項目に掲載されている諸文書を参照している。
（https://www.city.toyooka.lg.jp/shisei/chihososei/1007000/index.html）
2021/ 9 /10閲覧。
（２）　https://www.city.toyooka.lg.jp/_res/projects/default_project/_page_/001/007/068/kakutei.pdf，2021/ 9 /10閲覧。なお，本戦略は，「ワークイノベーション」について「働きやすさと働きがいの向上」であるとしている。
（３）　第３章の図３-１，参照。なお，この点については，治部れんげ『「男女格差後進国」の衝撃』小学館新書，2020年も参照。
（４）　https://www.city.toyooka.lg.jp/_res/projects/default_project/_page_/001/007/179/1.pdf，2021/ 9 /10閲覧。
（５）　https://www.city.toyooka.lg.jp/_res/projects/default_project/_page_/001/007/582/1.pdf，2021/ 9 /10閲覧。
（６）　https://www.city.toyooka.lg.jp/_res/projects/default_project/_page_/001/016/732/11.pdf，2021/ 7 /26閲覧。
（７）　目黒依子・大崎麻子「『豊岡市ジェンダーギャップ解消戦略（仮）』策定に向けた提言」（2019年12月２日）（https://www.city.toyooka.lg.jp/res/projects/default_project/_page_/001/008/905/teigen2.pdf）2021/ 7 /28閲覧。
（８）　「プチ勤務」とは，リクルート業界用語であり，株式会社リクルート・ジョブズリサーチセンターによれば，慢性的人手不足の現状のもとでシニアや主婦を対象として求人側がシフトの細分化に加え，業務の細分化

を行うことによって提供する超短時間勤務でも「やりがい」や「働く喜び」を感じられる新しい働き方のことである。（https://jbrc.recruit.co.jp/trend/petit/）2022/ 1 /25閲覧。

（ 9 ）　https://www.city.toyooka.lg.jp/_res/projects/default_project/_page_/001/007/631/Houkokusho.pdf，2021/11/15閲覧。

（10）　https://www.city.toyooka.lg.jp/_res/projects/default_project/_page_/001/018/477/3.pdf，2022/ 1 /22閲覧。

（11）　この間，NHK が豊岡市の「ジェンダーギャップ解消」の取り組みについて複数回，放送しているとともに，関西テレビも近畿地方で放送した番組「ザ・ドキュメント：女性がす～っと消えるまち」（2021年11月26日）を YouTube 版全国放送としていることも本市の取り組みが先駆的モデルであることを物語っていると言えよう。

（12）　「2022・2023年度　豊岡市入札参加資格審査申請要領」（https://www.city.toyooka.lg.jp/_res/projects/default_project/_page_/001/008/582/2022_shinsei_yoryo_shusei2.pdf，2022/ 2 / 1 閲覧。

（13）　フランスにおける男女間の職業的平等に関する最近の日本語文献として例えば，富士谷あつ子・新川達郎編著『フランスに学ぶジェンダー平等の推進と日本のこれから』明石書店，2022年，参照。フランスの文献については，例えば次の文献参照。Ch.Falcoz, *L'egalite femmes-hommes au travail*, Editions EMS, 2017.

（14）　このような観点をもった文書として次のものを参照。榊田みどり・和泉真理『農村女性と再生可能エネルギー』筑波書店，2015年，JICA「JICA 事業におけるジェンダー主流化のための手引き［資源エネルギー］」2016年 9 月（https://www.jica.go.jp/activities/issues/gender/materials/ku57pq00002hdtvc-att/guidance_11_natural_res_energy.pdf）2021/ 4 /25閲覧。環境エネルギー政策研究所・全国ご当地エネルギー協会「調査報告書：コミュニティエネルギーにおける女性」2021年 4 月（https://www.isep.or.jp/archives/library/13206）2021/ 4 /23閲覧。

（15）　大江正章『有機農業のチカラ』コモンズ，2020年，荒井聡・西尾勝治・吉野隆子編著『有機農業でつながり，地域に寄り添って暮らす』筑波書房，2021年，塩見直紀他『半農半 X これまで・これから』創森社，2021年，等参照。なお，本書の第 2 章も参照。

（16）　https://www.city.toyooka.lg.jp/_res/projects/default_project/_page_/001/009，2022/ 2 / 2 閲覧。

（17）　この点については，次の報告が示唆的である。治部れんげ「コウノトリを水田に取り戻した経験とジェンダー問題の共通点～兵庫県豊岡市の

116

持続可能なまちづくり（後編）」2020年7月19日（https://news.yahoo.co.jp/byline/jiburenge/20200719-00188631）2021/ 9 /15閲覧。
(18)　この点に関する日本語文献としては，ヴァンソン藤井由美，前掲『フランスではなぜ子育て世代が地方に移住するのか』参照。フランスの調査報告としては，次のもの参照。C.Clement, Agricultrices bio et engagées, le 9 mars 2020.
　　　（https:www.terre-net.fr/Article/PrintPdf/167123）2021/12/16閲覧。
(19)　坂東真理子監修『ヒメ農民になる』農文協，2010年，小川理恵『魅力ある地域を興す女性たち』農文協，2014年，伊佐知美『移住女子』新潮社，2017年，佐藤一子・千葉悦子・宮城道子編著『食といのちをひらく女性たち』農文協，2018年，月刊誌『農業と経済』2019年1月・2月合併号（特集「農業・農村女性の未来」），和泉真理『子育て世代の農業経営者：農業で未来をつくる女性たち』筑波書房，2020年，等参照。
(20)　「地域自治組織」等に関しては，月刊誌『ガバナンス』2017年1月号，同じく月刊誌『都市問題』2017年10月号，等参照。このテーマに関しては，本書の第5章以降も参照。SDGsの目標17との関連については，佐藤真久・関正雄・川上秀人編著『SDGs時代のパートーシップ』学文社，2020年に所収の板持周治論文「地域『総働』で進める小規模多機能自治」参照。

付記：この考察は，コロナ禍のため本章の元になった論文の締切期限の2022年3月末までに，豊岡市役所の当該問題の担当部署である「ジェンダーギャップ対策室」（2021年4月1日設置）の現地訪問と聞き取りを行うことができず，対策室長の上田篤氏とのメールのやり取りと教示していただいたネット掲載資料に基本的に依拠しているということを断っておきたい。資料に関して，ご多忙中，複数回にわたり懇切丁寧なご教示をいただいた上田対策室長には，この場を借りて厚くお礼を申し上げる次第である。なお，論文公表後，お送りした抜刷に対して，上田氏からコメントが寄せられたので，ご本人の了承のもとに，そのまま掲載させていただく。

上田篤ジェンダーギャップ対策室長のコメント［2023年2月7日］

コロナ禍でリアルな視察が厳しい時期だったので，荒井様とはインターネットを通じて資料やデータなどのやり取りをさせていただきましたが，本市のジェンダーギャップ解消の取組みをていねいに的確にまとめていただいていると思います。ジェンダーギャップ解消は未来に向けた取組みであって，過去の社会のありようや人々の生き方を決して否定するものではないと考えて

います。取り巻く環境など時代の変化などに合わせて，常に仕組みや価値観などをアップデートしていく，すべての人々にとって生きやすく，持続可能な地域社会を創るための取組みであると確信しています。荒井様に論文の最後の部分でもご紹介いただいていますが，一度は日本の野外から姿を消した大型の鳥「コウノトリの野生復帰」の取組みが象徴的であるように，大きな物語を描いて一歩ずつ一歩ずつ前に進んでいくことが豊岡の強みです。今後も，まずは「気づく」，次に「自分ごとにする」，そして「行動する」という3つのステップを基本に一歩ずつ前に着実に歩みを進めていきたいと思いますので，引き続き地方から日本を変えていきましょう。

第5章　内発的で民主的なパートナーシップを体現する地域自治組織と SDGs

I　はじめに

　私たちは今，新型コロナ・ウイルスのパンデミック（世界的大流行）が繰り返し発生し，終息の見通しを得られないなかで，昨年（2022年）2月末に勃発したロシアによるウクライナ侵略によって新たな困難に直面している。それは，ロシアやウクライナが輸出国であった穀物等の農産物や肥料あるいは原油や天然ガスの価格高騰そして日本国内の金融緩和継続による円安ドル高によって原材料と輸入品の価格高騰も続いている一方で，世界的な記録的熱波・干ばつ，大規模な森林火災，記録的豪雨，等の異常気象どころか気候危機も継続しており，迫りくる食料危機，エネルギー危機の様相を呈している。このような幾重にもわたる危機的状況のもとで，市井の民，私のような地方小都市の住民の観点からは，2015年の国連総会で採択され，世界中でその適用と実践が進められている SDGs（持続可能な開発目標），とりわけその中心的考え方である環境的社会的経済的諸目標の相互連関的統合的同時解決とその実現手段としての「多様な利害関係者のパートナーシップ」が改めて注目されよう。結論的に言えば，地方自治体と地域コミュニティのレベルにおける多様な利害関係者のパートナーシップ＝協働に依拠した食料・農産物とエネルギーの地産地消，そしてそれによる地域活性化こそ今，求められているように思われる。

　本章は，「持続可能なまちづくりと SDGs」というテーマのもとで行ってきた考察の一環であるが，改めて SDGs の全ての目標の実現手段として位置づけられる「多様な利害関係者のパートナーシップ」に注目し，その要点を

確認しつつ，自治体と地域コミュニティにおける多様な利害関係者の〈内発的で民主的なパートナーシップ〉の重要な体現者になりうるものとしての地域自治組織に焦点を当てて考察する。そして次の第 6 章において，その典型的事例として，岡山県津山市「あば村運営協議会」の経過と現状について考察しようとするものである。

II　SDGs の「多様な利害関係者のパートナーシップ」と協働

1　SDGs の「多様な利害関係者のパートナーシップ」について

周知のように，SDGs の目標17「持続可能な開発のための実施手段を強化し，グローバル・パートナーシップを活性化する」においては，16番目と17番目の詳細目標（ターゲット）が「マルチステークホルダー・パートナーシップ」，言い換えれば「多様な利害関係者のパートナーシップ」に充てられており，次のように表現されている。

「17.16　すべての国々，特に開発途上国での持続可能な開発目標の達成を支援すべく，知識，専門的知見，技術及び資金源を動員，共有するマルチステークホルダー・パートナーシップによって補完しつつ，持続可能な開発のためのグローバル・パートナーシップを強化する。

17.17　さまざまなパートナーシップの経験や資源戦略を基にした，効果的な公的，官民，市民社会のパートナーシップを奨励・推進する。」（外務省仮訳）

ここでは，この「多様な利害関係者のパートナーシップ」について，先行研究に依拠して，その含意について簡潔に確認しておこう。

まず，その出発点として確認すべきは，以前に言及したことがあるスウェーデンの地球環境科学者ヨハン・ロックストローム氏等によって示された「SDGs のウエディングケーキ・モデル」が，図 5 − 1 に見るように，目標17を頂点から経済目標群，社会目標群そして土台の環境目標群まで中心を貫通させていることである。このことは，ロックストローム氏が著名な「プラネ

120

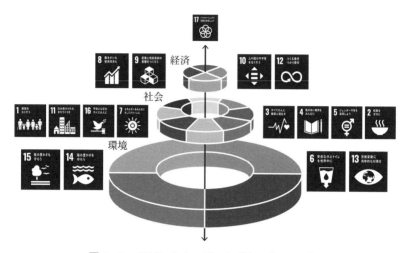

図 5-1　SDGs のウエディングケーキ・モデル
（出所）第 1 章の図 1-2。

タリー・バウンダリー」（地球の限界）に関する研究を踏まえて言及した
SDGs を構成する環境・社会・経済の三つの目標群の関係としての「入れ子
構造」すなわち環境目標群である地球の生命維持システムの安全な機能の範
囲内で，相互に依存しあう社会と経済の目標群の達成が可能になるという構
造[1]の実現のためには，国家間とくに南北間のグローバル・レベルの多様な利
害関係者のパートナーシップから国内の官民，企業間，自治体間と自治体内
の行政と地域コミュニティのローカル・レベルにおける多様な利害関係者の
パートナーシップまでの重層的なパートナーシップが必要とされるというこ
とを意味するであろう。

　本章が対象とする自治体行政や地域コミュニティのレベルにおけるパート
ナーシップについては，SDGs 的に言えば，地域の環境的社会的経済的諸課
題の相互連関的統合的な同時解決による，まさに持続可能なまちづくりを実
現するために行政と地域コミュニティのレベルにおける多様な利害関係者の
パートナーシップが必要であるということになる。

　多様な利害関係者のパートナーシップはこうして，グローバルなレベルの
持続可能な開発のための目標群の解決からローカルなレベルの持続可能なま

ちづくりのための地域課題群の解決までを実現するための手段として把握されると言えよう。

ところで，SDGsとパートナーシップの関係に関する先行研究によれば，17目標の目標の達成または実現のための手段という側面の他に，目的としての側面と権利としての側面があるとされている[2]。

目的としてのパートナーシップとは，多様な利害関係者における相互の信頼関係の構築や社会課題に対する異なる視座の提供，社会課題解決に向けた協働を通した探求プロセスの構築，協働プロセスや社会的学習プロセスの充実などを意味するとされている。

この観点は，内閣府の言う「マルチステークホルダー・プロセス」すなわち「3者以上のステークホルダーが，対等の立場で参加・議論できる会議を通し，単体もしくは2者間では解決が難しい課題解決のために，合意形成などの意思疎通を図るプロセス」に関連し，信頼関係の醸成，社会的な正当性，全体最適の追求，主体的行動の促進，学習する会議という効果が期待されるとされている。

また，権利としてのパートナーシップとは，「環境と開発に関するリオ宣言」（1992年）における環境問題への市民の参加原則を受けて，SDGsの目標16のなかに盛り込まれた情報へのアクセス権，決定への参加権および司法へのアクセス権から構成されるとされている。この観点は，目に見える形では，自治体行政における「パートナーシップ＝協働」の2つの形態すなわち行政，市民，NPO，事業者，等の立場の異なる主体が対等なパートナーとして連携・協力して様々な社会課題に取り組む多元的協働概念と規制緩和や行政効率化の観点から行われる公共サービスの民間開放を指す分担的協働概念との差異を浮かび上がらせるとされている。

これらの考察は，行政と地域コミュニティのレベルにおけるパートナーシップを考える場合に重要な視点を提供している。

2　「市民と行政の協働＝パートナーシップ」の理念と仕組み

以上のようなSDGsの目標17のなかに示された「多様な利害関係者のパー

トナーシップ」に関する一般的含意を踏まえたうえで，そのパートナーシップを自治体と地域コミュニティという私たちの身近な生活共同体レベルにおいて問題にした場合には，それは「協働」の同義語として使用されてきたと言えよう。端的には，「市民と行政の協働＝パートナーシップ」として把握されてきたのである。[3]

「市民と行政の協働」という意味でのパートナーシップは，わが国においては1990年代後半以降の動向とりわけ1995年の阪神淡路大震災におけるNPOや地域コミュニティ，企業，等による救援・復旧活動の広がり，それを受けてのNPO法の制定，そして同じ1995年の地方分権推進法の制定を契機とする地方分権改革の展開と「地域自治組織」の法制化，等を通じたいわゆる「新しい公共」論の広がりとともに定着してきたと言えよう。[4]

それは特に2005年前後のいわゆる平成の大合併を契機として，市町村の広域化に伴う生活支援サービスと公共サービスの稀薄化と住民自治・住民意見反映の困難化に対する「住民自治の充実」を体現する，法制化された「地域自治組織」とは異なる〈新しい狭域の地域自治組織〉（その内容については後述）の「自治基本条例」や「まちづくり基本条例」を法的根拠とする全国各地でのいわば下からの設立によって，まちづくりの重要な理念と仕組みになったように思われる。

ここでは，そのようなパートナーシップを体現した典型的条例として知られている「岡山市協働のまちづくり条例」（2015年12月21日改正）[5]を取り上げて，その点を簡潔に確認しておこう。

それは，条例の目的として「多様な主体が地域づくりの当事者としてそれぞれの知恵と力を最大限に生かし，協働して地域の社会課題解決に関する取組を行うための基本原則等を定めることにより，豊かで活力ある持続可能な地域社会を実現すること」（第1条）と定めている。

条例はそこで「協働」とは「同じ目的を達成するために，互いに尊重し，対等の立場で協力して共に働くこと」（第2条）と定めるとともに，「多様な主体」とは「住民自治組織，NPO法人，その他の市民活動団体，事業者，学校等，地域の社会課題解決に関する取組を行う全ての個人及び団体並びに

市をいう」(第3条) と定めている。

　以上のような「多様な主体」が「協働」して地域の社会課題解決の取組を行う際の「協働の基本原則」としては,「相互理解」「目的共有」「対等」「自主性及び自立性尊重」「公開」の五つの原則 (第4条) が明示されている。

　条例は市の役割については,「多様な主体の協働による地域の社会課題解決に関する取組を促進するための環境整備に努める」(第5条) ことと定めたうえで, その役割を果たすための「協働推進施策」として「地域の拠点機能」「人材育成」「団体育成支援」「情報共有機会の提供」「取組支援情報の提供」「交流の場の提供」「優れた取組の表彰」(第6条) を明示するとともに,「市との協働によるモデル事業」の指定および支援措置として「市有の土地・施設の無償貸与」(第7条) を明示している。

　さらには, 市による多様な主体間の協働を推進するための体制として「コーディネート機関」(第8条),「市民協働推進本部」の設置と「協働推進員」の配置 (第11条),「協働フォーラム」の開催 (第12条) を定めている。

　市民 (住民) と行政の協働＝パートナーシップを体現した「岡山市協働のまちづくり条例」の以上のような内容について, 後の考察との関係において, ここで注目すべきは, 協働＝パートナーシップが, まず「多様な主体」が「目的共有」して「対等」に協力して共に働くことを意味していることである。すなわち, ここでいうパートナーシップは, 上位下達方式の行政と市民 (住民) の「縦型ネットワーク」ではなく「住民と行政の横型ネットワーク」すなわち主体同士が組織やセクターの違いを超えて同じ目的を達成していく作業であり, それゆえ「個人, 地域, 行政が対話して協働する横に連携できるしくみ」に他ならない。

　同時に注目すべきは,「多様な主体」が主体相互の「自主性及び自立性尊重」のうえで協力して共に働くとされていることである。この観点からはパートナーシップは, 各主体における自主的かつ自立的な地域課題解決の取組を前提とする以上,「地域のステークホルダーが主体的に地域協働していくこと」すなわち「内発的地域協働」を意味するであろう。その意味では,「多様な主体」間のパートナーシップは, ある一定の地域コミュニティ, 例

124

えば小学校区内の自治会・町内会，NPO，商工会，協同組合，PTA，事業所，市民個人などの間の「内なるパートナーシップ」と同時に，その地域コミュニティを管轄する自治体行政や当該コミュニティ外部のまちづくり団体との「外とのパートナーシップ」が区別されるであろう。[10]

　以上のような推論から導かれるのは，SDGs の「多様な利害関係者のパートナーシップ」の地方自治体と地域コミュニティのレベルの現れとしての「市民（住民）と行政の協働＝パートナーシップ」について，地域コミュニティにおいて地域課題を主体的に解決しようとする上記のような自治会・町内会，NPO，各種まちづくり団体，多様な市民とりわけ女性個人などの当事者意識に発し，原則は「多様な主体」の自発的加入によって設立される民主的組織として，行政に対してまちづくりの「目的共有の対等なパートナー」であることを求める，いわば〈内発的で民主的なパートナーシップ〉と呼ぶべき形態が想定されるのではなかろうか。[11]そして，そのような底辺のパートナーシップの存在が，より上位のパートナーシップの構築の成功を支えるように思われる。

Ⅲ　地域自治組織と内発的で民主的なパートナーシップ

1　地域自治組織について

　本章における以下の考察は，地域自治組織に関して以前に行った考察の続きである。[12]

　地域自治組織とは，1990年代後半以降の地方分権改革において2004年のいわゆる市町村合併関連三法を準備した前年の第27次地方制度調査会答申のなかで市町村合併（平成の大合併）と抱き合わせに「住民自治の充実」と「新しい公共空間の形成」の観点から提起されたものであり，これらの法律によって「地域自治区」や「合併特例区」そしてそのなかの「地域協議会」として法制化されたものである。しかしながら，これらの法制化された「地域自治組織」は，基本的に自治体首長または執行機関の諮問機関，意見具申機関にすぎず，自治区の事業に関する立法権限や予算権限，住民や地域団体との

協働の役割は与えられていなかったがゆえに，これらを採用した地方自治体は僅かにとどまったのである。

　平成の大合併によって全国の地方自治体の数が3,232（1999年3月末）から1,727（2010年3月末）に半減したなかで顕在化した，上記でも触れたような，自治体広域化による住民福祉や生活支援のサービス，公共サービスの稀薄化あるいは住民自治や住民意見反映の困難化という事情は，山積する地域課題を抱えた多くの地方自治体をして，法制化された「地域自治組織」とは異なって地域課題解決を行政と協働して実行することができる，新たな組織を採用するように導いたのである。

　必要とされたのは，「自治基本条例」または「まちづくり基本条例」等を法的根拠として，身近な地域課題を解決するために，地域計画やまちづくり事業計画の決定に「参画」し，それと引き換えに交付される一括交付金にもとづき，住民福祉や生活支援のサービス，まちづくり事業を行政との「協働」において実行する住民自治組織であった。それは，小学校区程度の範囲をもって自治会・町内会を中心に，各種まちづくり団体，NPO，事業所，女性や若者を含む住民個人，等から構成され，地域の全住民に門戸開放され，専門部会制（子ども育成，福祉厚生，地域振興，環境保全，都市農村交流，等）を備えた「地域代表性」[13]を追求する〈新しい狭域の地域自治組織〉である。本章で言及している地域自治組織は，大枠においてこのような内容と仕組みをもって地域再生を目指す住民自治組織ではあるが，それは実は以下に見るように，組織運営上の困難だけでなく法制度上の問題点も抱えてきたのである。

　まず，このような自治組織の存在は，島根県雲南市，兵庫県朝来市，三重県名張市，同伊賀市のイニシアチブによる全国組織「小規模多機能自治推進ネットワーク会議」（2015年2月）の設立によって全国に知れ渡ることとなったのである。

　このような地域自治組織のいわば地方自治体現場からの動向に対して，政府も2010年代の地方創生政策との関連において，総務省を中心として地域自治組織を「地域運営組織」と命名して研究会を設置して，その報告書を幾度

か公表しているのは，周知のとおりである。

　但し，地域自治組織に関する名称や定義については微妙な差異が見られる。

　自治体現場からの声である上記「ネットワーク会議」による「小規模多機能自治組織」の定義から始めれば，次のとおりである。

　「自治会，町内会，区などの範域において，その区域内に住み，又は活動する個人，地縁型・属性型・目的型などのあらゆる団体等により構成された地域共同体が，地域実情及び地域課題に応じて住民の福祉を増進するための取組を行うこと(14)」。

　次に，内閣府「ひと・まち・しごと創生総合戦略（2015改訂版）」（2015年12月）における「小さな拠点」と「地域運営組織」の定義は，次のとおりである。

　「『小さな拠点』（地域住民の活動・交流や生活サービス機能の集約の場）の形成などにより持続可能な地域をつくるため，『地域デザイン』に基づき，地域住民自らが主体となって，地域住民や地元事業体の話し合いの下，それぞれの役割分担を明確にしながら，生活サービスの提供や域外からの収入確保などの地域課題解決に向けた事業等について，多機能型の取組を持続的に行うための組織（地域運営組織）を形成することが重要である(15)」。

　さらに，総務省「暮らしを支える地域運営組織に関する調査研究事業報告書」（2016年3月）における「地域運営組織」の定義は，次のとおりである。

　「地域の生活や暮らしを守るため，地域で暮らす人々が中心になって形成され，地域内の様々な関係主体が参加する協議組織が定めた地域経営の指針に基づき，地域課題の解決に向けた取組を持続的に実践する組織(16)」。

　以上の定義の違いについて，上記「ネットワーク会議」の事務局長，板橋周治氏は「小規模多機能自治は『協働』を基盤とし，自治体の仕組みも含めた自治力の向上を範疇とする点において，総務省で定義されている地域運営組織（RMO）とは質的に多少異なる(17)」と注釈している。いずれの定義も地域課題解決のための生活支援から収入確保まで多様な取組・事業を持続的に実行する地域の多様な団体・住民個人から構成される組織という点においては共通しているものの，確かに「協働」や「自治力の向上」という点は，

「小規模多機能自治組織」の独自性として注目に値しよう。

　いずれにせよ，その後，地域自治組織は全国的に普及し，総務省の「地域運営組織」に関する最新の紹介によれば，2021年度の組織数は6,064組織あり，2016年（3071組織）以降の5年間で約2倍に増加している一方，その組織形態は任意団体64.1%，自治会・町内会の連合組織17.7%，自治会・町内会6.5%を合わせると，88.3%が法人格を持たない任意団体である。[18]

2　地域自治組織が抱える課題と内発的で民主的なパートナーシップ

　この間，増加してきた地域自治組織に関して多くの調査研究が積み重ねられ，その実態が解明されるとともに，それが抱える課題もまた検出されてきた。[19]

　際立った実態の一つとして着目すべきは，その組織形態として，組織の総会や理事会という協議機関と地域課題解決のための多様な取組・事業を担う専門部会という実行機関が一体であったものから，専門部会がそれぞれNPO法人や合同会社などの形で法人化されて協議機関から相対的に独立して，生活支援サービスだけでなくコミュニティ・ビジネスをも担うという形態に変化してきたことである。総務省の先の報告書は，これらを「地域運営組織」の「一体型」と「分離型」として区別している。図5-2がそれを示している。

　そのような実行機関の法人化という「分離型」が現れてきた背景には，上記「ネットワーク会議」による設立時の問題提起，すなわち地域自治組織の持続的展開のためには，建物等の財産保有，食品衛生法上の営業許可や酒類販売免許取得などの許認可，事業活動上の契約行為，金融機関からの融資，等が必要であるのに，法人格のない任意団体のままであるので，雇用責任や事業責任も会長の個人責任となり，人材確保にも障害となり，持続可能な組織運営が困難になるという問題が厳存するという点である。そのため「ネットワーク会議」は，「一体型」の組織が大部分である状況を踏まえて，地域自治組織に適した法人格が現行制度では見当たらないとして「スーパーコミュニティ法人」の創設を提案したのである。このような法人制度の提案については，内閣府の有識者会議や総務省の研究会において検討され報告書も提

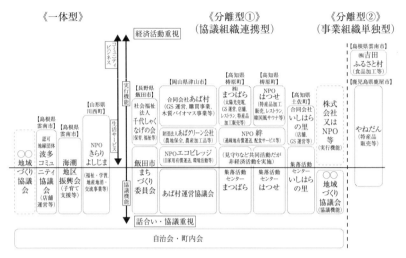

図5-2　地域運営組織の組織形態の分類

（出所）総務省「地域の課題解決のための地域運営組織に関する有識者会議」（2016年）
（https://www.chisou.go.jp/sousei/meeting/chiisana_kyoten/rmo_yushikisyakaigi/
rmo_yushikishakaigi-chukanmatome.pdf）2021/10/31閲覧。

出されたが，現在のところ決着がついていない。[20]

　また，地域自治組織のこの10年間ほどの相対的に短期間の増加は，いわば
にわか仕立てであるがゆえに，いくつかの課題や困難も生み出してきたので
ある。

　それは例えば，ある研究者グループによる全国の地方自治体を対象にした
アンケート調査によって，地域自治組織の課題として，多い順に「役員の高
齢化」「活動参加者の固定化」「役員のなり手がいない」「一般住民の地域自
治組織に対する認知度が低い」「事務局機能が不足している」「自治会等の地
縁組織との役割分担の調整が難しい」等が検出されていることに示されてい
る。[21]

　これらの様々な課題の発現の根底には，本章の観点からは「市民（住民）
と行政の協働＝パートナーシップ」というよりも端的に「地域自治組織と行
政の協働＝パートナーシップ」の問題があり，先に「岡山市協働のまちづく
り条例」において確認したような基本原則とそれを具体化した仕組みにかか

わる問題があるように思われる。

　ここでは，「地域運営組織」に関して長年にわたり調査分析を行ってきた小田切徳美氏による整理⁽²²⁾を援用することによって，この問題を簡潔に確認しておきたい。

　それによれば，「地域運営組織」と行政の関係は，三つの段階のなかで問題を引き起こしうるのであり，それぞれにふさわしい対応策を講ずる必要があるとされる。

　まず，当該組織の企画段階においては，行政がその設立を推進する場合には，行政コスト削減のための行政改革の論理が貫かれやすく，組織を行政の下請けとする設立目的の転倒が起こりうる。このような「協働」という名の「安上がり行政」を導く「行政改革目的」の発想から脱却して，行政の不得意の活動や未着手の活動を組織が担うという「公共領域拡大目的」への転換を行政内で共有する必要がある。

　次に，組織の設立支援段階においては，自治体首長が設立準備を急いだ場合，地域住民の当事者意識の醸成とそこから内発するという基礎的プロセスの軽視という「内発性の軽視」，全国的な有名事例の模倣やマニュアル依存の傾向という「（地域的）多様性の否定」，町内会など既存組織への依存と活用そしてその形だけの寄せ集めという「革新性の欠落」が生じやすいのであり，本来の目的のためには，「内発性」「多様性」「革新性」を意識して設立することが求められる。

　さらに，組織の持続的運営支援段階においては，当該組織が法的には私的組織のまま地域の公共領域の担い手として現れ，一括交付金や地域おこし協力隊等の人的支援の対象になるため，その「地域代表性」を認定する仕組みとして自治基本条例の制定や行政と各組織との個別協定の策定が行われ「まちづくりの対等のパートナー」という枠組み的位置づけが行われる。それにふさわしい行政の対応としては，多角的な事業を行う組織からの相談について「ワンストップで対応する窓口」が必要であるという整理である。

　最後に，より最近の法制度的観点の考察⁽²³⁾に注目したい。それによれば，そもそも私的組織である地域自治組織が，その少なからざる実態において，全

戸自動加入制の自治会・町内会による連合体中心で役員もその充て職のまま，「地域代表性」を持つとして一括交付金を得つつ，その協議機能を通じて地域住民と地域団体に対する拘束力を行使しているかのような現状は，原理的に問題である。地域自治組織は，地域課題の解決という目的のもとに多様な個人の自発的加入によって設立される民主的な住民組織（「アソシエーション」）であることを原則として，自治会・町内会から自律した事務局を持つ民主的で透明性のある事業実施組織そして他の地域団体とは協力・協議関係にある組織にとどまるべきであり，それが地域全体に対する公的意思決定機能を行使する必要があるとするならば，その場合には，公選議会を持つ「近隣政府」の設立を法制化すべきであるという傾聴すべき提起である。

　こうして，地域自治組織が抱える課題解決のためにも改めて「市民（住民）と行政の協働＝パートナーシップ」は，当該組織の地域課題解決という本来の設立目的にふさわしく，市民・地域住民の当事者意識に発する，原則として多様な個人の自発的加入によって設立される民主的組織として，行政にまちづくりの対等なパートナーであることを求める〈内発的で民主的なパートナーシップ〉として発揮される必要があることが浮かび上がるように思われる。それはこうして，組織の持続可能性の観点から「内発性」「多様性」「革新性」そして「民主性」を同時に包含するものでなければならないと言えよう。以下，次の第6章において，これらの点を，岡山県津山市の地域自治組織「あば村運営協議会」の事例の考察を通じて検討することにしたい。

　　［注］
（1）　この点については以前に言及したところである。第1章，参照。
（2）　佐藤真久「SDGsとパートナーシップ」（同他編著『SDGsと環境教育』学文社，2017年，所収），大久保規子「権利に基づくパートナーシップ」（佐藤真久他編『SDGs時代のパートナーシップ』学文社，2020年，所収），また小川有希子「多様な主体によるパートナーシップ」（一般財団法人自治研修協会『SDGsの達成に向けた地域協働のあり方及びその担い手育成に関する研究会報告書』2021年，所収）等，参照。

（ 3 ）　例えば，玉野和志「コミュニティからパートナーシップへ」（羽貝正美編著『自治と参加・協働』学芸出版社，2007年，所収）参照。

（ 4 ）　例えば，羽貝正美編著の前掲書の他，寄本勝美・小原隆治編『新しい公共と自治の現場』コモンズ，2011年，等参照。

（ 5 ）　https://www.city.okayama.jp/shisei/cmsfiles/contents/0000016/1613/000264767.pdf，2021/11/18閲覧。

（ 6 ）　「岡山市協働のまちづくり条例」に関する考察として，石原達也「行政参加の仕組み構築と対話の場づくり」（前掲書『SDGs 時代のパートナーシップ』所収），松下啓一『事例から学ぶ市民協働の成功法則』水曜社，2022年，参照。

（ 7 ）　静岡県行政経営研究会業務協働ワーキンググループ編著『パートナーシップが創るこれからの地方自治』ぎょうせい，2017年，14頁。

（ 8 ）　草野孝好『ウェルビーイングな社会をつくる』明石書店，2022年，145頁。

（ 9 ）　同上，171頁。

（10）　ここで言う「内なるパートナーシップ」と「外とのパートナーシップ」については，川上秀人「人類生存と社会存続のために」（前掲書『SDGs 時代のパートナーシップ』所収）参照。

（11）　一般にまちづくり，地域づくりにおける内発性については，以前より「内発的地域振興」（清成忠男氏）や「内発的発展」（鶴見和子氏および宮本憲一氏）等が有名であるが，本章がパートナーシップの内発性を導く際に直接，示唆を得たのは，注（ 8 ）と（10）の文献の他，守友裕一・大谷尚之・神代英昭編著『福島　農からの日本再生：内発的地域づくりの展開』農文協，2014年，小田切徳美・橋口卓也編著『内発的農村発展論：理論と実践』農林統計出版，2018年，小田切徳美・尾原浩子『農山村からの地方創生』筑波書房，2018年，岡崎昌之『まちづくり再考』ぎょうせい，2020年，等である。

（12）　第 7 章，参照。

（13）　この点については，名和田是彦「『地域運営組織』『地域自治組織』と地域代表性」（『都市問題』2017年10月号）参照。

（14）　板持周治「小規模多機能自治の広がりと法人化」（中川幾郎編著『地域自治のしくみづくり：実践ハンドブック』学芸出版社，2022年，所収）参照。

（15）　https://www.mext.go.jp/b_menu/shingi/chukyo/chukyo2/010/siryo/_icsFiles/Afieldfile/2016/02/26/1366596_5.pdf，2020/11/12閲覧。

（16）　https://www.soumu.go.jp/menu_news/s-news/01gyosei09_02000035.html，2018/ 7 /21閲覧。

(17)　板持周治，前掲論文。

(18)　総務省「地域運営組織の形成及び持続的な運営について」
https://musubie.org/wp/wp-content/uploads/2022/04/3af0ba63ef389b58
589e00e02e90dc.pdf，2022/ 9 /21閲覧。

(19)　地域自治組織に関しては多くの文献がある。岡田知弘・石崎誠也編著
『地域自治組織と住民自治』自治体研究社，2006年，中川幾郎『コミュニ
ティ再生のための地域自治のしくみと実践』学芸出版社，2011年，農文
協編『むらの困りごと解決隊：実践に学ぶ地域運営組織』農文協，2018
年，田中きよむ編著『小さな拠点を軸とする共生型地域づくり』晃洋書
房，2018年，金川幸司・後房雄・森裕亮・洪性旭編著『協働と参加：コ
ミュニティづくりのしくみと実践』晃洋書房，2021年，前掲，中川幾郎
編著，等参照。

(20)　この経過の詳細については，板持周治，前掲論文，参照。

(21)　前掲，金川幸司他編著，47頁。

(22)　小田切徳美・尾原浩子，前掲書，52-57頁参照。「地域運営組織」が抱
えている課題については，なお山浦洋一『地域運営組織の課題と模索』
筑波書房，2017年，参照。

(23)　前掲の金川幸司他編著の諸論考，特に後房雄「近隣政府と地域自治組
織：公的組織か私的組織か，決定機能か実施機能か」参照。またこの点
については，岡本仁宏「書評：金川幸司・後房雄・森裕亮・洪性旭編著
『協働と参加：コミュニティづくりのしくみと実践』晃洋書房，2021年」
（日本 NPO 学会『ノンプロフィット・レビュー』2023年23巻 1 号）も参
照。なお，これらの実例，特に宝塚市の「まちづくり協議会」について
は，前山総一郎『コミュニティ自治の理論と実践』東京法令出版，2009
年，田中義岳『地域のガバナンスと自治：平等参加・伝統主義をめぐる
宝塚市民活動の葛藤』東信堂，2019年，等参照。

第6章　事例としての岡山県津山市 「あば村運営協議会」の取組

I　内発的で民主的なパートナーシップを体現する 地域自治組織による地域づくり

1　「あば村運営協議会」の設立の経過と展開

　ここで考察する地域自治組織「あば村運営協議会」（現在は「あば村山村活性化協議会(1)」）は，岡山県津山市の北端，鳥取県との県境の中国山地の中腹に位置する阿波地区に設立されている。阿波地区は，明治以来115年にわたり阿波村（あばそん）として村を維持してきたが，2005年（平成17年）に津山市と合併し編入された。阿波地区は，総面積の94％を森林が占めており，長い間，林業が村の基幹産業であったが，国内の林業衰退とともに地区の林業も衰退傾向にある。

　平成の大合併は，旧阿波村にとって衝撃であったのであり，合併時708人であった住民数が10年後の2015年（平成27年）には563人まで減るという急速な人口減少とともに，その過程において2013年に幼稚園の休園，2014年には小学校の閉校とJAのガソリンスタンド（以下，GSと略す）の撤退，2015年には市役所支所の出張所への規模縮小という公共サービスの稀薄化を生じさせ，まさに「ないものだらけの逆境のデパート状態」をもたらしたのである。

　しかしながら，このような逆境に直面しても，阿波地区の住民たちは手を拱いてはいなかった。住民たちは，津山市行政との可能な協働を土台としつつ，地域自治組織（津山市の場合は「住民自治協議会」）の設立と展開を段階的に進めてきたのである。

　津山市は，これを「共創・協働の地域づくり」と呼び，5つの段階から構

あば村

【第4ステージ】 （案）	・公民館を地域拠点とすることの検討 ・一括交付金の検討 ・地域担当職員制度の検討　など
【第3ステージ】 小さな拠点づくりと 地域の持続的な運営 （小さな拠点整備・ 運営事業）	【行政支援策】 ⇒地域運営に係る基盤整備＋仕組みづくりを応援 ・小さな拠点整備補助金（600万円を限度，1回） ・小さな拠点運営補助金（300万円/年，3年以内） ・地域おこし協力隊の派遣
【第2ステージ】 地域づくり構想の提案， 地域経営の試行的実践 （住民自治協議会第Ⅱ期）	【行政支援策】 ⇒地域づくり，地域経営の実践の支援 ・活動費の一部助成（300万円/年，3年以内） ・地域・大学等連携事業 ・地域おこし協力隊の派遣
【第1ステージ】 住民自治協議会の結成，活動 （住民自治協議会第Ⅰ期）	【行政支援策】 ⇒住民自治協議会の認定・支援 ・活動費の一部助成（25万円/年，3年以内） ・地域支援員による支援 ・地域・大学等連携事業（平成27年度〜）
【第0ステージ】 まちづくり・地域づくりの発意	【行政支援策】 ・公募提案型協働事業（20万円/団体） ・住民自治協議会の立上げ支援 ・地域づくり人材育成事業（5万円/団体） ・市民活動センターの利用等

図6-1　津山市・あば村運営協議会「共創・協働の地域づくり」

（出所）あば村運営協議会「あば村宣言と『小さな拠点』づくり」平成29年，47頁。

成されるとしている（図6-1参照）。これは，津山市における「住民自治協議会」と行政の協働＝パートナーシップの現れと見ることができよう。「あば村運営協議会」もまた津山市における「住民自治協議会」の一つとして設立されたので，以下，この段階区分に従って，阿波地区における地域自治組織「あば村運営協議会」の設立の経過と展開について要約しよう。

①第0ステージ「まちづくり・地域づくりの発意」

阿波地区の住民は，地域自治組織の設立の準備または前提として，2008年に津山市の「住民自治協議会モデル事業」の募集に応募して連合町内会阿波支部（8自治会）を中心に「阿波まちづくり協議会」を設立している。地域住民と行政だけでなく，企業，大学等も参加していたこの協議会は，2010年に環境に特化した村づくりの「エコビレッジ阿波構想」を策定している。それは，農地集約化と高付加価値農産物栽培，等を実行する法人組織「あばグ

リーン公社」（一般財団法人）と過疎地有償運送等を実行する「あば地域づくりNPO」（NPO法人）の設立を主要内容とするものであった。翌年の2011年には，「阿波まちづくり協議会」「あばグリーン公社」，NPO法人，行政の四者が「エコビレッジ阿波推進協議会」を設立し，様々な事業を実行する体制を整える。その体制のもとで，翌年の2012年から実践的取組が開始され，改称された「NPO法人エコビレッジあば」による過疎地有償運送事業，ごみ減量などの環境率先行動，アヒル農法による有機農業の実証実験，間伐材の集荷・チップ化とその温泉燃料への提供（木の駅プロジェクト）の実証実験，が開始される。並行して，地区住民は，独自に同じく2012年から「新しい村のかたち検討委員会」を設立して，阿波地区の全世帯対象のニーズ聞き取り調査を実施するとともに，地区の新しい在り方の検討を始める。

　②第1ステージ「住民自治協議会の結成，活動（住民自治協議会第Ⅰ期）」

　前段階において，「エコビレッジ阿波推進協議会」のもとでNPO中心に様々な事業が開始されているにもかかわらず，小学校閉校やGSの撤退，市役所支所の規模縮小が敢行されたのは，すでに触れたとおりである。地区住民は，そのような「逆境」のなかで，平成の大合併から10年の節目である2014年4月，それまでの「エコビレッジ阿波推進協議会」を再編成して新たに「あば村運営協議会」を設立するとともに，「あば村宣言」を発表している。

　「あば村運営協議会」は，図6-2に見たように，地域自治組織の「分離型」の典型として，協議機関として役員会を置き会長，副会長の他，そのなかに各専門部会＝事業部の部長を参加させて事業運営の計画，方針，等を決定するとともに，実行機関として総務部，環境福祉部，エネルギー事業部，交流・発信部という5つの事業部を設置している（図6-2「あば村運営協議会組織図」参照）。その場合の独自性は，総務部を別として，他の4つの事業部をそれぞれ「NPOエコビレッジあば」「あばグリーン公社」「合同会社あば村」「あばグリーン公社（温泉・交流館）」という4つの法人組織に担当させ，事業の運営主体とするとともに，それらの主担当法人のもとで他の法人，地域団体，住民グループを協働・連携させ生産販売活動や情報交流発信の面

136

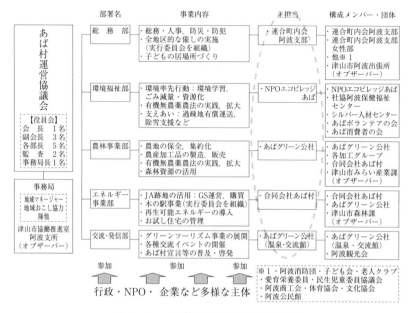

図6-2　あば村運営協議会の組織図

（出所）図6-1と同じ文書，18頁。

での相乗効果を目指している点にある。この後者の地域団体間の協働・連携
は，総務部の生活支援サービスにかかわる事業を担当する連合町内会阿波支
部についても同様である。

　これらの法人組織は，前段階の「エコビレッジ阿波構想」の策定時に地区
住民を中心として設立されたものに加えて，撤退したGSと小売店を存続さ
せるために，134人もの住民出資によって2014年2月に設立された「合同会
社あば村」も含めて，いずれも「地域内発的な経済主体」であることが注目[2]
される。

　各事業部の事業内容は，総務部が総務・人事の他，防災・防犯，定期的催
し開催，子どもの居場所づくり等，環境福祉部が環境率先行動，有機農業，
過疎地有償運送等，農林事業部が農地保全・集約化，農産加工品製造・販売，
森林資源活用等，エネルギー事業部がGS運営・小売店運営，木の駅事業，
再生可能エネルギー導入等，交流・発信部がグリーンツーリズム事業，各種

交流イベント等，と多岐にわたるとともに，それらの事業の多くがコミュニティ・ビジネスとして実行されている点も注目される。

「あば村宣言」は「あば村運営協議会」の設立直後に発表されている。それは，津山市と合併して115年続いた阿波村がなくなって10年経ったこと，その結果，人口減少や公共サービスの稀薄化により「逆境のデパート」状態になったこと，しかし「逆境の中でも未来を切り拓く挑戦」が始まっていること，「私たちは自らの手で新しい村をつくることを決意した」こと，自治体としての村はなくなったが「新しい自治のかたち」として「心のふるさと」として「あば村」はあり続けること，「あば村の自然と活きづく暮らしを多くの方々と共有し守り続けていくこと」そして「子どもたちにこの村での暮らしや風景を受け継いでいくこと」を決意して，ここに「合併から10年，あらたな村の始まり」を宣言することを謳っている。(3)

以上のような「あば村運営協議会」と「あば村宣言」の発表のなかに，第5章が〈内発的で民主的なパートナーシップ〉と呼んできたものとともに，「地域代表性」を目指す「近隣政府」的なものの理念をも見出すことができるように思われる。

③第2ステージ「地域づくり構想の提案，地域経営の試行的実践
　（住民自治協議会第Ⅱ期）」

「あば村運営協議会」は設立後の2015年に地域づくり構想として「ローカル・アバノミクス」と銘打って「第1の矢：小さな拠点づくり」「第2の矢：あば村ブランドによる小さな仕事づくり」「第3の矢：都市農村交流を通じた移住・定住」という「あば村づくりの3本の矢」を提示している。「第1の矢：小さな拠点づくり」が，この第2ステージに相当するであろう。

その「第1の矢：小さな拠点づくり」は，「小さな拠点」(4)を阿波地区中心部に形成するために，その核となる4つの施設，GS，小学校跡地，市役所阿波出張所，あば交流館・温泉において施設の機能強化を図り，これらを連携させることによって，住民の生活支援サービスの充実や生産販売活動，コミュニティ・ビジネスの強化を目指す構想である。

これらの施設を活用した取組の構想と試行的実践を要約すれば，次のよう

になる。GSについては，合同会社あば村が2014年から運営し，燃料販売だけでは採算困難ゆえ，手始めに小売店「あば商店」も運営することで収益性の確保を目指す。また「木の駅プロジェクト」の実証実験にも着手する。小学校跡地については，あばグリーン公社が運営し，地区内の加工グループによる農産加工品の製造・販売を行い，ブランド化を目指すという構想である。市役所阿波出張所については，行政窓口の他に，小学校跡地と同様，この段階では，公共施設の空きスペースをサテライトオフィス等として活用することが構想されている。あば交流館・温泉については，あばグリーン公社が津山市の指定管理者になって運営し，グリーンツーリズム事業を行うという構想である。

④第3ステージ「小さな拠点づくりと地域の持続的な運営
　　（小さな拠点整備・運営事業）」

　当協議会はその後，津山市からの期間限定の「小さな拠点整備補助金」600万円を得て，本格的な小さな拠点づくりに注力する。前段階からの取組の継続として事業展開を要約すれば，次のようになる。

　上記の第1の矢の展開として，合同会社あば（あば商店）は，複数事業の組み合せによる収益性確保をさらに発展させている。それは，2017年から地元スーパーマルイ，ヤマト運輸，つやま産業支援センターと連携して，あば商店が高齢者からの注文に応じて，スーパーからの商品を受け取り毎日配達するとともに，高齢者の見守りを行い新たな商品注文を回収する一方，有機無農薬米「アヒル米」を含む地元の農産物や農産加工品をヤマト便スーパーに出荷し，スーパーは定期混載便で注文商品をあば商店に届けるという仕組みである。同時に，合同会社あばは，津山市の定住政策と連携して地区内で「お試し住宅」の運用に乗り出している。また，NPOによる過疎地有償運送と連携して「あば村サロン＆マルシェ」を月に1回開始している。

　ローカル・アバノミクスの第2の矢の小さな仕事づくりについて言えば，あばグリーン公社の運営のもと，2016年に津山市によって整備された小学校跡地内の農産加工施設において地元の新しい加工グループによる味噌，豆腐，クッキーなどの6次化商品の製造と販売，地元スーパーと共同開発した商品

が翌年から「あば村ブランド」として販売され，地産地消と販路拡大が目指されている。

　第3の矢の都市農村交流については，あばグリーン公社（温泉・交流館）の運営のもと，2016年から「フードツーリズム」が開始され，親子エコキャンプ，英会話教室，大学生・留学生との交流，インバウンドツアー，食体験ツアー，等によって「関係人口」の増加が導かれるとともに，また同年から津山市の補助金に依拠した「移住・定住相談員」が配置され，移住相談や空き家調査が行われ，移住者の受け入れ体制が整備されている。

　その後の主要な変化としては，次の三点が指摘できる。一つ目の変化は，交流・発信部の主担当が2019年にあばグリーン公社から農泊事業を進めるために地区の飲食・宿泊・体験提供関係の団体と個人によって国の農泊推進事業交付金の受け皿のための任意団体として設立された「あば村農泊推進機構」へと変更されたことである。二つ目の変化は，地域づくり構想としての「ローカル・アバノミクス」に「第4の矢：再生可能エネルギーの活用」が同じ時期に付け加えられたことである。これは，2014年から事業化可能性調査が行われ，2018年から事業化の検討対象になった小水力発電事業のことである。そして三つ目の変化は，合同会社あば村（あば商店）による大手チェーン加盟のもとでの新たな移動販売が，2019年に開始されたことである。これは，店長が保冷車に多品目の食品などを積み込み，地区内の高齢者宅を週5回巡回し見守り支援も行う事業，そして「あば商店」が山崎製パンのチェーン店「ヤマザキ・ショップ」に加盟してフランチャイズ契約を結び，販売品目の豊富化と収益性向上を目指す事業である。

　こうして，あば村運営協議会は，小さな拠点づくりと持続可能な事業運営を目指して，各事業部の主担当の法人組織の他に，構成メンバーとして地区内の複数団体を協働・連携または役割分担させ相乗効果を発揮させながら，いわば総合的な地域づくりを目指してきたと言えよう。

　⑤第4ステージ（案）

　2021年（令和3年）以降，「あば村運営協議会」は存続しつつも，実質的な事業運営の統括は，農水省の山村活性化交付金の獲得のため新たに組織さ

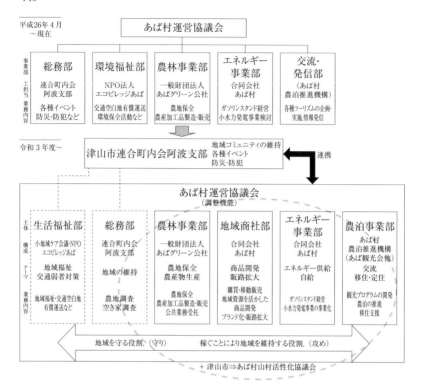

図6-3 「あば村運営協議会」から「あば村山村活性化協議会」へ
（出所）配布資料「新しい公共の模索」令和2年，10頁。

れた「あば村山村活性化協議会」に移行している（図6-3参照）。

　配布資料によれば，津山市は2018年に住民自治協議会に対する補助金を終了し，翌年からは連合町内会に補助金を交付するという新たな方針を決定している。これに対し，あば村運営協議会は，補助金ではない協働の仕組みづくりとして一括交付金の検討，小さな拠点づくり等による持続可能な地域運営を行政の仕組みのなかに位置づけるものとして，公民館の地域拠点化，集落支援員制度と地域担当職員制度の導入（さらにはその後，2020年に施行された「人口急減地域特定地域づくり推進法」に依拠した「特定地域づくり事業協同組合制度」の導入）を提案している。

　津山市は，これらの提案を受け入れることなく，2019年からは補助金ゼロの「経済的自立地域」として阿波地区を位置づけるに至っている。それゆえ，あば村運営協議会の各事業部の事業を運営している法人組織や地域団体は，協議会への求心性を弱め，それぞれが独立採算で運営を模索せざるをえなくなったのである。事ここに至っては，あば村運営協議会は，津山市行政からまちづくりの「目的共有の対等のパートナー」としては事実上，位置づけられなくなったのであり，あば村運営協議会の当事者意識に発する〈内発的で民主的なパートナーシップ〉は，特に資金調達の面で機能不全に陥ったと言うべきであろう

　2020年初めに突発した新型コロナ・ウイルスのパンデミック（世界的大流行）のもとで，「三密」回避による各種会合やイベント開催中止が余儀なくされ，組織活動に大きなブレーキがかかるなか，「あば村運営協議会」にとって津山市行政のこの方針変更は，小さくない痛手になったように思われる。

　このような状況変化のもとで新たに発足した「あば村山村活性化協議会」は，図6‐3に見られるように，事業部として農林事業部，地域商社部，エネルギー事業部，農泊事業部という4部門構成に変化し，この間の総務，福祉関係の事業は主に連合町内会阿波支部が担う体制になっている。

　以前の協議会と比べて新協議会は，事業内容も変化させている。すなわち，農林事業部は農地保全と農産物生産・加工・販売，地域商社部は商品開発・販路拡大，エネルギー事業部はエネルギーの供給と自給，農泊事業部は都市農村交流と移住・定住というものが新たな事業内容の要点である。要するに，新たな組織体制は，地域福祉や地域資源保全などの生活支援サービスを担う「守りの自治」と，地域課題を商品開発・ブランド化・販路拡大やエネルギー自給，観光プログラム開発・農泊・移住支援，等のコミュニティ・ビジネス的手法によって解決する「攻めの自治」を相互補完的に結び付けつつも，後者の「稼ぐこと」（「地域まるごと総合商社化体制」の確立）をより一層重視することによって，持続可能な地域づくりを目指していることが明らかとなる。

　その典型例を挙げておけば，合同会社あば村が運営するあば商店が「地域商社」として，あばグリーン公社のもとで開発・製造された高付加価値化農

142

林産物や「あば村認定謹製品」のブランド化商品を大都市圏での販路開拓
（イオン岡山店での試験販売，津山市内ホテルとの連携協定，等）とネット販売
促進につなげる仕組み，そしてグランピング（豪華なキャンピング：ホテル並
みのサービスを野外で愉しめる魅力的なキャンプ）施設と連携した農泊事業の
展開，すなわち「あば村農泊推進機構」が阿波森林公園における民間企業 D
社提供のキャンプ施設と温泉あば宿の他，遊歩道，滝，サイクリング，渓流
釣り，スノーシュー体験，各種交流イベント（親子エコキャンプ，阿波まるご
とかじり市，Bar-night，あなみ de ヨガ，等）を組み合わせることによって，
関係人口をさらに呼び込もうとする新たな観光体験プログラムの開発と実施
である。

  2　「あば村運営協議会」の地域づくり事業の成果と課題，今後の方向性
　以上のような経過と展開を辿ってきた「あば村運営協議会」による地域づ
くり事業の具体的成果とそこに見出される課題について，次に明らかにして
みよう。
　本章は「持続可能なまちづくりと SDGs」というテーマのもとで行ってき
た考察の一環であるので，ここではかつて行った事例研究[6]と同様に，持続可
能なまちづくり（地域づくり）のためには「多様な利害関係者のパートナー
シップ」を軸として，地域の環境的課題解決の事業を地域づくりの土台とし
て据え，それとの相互連関において社会的課題解決の事業と経済的課題解決
の事業とが有機的に展開され，土台としての環境的課題解決の事業との意識
的統合が目指されるという枠組みの観点から接近したい。
　この枠組みは，筆者には「あば村運営協議会」による地域づくり事業の考
察にとって，十分に適合的であるように思われる。当協議会の各事業部の運
営は，すでに見たように，主担当の法人組織単独で担われるのではなく，そ
のもとで別の法人，地域団体，住民グループを協働・連携させ，環境的社会
的経済的諸課題解決の事業の相乗効果を目指すという点において，SDGs の
諸目標の相互連関的統合的同時解決という考え方に基本的に合致する独自性
を持っているからである。

　但し，ここでは，考察対象が文字通り中山間地域であり，そこでは地域の社会的課題解決の事業は，経済的課題解決の事業の方法と規模に大きく影響されるので，考察は，環境，経済，社会の順に進めることとしたい。

　そこでまず，地域の環境的課題解決の事業についてである。それは，合同会社あば村を主担当とする「木の駅事業」と小水力発電事業，NPOエコビレッジあばを主担当とするゴミ減量・資源化と有機無農薬農法の実践・拡大，等の事業が関連するであろう。

　このなかで，エネルギーの地産地消と脱炭素，資源循環に資する事業の一つは，木の駅事業「木の駅プロジェクト」である。それは，間伐材を集積場（木の駅）へ運搬し，破砕処理（木質チップ化）し木質バイオマス燃料として販売活用するが，そこに地域通貨を組み込んだ仕組みである。すでに触れたように，合同会社あば村等の実行委員会によって2012年に実証実験され，2014年から稼働が開始された事業であるが，それは，林業者が間伐材を集積場まで搬出し，1トン当たり5,000円相当の地域通貨「こもれび券」または商品券と交換できる。間伐材は，津山市から貸与されたチッパーによって破砕処理され，バイオマス燃料として，あばグリーン公社が指定管理・運営する「あば温泉」のボイラー用に1立方メートル当たり2,500円（市場価格に500円上乗せ）で販売される。配布資料によれば，2015年度の実績として，360トンが搬出，チップ化され温泉の重油燃料に代替するバイオマス燃料として使用され，360万円の収入を実行委員会にもたらす一方，働き口を得た林業者に支給された地域通貨または商品券として180万円分の購買力が地元商店を潤したのであり，こうして木質バイオマス・エネルギーの地産地消と，そこに地域通貨を組み込むことによる地域内経済循環が追求され実現されたのである。[7]

　しかしながら，この事業は，間伐材の搬出が容易な場所の減少，林業者の高齢化，木質チップの質の確保による費用負担によってバイオマス燃料の安定的供給が課題となった後，温泉のボイラーの騒音問題が発生し，その改修が必要になったものの，津山市は改修を行っていないことによって，事業は現在，停止状態に至っている。

　他方，小水力発電事業は，事業規模約1.2億円，約9割を金融機関からの

借入で賄われ，2022年6月着工され，2023年4月に完成の予定である。この発電事業についてもエネルギーの地産地消と収益の地域還元・地域内循環が目指されているが，その具体化は今後の検討課題とされている。

　なお，考えられる環境的課題解決の取組として，有機無農薬農法の実践・拡大とごみ減量・資源化（有機肥料化）との組み合せが今，ロシアによるウクライナ侵略による化学肥料の高騰によって改めて注目されているが，この組み合せについてはまだ検討されていないように思われる。

　次に，地域の経済的課題解決の事業についてである。その主な事業としては，あばグリーン公社を主担当とする地元農産物の加工，6次化商品の製造・販売，地元スーパーとの商品の共同開発，それらの「あば村ブランド」としての販売による地産地消と外部への販路拡大，そして合同会社あば村を主担当とする当初からのGSとあば商店の経営，その後の地元スーパーや運輸企業と連携しての地元農産物・加工品の販路拡大と買物難民への食料品宅配事業，そしてその後の大手チェーン加盟のもとでの新たな移動販売と宅配事業の継続を通じた農産物と食料品の地産地消の追求，さらには上記の「木の駅プロジェクト」による林業振興と地域通貨の組み込みによる地域内経済循環の追求である。

　これらの経済的事業は，いわば「地域内発的な経済主体」によってエネルギーや農産物・食料品の地産地消を目指す地域内経済循環指向の事業であり，しかも合同会社あば村のような複数事業の組み合せ，すなわち「多業化」による収益性確保の追求という点において「農山村再生の新しい地域経済の原則[9]」を体現するものと言えよう。

　しかしながら，あば村運営協議会は，これらの複数事業の組み合せによっても「経営は非常に苦しい[10]」と認めている。そして津山市行政が2019年以降，当協議会に対する補助金を打ち切り「経済的自立地域」に指定したことは，これらの経済的事業の困難に拍車をかけるものであったと言えよう。

　そのような苦境のなかで，新たな組織「あば村山村活性化協議会」のもとで新たな経済的事業が開始されている。「地域商社」としてのあば商店による高付加価値化農林産物やブランド化商品の大都市圏での販路開拓とネット

表6-1　阿波森林公園の利用者数と利用料の月間推移

2020年	利用者（人）	利用料（円）
4月	561	196,689
5月	781	1,106,560
6月	399	414,710
7月	2,113	5,026,353
8月	2,883	7,377,700
9月	1,161	2,805,067
10月	1,245	4,224,340
11月	1,116	3,127,200
12月	341	1,685,819
計	10,600	25,964,438

（出所）配布資料「令和3年度阿波公園利用状況等報告書」より一部引用。

販売促進，そしてあば村農泊推進機構による民間企業投資のグランピング施設と連携した農泊事業，新たな観光体験プログラムの開発・実施，等である。

　当協議会は，前者の事業については，あば商店の新たな展開の成果として，売上実績が2016年の約2,260万円から2021年の約4,000万円に増加したこと，経済的効果として，お金の地域内循環，「漏れ穴」をふさぐ効果があったことを示している[11]。また後者の事業については，グランピング施設と連携した農泊事業の成果として，その現場である阿波森林公園の利用者数と利用料が2020年の経過を見ても大きな数字であること，すなわち9か月間で利用者が1万人以上，利用料が約2,600万円に上っていることを示している（表6-1参照）。

　特に後者の事業について，これら多数の利用者と利用料が阿波地区の地域経済に直接的間接的に大きな効果をもたらしていることは明らかであろう。そして勿論，社会的課題の解決をもたらす関係人口と移住・定住者の増加，都市農村交流と地域の賑わいの復活にも貢献していることも明らかであろう（なお，都市農村交流に関連して「あば温泉・交流館」は，コロナ以前には年間約6万人の利用者がいたことを確認しておきたい）。それは，地元の森林公園，渓流，滝，温泉，遊歩道，等の自然資源，地域資源を活用した一大観光産業の開発と展開と言えよう。ここに，新たな地域自治組織「あば村山村活性化協

146

表6-2　阿波地区における人口増減

年	転出者数	転出世帯	死亡者数	転入者数	転入世帯	出生数	人口増減	社会増減
2015	16	13	13	13	7	3	－13	－3
2016	17	11	16	14	9	3	－16	－3
2017	9	6	16	5	5	1	－19	－4
2018	7	5	8	9	5	1	－5	2
2019	13	9	11	13	5	1	－10	0
2020	12	9	8	14	7	1	－5	2
計	74	53	72	68	38	10	－68	－6

（出所）配布資料「あば村宣言と『小さな拠点』づくり」令和4年，22頁より引用。
　　　　年号を西暦に変更し，一部省略。

議会」の民間企業との協働・連携による地元の地域資源を活用した「経済的自立」の可能性の一端を見出すことができるように思われる。

　なお，地域の経済的課題解決としての働く場の提供については，訪問後の説明によれば，あばグリーン公社が正規職員2名，臨時・嘱託職員2名，合同会社あば村が正規職員2名，臨時職員2名，2022年4月の解散後，新協議会の農泊事業部に移行したあば村農泊推進機構がコーディネーター1名という状況である。

　最後に，地域の社会的課題解決の事業についてである。それは，人口減少と少子高齢化に関連する高齢者等の交通弱者・買物難民化，孤立，地域の社会的交流・賑わいの消失といった社会的課題の解決を目指す事業であり，「ローカル・アバノミクス」の3本の矢が帰着する目標でもある。その主な事業は，連合町内会阿波支部による防災・防犯，全地区的催し，子どもの居場所づくりはもとより，NPOエコビレッジあばによる過疎地有償運送，除雪支援，合同会社あば村による買物難民支援・高齢者見守り支援，高齢者サロン開設，お試し住宅管理，あばグリーン公社とその後のあば村農泊推進機構によるグリーンツーリズム，各種交流イベント，都市農村交流，農泊と新たな観光プログラムの開発・実施，等の事業から構成されよう。

　これらの目に見える成果は，何よりも移住・定住の増加であり，2015年から2020年までの6年間に38世帯68人の転入者（Uターン含む）が実現されている（表6-2参照）。この表から判るのは，阿波地区における人口の社会増

表6-3　2012年～2016年の移住者一覧

氏名	大人	子ども	移住年	転出地	仕事など
Tさん	2	2	2012	千葉県	古民家レストラン開設
Uさん	3		2012	津山市内	息子は有機農法，父は自宅建設中
T君	1		2013	広島県	あば商店店長
Iさん	1		2013	岡山県北	市役所職員
Fさん	1	2	2013	東京都	エステサロン開設
B君	1		2013	島根県	あば村情報発信担当（後，転出）
Dさん	2	1	2014	大阪府	林業（後，転出）
Sさん	4		2014	東京都	画家
Tさん	1		2015	高知県	地域おこし協力隊
N君	1		2015	岡山県南	林業（後，転出）
Kさん	1		2015	岡山県南	単身移住
Oさん	2	2	2015	岡山県南	家族でUターン
Oさん	1		2015	津山市内	Uターン
Tさん	1		2015	広島県	仕事で単身Uターン（後，転出）
T君	1		2016	東京都	地域おこし協力隊
Mさん	1		2016	津山市内	交流館・温泉マネージャー（後，転出）
Kさん	1	1	2016	千葉県	姉妹でパン屋を開設準備中
Oさん	1		2016	岡山県南	姉妹でパン屋を開設準備中
Sさん	1		2016	岡山県南	ヨガ・インストラクター
Kさん	2		2016	岡山県南	弁護士

（出所）図6-1と同じ文書，40頁。年号を西暦に変え，一部省略。

が達成されていることと人口減少が穏やかになっていることである。

　それでは，これらの移住者は，阿波地区に移り住んでどのような仕事，ナリワイを得ているのであろうか。それを示しているのが，表6-3である。

　この移住者一覧にあるように，古民家レストランやエステサロン，パン屋開設準備，等の「小さな仕事づくり」が移住者によって担われているとともに，あば商店やあば温泉といった「小さな拠点」の拠点施設の管理業務や農産物加工，新商品開発（地域おこし協力隊）の取組もまた担われており，彼らは，世代交代と世代間交流，地域の賑わい復活に大いに貢献していると言えよう。彼らはそれゆえ，新住民として旧住民との新たなつながりを創り出す，いわば「共生型地域づくり」[12]の新たな担い手として登場しているように思われる。

148

表6-4　過疎地有償運送の利用実績（人数）

	2012年	2013年	2014年	2015年	2016年	2017年	2018年	2019年
4 月		45	31	34	55	88	106	64
5 月		45	34	48	62	98	100	47
6 月		34	38	42	73	82	107	55
7 月	42	34	24	61	73	74	74	73
8 月	42	42	39	59	63	62	82	56
9 月	61	29	33	61	106	90	95	57
10月	51	27	32	43	105	76	86	31
11月	52	41	26	62	108	103	75	55
12月	50	54	55	86	80	146	101	
1 月	66	90	76	84	84	111	105	
2 月	54	57	39	86	119	79	71	
3 月	54	85	50	67	134	130	60	
計	472	583	477	733	1,062	1,139	1,062	438

（出所）配布資料「過疎地有償運送利用実績」より引用。年号を西暦に変え一部省略。

　また，地域福祉充実の観点から目に見える成果の一つとして，NPOエコビレッジあばによる過疎地有償運送事業が挙げられよう。それは，運転者と利用者の登録を前提として，事前申し込みの利用者を地域内100円，最寄りJR駅まで200円の運賃で自宅から地域内の目的地に運送し，運転者には運転距離に応じて3km以内300円から10km以内500円の運転料が支払われる仕組みである。利用者が負担する運賃と運転者が受け取る運転料との差額は，補助金約40万円（市が19万円，国が21万円）で賄われるが，かつて福祉バスに委託料約50万円を支払っていた津山市にとってもメリットのある事業である。その利用実績は表6-4のとおりである。

　この利用実績に見るように，利用者は増加しており，交通弱者と言われる高齢者等にとって，地域内の買物や社会的交流（高齢者サロンへの参加，等）のための移動手段として重要な役割を果たしていることが判るであろう。

　この事業はしかしながら，運送の地理的範囲が最寄りJR駅までで，既存の運営業者との競合回避のため，他地区にある最寄りの病院には運送できないこと，運転登録者が高齢化していること，そして津山市が利用者増加による負担増を避けるために利用者抑制を要請し利用料150円への値上げがこの

間実施されていること，といった課題も抱えている。

　以上，「あば村運営協議会」そして「あば村山村活性化協議会」の地域づくり事業の成果と課題について見てきたが，各事業部の主担当法人のもとに構成メンバーとして他の法人や地域団体，住民グループを相互に協働・連携させ相乗効果を目指すという，まさに第5章の言う〈内発的で民主的なパートナーシップ〉を実質的に体現したその組織体制の独自性とそれによる事業運営は，地域の環境的社会的経済的諸課題の相互連関的統合的同時解決というSDGs的考え方に合致しており，持続可能な地域づくりに大きく貢献し成果をもたらしてきたと言えよう。

　その成果は，要するに環境的課題解決の面からは，地域の脱炭素化，エネルギーの地産地消と収益の地域還元・地域内循環の追求，経済的課題解決の面からは農産物・食料品の地産地消と農産加工品・ブランド化商品の販路拡大，林業振興と地元の自然資源，地域資源を活用した観光業振興そして同じくそれらの収益の地域内循環の追求，さらに社会的課題解決の面からは，これらのエネルギー事業，農業・林業・観光業振興追求の事業運営と結びついた関係人口，移住・定住者の増加による世代交代と世代間交流，都市農村交流，地域の賑わい復活，高齢者の移動支援・買物支援・見守り支援と社会的交流機会提供，等の地域福祉の充実の追求として現れている。これら三側面の事業の相互補完的統合的運営は，相乗効果を発揮してきたのであり，こうしてその成果として，端的に言えば，地域資源と場合によっては外部民間投資も活用した地域の脱炭素化と循環型地域経済そして新たな関係人口と移住人口の吸引を軸とした都市農村交流，世代間交流，地域福祉充実の開かれた「共生型地域づくり」との結合，それゆえ持続可能な地域づくりの展望を切り開いてきたことに求められよう。

　他方で，これら三側面の事業運営上の課題は，木質バイオマス・ボイラーの改修停止，小水力発電事業への不関与，過疎地有償運送事業の地理的範囲限定と利用者抑制，等に示されるように，津山市行政の「あば村運営協議会」による地域づくりへの関与の不十分さ，共同責任の仕組みの欠如，言い換えれば期間限定の補助金交付で事実上，事足れりとする，まさに「協働」

という名の「安上り行政」を導く「行政改革目的」の対応に集約されよう。そしてそれは，2019年以降の補助金交付打ち切りと「経済的自立地域」への指定によって，行政的責任の事実上の放棄に限りなく近づいているように思われる。

　それでは，現時点の新たな名称の地域自治組織「あば村山村活性化協議会」による持続可能な地域づくりを真に実を伴うものにするために今後，どのような方向性が考えられるであろうか。最後にこの点について，いくつかの提起を試みたいと思う。

　制度改革にかかわる方向性は，「あば村運営協議会」によって，すでに提案されていたところである。先に触れたように，一括交付金の検討，公民館の地域づくり拠点化，集落支援員制度と地域担当職員制度の導入そして「特定地域づくり事業協同組合制度」の導入がそれである。

　これらの制度改革の提案は，津山市行政によって受容されなかったのであるが，実はよく知られているように，地域自治組織を設立している地方自治体においては，その設立の法的根拠として「自治基本条例」や「まちづくり基本条例」を議会の承認を得て制定し，「市民（住民）と行政のパートナーシップ＝協働」の理念や基本原則，例えば先に見た岡山市の条例に見たような「相互理解」「目的共有」「対等」「自主性及び自立性尊重」「公開」，そしてそれを実現するための行政の役割と協働推進施策が明記されている事例は少なくない。場合によっては，別の「協働条例」や「協働指針」として策定されているそのような協働推進施策の代表的な例が，「あば村運営協議会」によって津山市に提案された諸制度である。

　要するに，当協議会が，これらの制度改革の提案を実現しようとするならば，従来のあり方としては，その前提として「自治体の最高規範」として，市民・議会・行政などが共有すべき上記のようなまちづくりの理念と基本原則，これらの主体の役割と責務，行政運営の原則，等を定めた「自治基本条例」または「まちづくり条例」の制定が必要であろう。それは選挙で首長が変わっても，その行政方針を拘束し続けるからである。これらのまちづくりや協働の理念は，端的に言い換えれば，地方自治体の行政が，地域自治組織

やNPOなどによる公共サービスや生活支援サービスの部分的実行を通じた地域課題解決を積極的に受容・支援し，行政の仕組みのなかに位置づけるという「新しい公共」[15]の考え方に他ならないであろう。公共サービス等に関する住民活動の拡大と行政の取組を合わせた「公共領域拡大目的型」への転換が必要であるとも言える[16]。

　但し，それはすでに見たように，地域自治組織にとっては，原理的には，地域全体に対する公的意思決定機能の行使であるがゆえに，結局のところ何らかの選挙方式に立脚した「近隣政府」的組織への転換が要請されるであろう。

　当面，そのような原理的転換も，従来の他の自治体におけるような「自治体基本条例」の制定にもとづく制度改革諸提案の包括的実現も困難であるとすれば，新たな「あば村山村活性化協議会」は，私的組織として多様な個人の自発的加入によって設立される民主的組織への転換を明示し進めること[17]によって，持続可能な地域づくりの新たな人材を獲得し，行政との〈内発的で民主的なパートナーシップ〉の再稼働を支えるためのいわば人的基盤を強化することができるように思われる。それらの方策がいくつか考えられよう。

　そのための着眼点として，ここでもSDGsが提供しうる枠組みを持ち出せば，一つは，その目標5の「ジェンダー平等の実現」であり，具体的には，地域の脱炭素化を目指す再生可能エネルギー発電事業や有機農業・林業への地元住民と移住者の女性の参入と参画を一層進める必要があるであろう。そのためには，地域自治組織を多様な個人の自発的加入に立脚した組織であることを明示したうえで，従来の地縁型組織との重要な相違点の一つである「個人単位」と総会での「1戸1票制」ではなく「1人1票制」を決定し，女性や若者のアクセスを保障するとともに，自治会・町内会から自律した事務局を確立しつつ，そうした事務局や実行機関の法人組織，地域団体の幹部や住民リーダーに積極的に女性や若者を導入し抜擢することが必要であろう。そしてその女性・若者活躍の状況をSNSやネットで積極的に発信することが有用であろう。こうして，従来の地縁型組織に見られた男性優位社会を転換し「ジェンダー・ギャップの解消」を進め，女性や若者の参入と参画を積

極的に実現することは，再エネ事業や有機農業が盛んな他の地域に見られるように，女性と若者の移住人口の一層の増加をもたらしうるであろう[18]。そのような女性参画の地域づくりが達成された暁には，全国的に著名な鳥取県智頭町のような「森のようちえん」の復活も視野に入るであろう[19]。

同時に，そのような地域自治組織の開かれた運営は，SDGs の理念である「誰ひとり取り残さない」を体現しうる有機農業・農産物加工業への障害者の就労機会の提供すなわち「農福連携」[20]をも導き，地域における多様な主体の就労機会と交流機会の一層の創出，それゆえより開かれた「共生型地域づくり」に貢献するであろう。

これらは，いずれも地域自治組織「あば村山村活性化協議会」の「内発性」「多様性」「革新性」そして「民主性」の実現にかかわり，とりわけその人的基盤を強化するように思われる。

最後に，当協議会が津山市行政からの資金は勿論，人材養成や法人経営の支援も十分には得られない現状のもとでは，県内外の専門的 NPO 等の中間支援組織との協働・連携が有用であろう。当協議会の関係者はすでに百も承知であろうが，その連携は，地域自治組織の運営の相談や会計・税務・労務・HP の運営支援，等を対象としており，例えば岡山県では「NPO 法人みんなの集落研究所」[21]が多様な相談・支援活動を行っていることが知られている。改めて検討に値するように思われる。

Ⅱ　第5章と第6章のまとめ

第5章は，「持続可能なまちづくりと SDGs」というテーマで行ってきた考察の一環として，SDGs の全ての目標の実現手段としての「多様な利害関係者のパートナーシップ」に注目し，目的としてのパートナーシップや権利としてのパートナーシップとしての側面もあることを確認したうえで，それが自治体や地域コミュニティのレベルでは「市民と行政の協働＝パートナーシップ」として把握されてきたことを明らかにした。そのうえで，その理念と仕組みを「岡山市協働のまちづくり条例」を取り上げて確認したうえで，

その内容からSDGsの目標実現手段としてのパートナーシップが，自治体と地域コミュニティのレベルへと視点を降ろした場合には，地域課題を主体的に解決しようとする住民団体，NPOや個人等の当事者意識に発し，行政に対し「目的共有と対等のパートナー」であることを求める〈内発的で民主的なパートナーシップ〉と呼ぶべきものが想定されることを論じてきた。さらに，これらの考察を踏まえて，地域自治組織の内容や定義を確認したうえでそれが抱える課題解決との関連で，多様な個人の自発的加入に立脚する民主的組織であること，自治会・町内会からの自律性を確保できる事務局機能を持つこと，等が要請され，その点から行政との協働は〈内発的で民主的なパートナーシップ〉として発揮される必要があることを論じてきた。

　以上の考察のうえで，第6章は，そのようなパートナーシップを体現していると思われる地域自治組織の事例として岡山県津山市の「あば村運営協議会」について，まずはその設立の経過と展開を4つの段階にわたるものとして考察してきた。それを通じて当協議会が，地域自治組織の「分離型」を体現しているだけでなく，行政からのその時々の補助金を活用しつつ，SDGsの環境的社会的経済的諸目標の相互連関的統合的同時解決という考え方に合致する，各事業部の主担当の法人のもとに構成メンバーとして他の法人，地域団体，住民グループを相互に協働・連携させて相乗効果を発揮させるという事業実施の独自の組織体制をもって運営してきたこと，すなわち〈内発的で民主的なパートナーシップ〉を実質的に体現してきたことを明らかにしてきた。その事業運営は，こうして環境的課題解決の面でも，経済的課題解決の面でも，社会的課題解決の面でも確実に成果をもたらしてきたことを明らかにしてきた。他方において，これらの事業運営は，津山市行政の「協働」という名の「安上り行政」を導く「行政改革目的」対応によりブレーキがかかり，最近の補助金打ち切りと「経済的自立地域」への指定により事実上の独立採算的運営を強いられるに至り〈内発的で民主的なパートナーシップ〉は機能不全の状況にあることを確認してきた。最後に，それでも新たな組織「あば村山村活性化評議会」は，一括交付金等の制度改革を提案しながら新たな事業展開によって活路を開こうとしている事実を確認しつつ，現状の困

難のもとでも今後の方向性として，多様な個人の自発的加入に立脚する民主的組織への転換を進めてSDGs援用のジェンダー視点の女性参画や農福連携による今後の持続可能な地域づくりのための人的基盤の強化という方向がありうることを論じてきた。

［注］
（1）　筆者は，事前に訪問調査受け入れ要請と質問項目を記入した文書を送付のうえ，2022年10月28日，岡山県津山市阿波地区の阿波出張所において聞き取り調査を行った。応対していただいたのは，津山市地域振興部長の藤井浩次氏，同地域振興部次長の畑田泰則氏，あば村山村活性化協議会会長の長瀧義敬氏，同協議会事務担当の皆木憲吾氏である。記して感謝の意を表したい。

（2）　小田切徳美・尾原浩子『農山村からの地方創生』筑波書房，2018年，61頁。

（3）　「あば村宣言」の全文は，あば村運営協議会「逆境から未来を拓くあば村宣言と『小さな拠点』づくり」2017年，参照。
https://abamura.com/wp-content/uploads/2016/10/activity.pdf，2022/5／3閲覧。

（4）　国土交通省の検討会が2012年に提起した「小さな拠点」については，前掲の田中きよむ編著『小さな拠点を軸とする共生型地域づくり』，藤山浩編著『「小さな拠点」をつくる』農文協，2019年，等参照。

（5）　コロナ・パンデミックの「地域運営組織」への影響については，作野広和「ウイズコロナ時代の地域運営組織」（『ガバナンス』2021年12月号），小田切徳美「新しい過疎・農村政策と地域コミュニティ」（同誌）参照。

（6）　第2章，参照。

（7）　なお，阿波地区の「木の駅プロジェクト」については，小田切徳美『農山村は消滅しない』岩波新書，2014年によって紹介されている。

（8）　この組合せについては，中村修・遠藤はる奈『生ごみ資源化』農文協，2011年，参照。

（9）　小田切徳美・尾原浩子，前掲書，59頁。

（10）　前掲注（3）の文書，25頁。

（11）　配布資料「あば村宣言と『小さな拠点』づくり」令和4年。なお，「漏れ穴」をふさぐ効果と地域内経済循環については，枝廣淳子『地元経済を創りなおす』岩波新書，2018年，参照。

（12）　前掲，田中きよむ編著，参照。

(13)　第 5 章の注(19)の諸文献，参照。

(14)　この点については，例えば，前山総一郎，前掲『コミュニティ自治の理論と実践』，高橋秀行「自治基本条例と市民参加条例」（同他編著『市民参加』公人社，2013年，所収），等参照。

(15)　この点については，第 5 章の注(4)の文献の他，矢口芳生『持続可能な社会論』農林統計出版，2018年も参照。

(16)　配布資料「新しい公共の模索：行政改革目的型か公共領域拡大型か」令和 2 年，はこの点を主張している。

(17)　この実例としては例えば，宝塚市の「コミュニティ協議会」がある。この点については，前山総一郎，前掲書，参照。

(18)　この点については，筆者も考察したことがある。第 3 章および第 4 章，参照。なお，この点に言及した最近の文献として，藻谷ゆかり『山奥ビジネス』新潮新書，2022年，参照。

(19)　おおたとしまさ『ルポ森のようちえん：SDGs 時代の子育てスタイル』集英社新書，2022年，参照。

(20)　この点については，例えば，濱田健司『農の福祉力で地域が輝く』創森社，2016年，参照。

(21)　阿部典子「地域の主体形成に中間支援組織が果たす役割」（佐藤洋平・生源寺眞一監修『中山間地域ハンドブック』農文協，2022年，所収）参照。

補足：第 5 章と第 6 章のもとになった論文において，その「内発的で民主的なパートナーシップを体現する地域自治組織」というテーマに関連するにもかかわらず，出版されたばかりであるがゆえに，叙述のなかに活かせなかったものの，参照されるべき優れた集団的労作として，小田切徳美編『新しい地域をつくる：持続的農村発展論』岩波書店，2022年，があることを記しておきたい。

第7章　地域自治組織とまちづくり：補論（1）

I　はじめに

　今日，人口減少と少子高齢化は，わが国が直面する最も深刻な社会経済問題である。それは，地方において顕在化し，とりわけ2014年8月に日本創成会議座長，増田寛也氏による編著『地方消滅』が出版されて以降，地方の市町村をして「消滅」を回避し存続と再生に向けて，コンパクトシティや移住・定住支援，子育て支援，6次産業化や農商工連携，等を実現するための競争に駆り立てているように思われる。しかしながら，この問題を市町村をめぐる自治体政策または自治制度の長期的変化という観点から見た場合には，それは，1990年代後半以降に開始された「地方分権改革」さらには「平成の大合併」のもとで法制化された，または可能にされた様々な「地域自治組織」の市町村による選択または非選択の多様な行動として現れているように思われる。

　特に地方の市町村においては今日，中心市街地の空洞化，小規模企業・商店の廃業と後継者不在，空き家，農民の高齢化・後継者難，耕作放棄地増加・獣害，独居老人・買い物難民，障害者やニート・引きこもり等の生活困難，子育て不安を抱える母親やシングルマザー等，多様な地域課題に直面している。何らかの「地域自治組織」を選択した地方自治体は，こうした地域課題を解決し，当該自治体を持続可能にするために，行政とその組織との何らかの協力や前者への後者の何らかの参加が行われてきたと言えよう。このような地域課題解決と持続可能化を目指す地方自治体の動向や系統的政策は，しばしば「地域再生」や「地方創生」との関連において取り上げられてきたが，最近は，これらの「地域自治組織」，NPOや住民個人による行政の政

策・計画への参加あるいは「参画」，行政との協力あるいは「協働」を強調することによって，広く「まちづくり」と呼ばれているように思われる。

　それゆえ今日，地方在住の住民にとって，誰もが安全に安心して暮らせ自立した生活と人生を送れる「まちづくり」のためには，地方自治体による何らかの「地域自治組織」の選択とそのもとでの何らかの参加や協力が必要であるとすれば，そのような選択と実現のプロセスはどのようなものであり，地域課題の解決および住民の暮らしと生活環境の改善という観点からそこにはどのような効果と課題があるのかを知ることは，きわめて切実な問題である。こうして，本章は，「地方分権改革」とりわけ第一次分権改革のもとでの「地域自治組織」の法制化と可能化の流れを簡潔に確認し，そのなかで〈新しい狭域の地域自治組織〉が多くの地方自治体と住民にとって望ましい「まちづくり」を可能にする選択であることを明らかにしようとするものである。そしてそれを踏まえて次の第8章において，その具体的事例として三重県名張市を取り上げてその効果と課題を検討することとしたい。

Ⅱ　地方分権改革と地域自治組織の制度

1　地方分権改革の概要

　自治体政策または自治制度の研究によれば，いわゆる地方分権改革は，1990年代後半以降に始まったとされる。以下，地方分権改革とりわけ第一次改革と呼ばれる時期のそれについて，その内容と流れについて簡潔に確認しておこう[(1)]。

　地方分権改革とは一般に，中央政府が握る権限や財源を地方自治体に移すことによって，後者を自立した「地方政府」にしようとする改革のことであり，それは，1995年の地方分権推進法の制定によって第一次分権改革として着手されたのである。同法によれば，「地方分権の推進は，国と地方公共団体とが共通の目標である国民福祉の増進に向かって相互に協力する関係にあることを踏まえつつ，各般の行政を展開する上で国及び地方公共団体が分担すべき役割を明確にし，地方公共団体の自主性及び自立性を高め，個性豊か

で活力に満ちた地域社会の実現を図ること」がその基本理念である。

　また同法によって設置された地方分権推進委員会が1996年3月に公表した「中間報告」によれば，目指すべき「分権型社会」とは「中央省庁主導の縦割りの画一行政システム」を地域社会の多様な個性を尊重する「住民主導の個性的で総合的な行政システム」に変革することであるとしたうえで，その内容のキーポイントをいくつか指摘している。すなわち「身のまわりの課題に関する地域住民の自己決定権の拡充」「政策決定過程への地域住民の広範な参画」「行政と住民・関連企業との連携・協力による地域づくりとくらしづくり」「公私協働のサービス・ネットワーク」「総合行政と公私協働の仕組みづくり」等である。

　こうした基本理念にもとづく具体的改革は，1999年制定の地方分権一括法（2000年施行）によって定められた。この地方分権一括法の改正は，地方自治法の改正を中心に，関連する475の膨大な法律を改正するものであった。そのなかで注目すべき改革が，機関委任事務制度の廃止，地方自治体事務の自治事務と法定受託事務への再編，条例制定権の拡充，地方自治体事務への国の関与の類型化，国の関与に関わる国地方係争処理委員会の創設，等である。こうして地方分権一括法は，国と地方自治体との関係を「上下・主従関係」から「対等・協力の関係」に転換させ，後者の役割を「地域における行政を自主的かつ総合的に実施すること」と明記し，地方自治体をして「地方政府」として「自己決定・自己責任」で地域に合った個性的な自治体運営をするように義務づけたのである。それは，日本国憲法が保障する地方自治の二つの要素の観点からすれば，地方自治体の権限を拡大させ，国の関与を縮小させることによって，二つの要素のうち団体自治の強化をもたらしたのである。

　地方分権一括法は，しかしながら以上のような改革によって地方自治体を「地方政府」に転換する枠組みを創り出したがゆえに，地方自治のもう一つの要素である住民自治についても，これを強化することができる途を開いた。それは，地方自治体に国と同様または対等な「政府」の位置づけを与えたがゆえに，地方自治体独自の基本法を制定する必要性を生じさせたのである。

これを背景として，いわゆる「自治基本条例」（または「まちづくり基本条例」）が多くの地方自治体において制定されるに至ったのである。

　ここで「自治基本条例」の定義例を挙げておけば，それは次のようなものである。すなわち，それは「自治（まちづくり）を進めるにあたり，市民・議会・行政など地域を構成する主体が共有すべき考え方（原則），市民・議会・行政などの役割，市民参加や協働の推進（詳細は関連条例で規定），行政運営の原則などを定めた自治体の最高規範」「まちの憲法」である。要するに，まちづくりと団体自治，住民自治に関する基本原則を定めた地方自治体の憲法ということになろう。事実，周知のように，実質的な自治基本条例の嚆矢とされるのは，2000年12月に制定された北海道ニセコ町の「ニセコ町まちづくり基本条例」（2001年4月施行）であり，そこでは「情報共有」と「住民参加」が二つの基本原則とされたうえ，2005年12月の改正により議会関係の規定も追加されたことによって，ニセコ町の条例は，他の関連条例ピラミッドの頂点に立つ文字どおり「まちづくり基本条例」＝「自治基本条例」の最初のモデルになったのである。ここでは，条例の前文において「まちづくりは，町民一人ひとりが考え行動することによる『自治』が基本です」と住民自治を宣言していることを確認しておきたい。

　ところで，地方分権一括法は，上記のような地方自治法の改正とともに，市町村合併特例法の改正も含んでおり，いわゆる「平成の大合併」を帰結するものでもあった。2005年3月末までの時限立法として制定され延長継続されてきた合併特例法は，合併を計画する市町村による合併協議会の設置，財政特例措置としての10年間の合併前の地方交付税の全額保障，同じく10年間限定の地方債である合併特例債の創設など，合併を促進する改正を含んでいた。なお，1997年の合併特例法改正によって設置されていた市町村長の諮問によって審議または意見を述べる旧市町村ごとの「地域審議会」は，そのまま残された。よく知られているように，1999年3月末に3,232あった市町村は，合併特例法の失効後に市町村合併の推進を担った「市町村合併の特例等に関する法律」も失効し「平成の大合併」が終結した2010年3月末には1,727となり，「平成の大合併」は10年間で市町村の数を大まかに言えば半減させた

のである。

　しかしながら「平成の大合併」における市町村の合併プロセスを見ると，地方分権一括法のもとでの合併特例法の改正の直後には合併はほとんど見られず，いわゆる「市町村合併関連三法」（改正地方自治法，改正市町村合併特例法，市町村合併新法）が成立した2004年とそしてそれらによる合併推進策と並行して実行された三年間のいわゆる「三位一体改革」（国庫補助負担金の縮減・廃止，地方交付税の削減，地方への税源移譲による地方自治体の財政困難化）の最中である2005年に集中していることもよく知られた事実である。[5]

　そしてこうした短期間に集中した大合併をもたらした「市町村合併関連三法」を準備したのが，とりわけ第27次地方制度調査会の答申（2003年11月）であり，地方分権改革と「平成の大合併」との関連を考察する場合に決定的に重要であることは大方の承認するところである。

2　第27次地方制度調査会答申と地域自治組織の制度

　第27次地方制度調査会の答申[6]について，注目すべき内容は，次のような点にある。

　すなわち，答申は一方において，「地方分権時代の基礎自治体（市町村）」は「住民に最も身近な総合的な行政主体として，これまで以上に自立性の高い行政主体」になることが必要であり，それに「ふさわしい十分な権限と行財政基盤を有し，高度化する行政事務に的確に対処できる専門的な職種を含む職員集団を有するもの」になる必要がある。要するに，要請されているのは団体自治の一層の強化であろう。その観点からは，「基礎自治体の規模・能力はさらに充実強化することが望ましい」とし，市町村を取り巻く厳しい財政事情と少子高齢化の進行そして住民ニーズの多様化のもとでは，その「規模・能力の拡充を図る市町村合併を引き続き推進していくべき」であるとしたのである。

　答申はそのために，現行の合併特例法の期限（2005年3月末）の到来後に「自主的合併」を促す新しい法律の制定と現行法の期限到来1年以内の合併を除いての財政支援措置の廃止，都道府県による市町村合併に関する構想の

策定と市町村に対する合併協議会の設置勧告などを提言している。答申はさらに，こうした市町村合併による「自立性の高い基礎自治体」の構築との関連において，「広域自治体」としての「都道府県の廃止と自主的合併」と「道州制の導入」の提言にまで至っている。

　答申は他方において，「地方分権改革が目指すべき分権型社会」においては，地域において「自己決定と自己責任の原則」が実現されるという観点，そして市町村合併によって規模が大きくなる基礎自治体においては「住民自治の充実」を図る必要があるという観点から「地域自治組織」のあり方について提言している。後者の観点に関連して，重要な視点として「地域における住民サービスを担うのは行政のみではない」ことを確認したうえで，基礎自治体の行政は「住民や，重要なパートナーとしてのコミュニティ組織，NPOその他民間セクターとも協働し，相互に連携して新しい公共空間を形成していくことを目指すべきである」と「基礎自治体の一定の区域を単位として，住民自治の強化と行政と住民との協働の推進」を提言していることが注目される。

　前者の観点からの地域自治組織の特徴は，次のようなものである。すなわち，それは「一般制度」で「法人格を有しない行政区的なタイプ」であり，条例により定める「基礎自治体の一定の区域」を単位として設置できること，機能としては「基礎自治体の一部として事務を分掌するもの」であり，「支所，出張所的な機能」「住民の意向を反映させる機能」「行政と住民や地域の諸団体等が協働して担う地域づくりの場としての機能」を含むこと，その機関としては「地域協議会」と事務所が設置されること，事務所には基礎自治体の長によって「選任」される地域自治組織の長が配置され，そこでは上記の諸機能と地域協議会の庶務を処理する機能が果たされること，等である。

　そこに配置される「地域協議会」の特徴は，次のようなものである。すなわち，当協議会の構成員は，基礎自治体の長によって，その構成が「地域の意見が適切に反映される」配慮のもとで「選任」されること，構成員は「原則として無報酬」であること，当協議会の役割・権限は，住民や地域の諸団体等の主体的な参加を求めつつ多様な意見の調整を行い「協働の活動の要」

となること，当該区域に係る基礎自治体の事務に関して「基礎自治体の長その他の機関および地域自治組織の長の諮問に応じて審議し，または必要と認める事項についてそれらに建議することができる」こと，基礎自治体の長は，当該区域に係る基礎自治体の予算，基本構想，重要な施設の設置と廃止等の事項については，必ず当協議会の意見を聴くように求められること，等である。

　後者の観点からの地域自治組織は「合併後の一定期間，合併前の旧市町村のまとまりに特に配慮すべき事情がある場合」に限定したものであり，その特徴は次のようなものである。すなわち，それは「法人格を有する特別地方公共団体とするタイプ」であり，合併協議によって「規約」を定め「合併後の一定期間，合併前の旧市町村単位」に設置できること，このタイプの地域自治組織の役割・機能は前者の観点からのものと同様であること，異なる機能としては，この地域自治組織の機関が「基礎自治体の補助機関の地位を兼ねる」がゆえに「法令により基礎自治体が処理することを義務づけられている事務を処理することもできる」こと，等である。

　そこに配置される地域協議会の特徴は，次のようなものである。すなわち，その仕組みは前者の観点からのものと同様であること，異なる仕組みとしては，当協議会の構成員の「選出方法」を「地域の自主性を尊重する観点から規約で定める」こと，地域協議会の役割・権限についても同様であるが，異なる権限としては「地域自治組織の予算等を決定する」こと，その事務局の職員については「基礎自治体からの派遣又は兼務を原則」とするが，「必要な場合には，臨時の職員を採用できる」こと，等である。

　答申はこうして，一方において，地方分権時代の「総合的行政主体」[7]すなわち地方分権の担い手にふさわしい行財政基盤を有する基礎自治体の構築のために，その規模・能力の拡充に向けて，いわば地方分権の「受け皿」として，市町村合併の一層の推進と広域化を提言している。答申は他方において，そうした市町村合併の広域化に対する住民福祉サービス，公共サービスの稀薄化あるいは住民自治ないし地域行政への住民の意見反映の困難化といった危惧，不安に対するいわば処方箋として地域自治組織を提言しているように

思われる。

　但し，後者の提言に関しては，答申の形成過程を検討すれば，市町村合併による基礎自治体の広域化のもとで公共サービスの縮小とこれらのサービスないし事業の外部化・民間化の推進という「構造改革」路線[8]を実行するためにも，答申が地域自治組織に地方自治体行政とこれらのサービスの担い手になりうるコミュニティ組織や NPO とを媒介するという積極的役割すなわち「協働の活動の要」の役割を期待していることも確かであろう。答申が述べている「基礎自治体の一定の区域を単位として，住民自治の強化や行政と住民との協働の推進などを目的とする組織」「新しい公共空間」とは，いわゆる「都市内分権」[9]の構想に繋がりうるものと言えよう。

3　市町村合併関連三法による地域自治組織の法制化

　以上の第27次地方制度調査会の答申内容は，2004年5月のいわゆる市町村合併関連三法に反映されることになる。

　答申における地域自治組織の諸制度は，これらの法律においては，次のように規定される。すなわち，答申に沿って改正地方自治法における一般制度としての「地域自治区」，改正合併特例法における特例制度としての「地域自治区」および「合併特例区」である。

　まず，一般制度としての地域自治区は，答申における地域自治組織の規定が変更されたものであり，設置について当該自治体の「すべての区域を分けることが原則」である点で答申と異なっているとはいえ，その役割・機能については答申におけるものと同様である。そのなかに同様に地域協議会とその事務所が置かれ，事務所には当該基礎自治体の職員である事務所長が配置されることも含めて，地域自治区は当該自治体に属する内部的地域組織であることが明示的である。地域協議会の権限について言えば，事務所の所掌事務，その区域関係事務，その区域住民との連携強化事項について「市町村長等により諮問されたもの又は必要と認めるものについて審議して，市町村長等に意見を述べる」こと，それゆえ答申にあった住民や地域諸団体間の多様な意見調整と「協働の活動の要」となることは削除されていること，その構

成員の任期は「４年以内を条例で定める」こと，構成員は「非常勤の職員」であるが無報酬であること，「会長と副会長を置く」こと，等が規定されている。

　次に改正合併特例法による特例制度としての地域自治区については，答申における地域自治組織が次のように規定し直されている。すなわち，当該地域自治区は，合併市町村の「区域の全部又は一部」に設置することができるがゆえに，「編入合併の場合に新たに編入する市町村の区域にだけ設置する」ことが可能であること，地域自治区の事務所長については，代わりに「区長」を置くことができ「特別職地方公務員」であること，その任期は「２年以内」で合併市町村の協議で決めること，区長は「地域自治区の事務所の職員を指揮監督する」こと，等である。

　さらに，改正合併特例法においては，答申を受けて「法人格を有する地方公共団体」として「合併特例区」の制度を設けており，次のように規定されている。すなわち，合併特例区は「合併関係市町村（合併前の市町村）の全部又は一部の区域」に設置することができ，その区域は「合併関係市町村の一又は二以上の区域」になること，期間を定めて設置されるが，その期間は「５年を越えてはならない」こと，等である。

　ここでは法制化された地域自治組織のうち，持続的制度である地域自治区に注目すれば，それは一方において，答申を受けて基礎自治体に属する内部組織ながら，住民自治を充実させることを立法目的として設置され，そのための新しい制度として地域協議会の導入など「基礎自治体の内部にさらに狭域の地域自治の単位が存在することを一般的に承認したもの[10]」として評価される面があると言えよう。

　しかしながら，それは他方において，基礎自治体の一定の区域のなかで自治体長の権限に属する事務を分掌し処理するための内部的組織であり，そのなかの地域協議会にもまた独自の意思決定権限も予算権限も認められていないのであり，それゆえ「住民自治が制度的に保障されているものでもない[11]」のである。この点ではとりわけ，答申においては住民自治の強化と関連付けられていた地域協議会の「協働の活動の要」としての役割が立法化の際に削

除されているという事実に注目すれば，地域自治組織の法制度化は答申の提
言に比して住民自治の強化充実の観点からは後退していると言わざるをえな
いであろう。⁽¹²⁾

4　法制化された地域自治組織と〈新しい狭域の地域自治組織〉

　以上のように，第27次地方制度調査会の答申によって提言された地域自治
組織は，市町村合併関連三法によって，一般制度としての地域自治区，特例
制度としての地域自治区，特例制度としての合併特例区として法制化された。
ところで，これらの法制化された地域自治組織は，大きな枠組みとしては，
地方分権時代にふさわしく団体自治を強化するとともに住民自治を充実させ
るものとして意図されていたにもかかわらず，「平成の大合併」を経験した
全国の地方自治体によって僅かしか採用されなかったことが知られている。

　この点に関しては，日本都市センターが2013年11月から12月にかけて全国
812都市自治体を対象にして実施したアンケート調査結果によって明らかに
している。⁽¹³⁾同センターは，このアンケート調査において，「地縁型住民自治
組織」と「協議会型住民自治組織」という二つの住民自治組織を区別したう
えで，それぞれについて各都市自治体の区域におけるその有無や活動状況に
ついて尋ねている。ここで，前者は「自治会・町内会などの比較的狭い区域
で住民に最も近い立場で住民相互の親睦や地域課題に取り組むために組織さ
れた任意の団体およびその連合体」であり，後者は「地縁型住民自治組織，
ボランティア団体，NPO，学校，PTA，企業等の多様な主体による，地域
課題の解決のための組織」である。

　その場合，前者は，その範囲が「自治会・町内会などの比較的狭い区域」
と明確であるが，後者はどのような範囲の組織であろうか。このアンケート
調査によれば，後者の協議会型住民自治組織は，小学校区程度と認識されて
いる。それを示したものが表7-1である。こうして，この住民自治組織の
範囲は，地域自治区とそのもとに設置される地域協議会よりも狭域というこ
とになる。それゆえ，後者は，地縁型住民自治組織と旧市町村単位の地域協
議会との中間の区域を範囲とする新しい「狭域の自治の仕組み」⁽¹⁴⁾であるがゆ

表7-1　協議会型住民自治組織の範囲

（質問）協議会型住民自治組織の設置されている単位について，
　　　　以下の選択肢から最も典型的なものを一つお選びください。

選択肢	回答数	割合
小学校区程度	139	56.0%
中学校区程度	26	10.5%
平成の合併時の旧市町村単位	29	11.7%
その他	52	21.0%
無回答	2	0.8%

（出所）柳沢盛仁，注（13）掲載論文，241頁。
　（注）原表の各選択肢に記載されている番号は省略している。以下，同様。

えに，ここでの問題は，回答した507都市自治体のうち248自治体が有ると回
答した後者について，その法的な性格がどのようなものか，市町村合併関連
三法に基づいて設置されたものかどうかを知ることにある。それを示したの
が，表7-2である。

　表7-2によれば，協議会型住民自治組織が市町村合併三法という国の法
律に基づいて設置されていると回答した自治体は，僅か11%足らずにすぎな
い。要するに，アンケート調査に回答した自治体の約半数には，従来からの
地縁型住民自治組織とは異なる協議会型住民自治組織が存在しているにもか
かわらず，その大部分は法律に基づいていないのである。それらの自治体が
設立の根拠としているのは，条例や要綱，総合計画や予算措置あるいは文書
の定めなしと多様であるとはいえ，これらの自治体は，地域自治区のような
法律上の制度を採用しなかったという点において共通している。その理由と
しては，地方分権時代において地方自治体の多くが必要としている地域自治
組織の目指す役割・機能が，地域自治区のような法律上の制度が目指したも
のと異なっているということが考えられよう。法律上の制度が目指した役
割・機能は，地域協議会について規定されているように，「市町村長等によ
り諮問されたもの又は必要と認めるものについて審議して，市町村長等に意
見を述べる」ことに限定されており，当該自治区の事務・事項に関する立法
権限や予算権限，住民や地域諸団体間の多様な意見調整と「協働の活動の
要」といった役割・機能は与えられていない。要するに，法制化された地域

表7-2　協議会型住民自治組織の法的性格

（質問）協議会型住民自治組織の法的性格はどのようなものですか。平成25年4月1
　　　　日現在の状況について，以下の選択肢の中からあてはまるものを全てお選び
　　　　ください。

選択肢	回答数	割合
地方自治法第202条の4で規定される地域自治区の地域協議会	15	6.1%
合併特例法第23条で規定される地域自治区の地域協議会	9	3.6%
合併特例法第26条で規定される合併特例区の合併特例区協議会	2	0.8%
地方自治法第252条の20第6項で規定される区地域協議会	1	0.4%
地方自治法第252条の20第8項で規定される地域自治区の地域協議会	0	0.0%
条例に基づき，貴自治体で独自に規定している協議会型住民自治組織	39	15.7%
要綱に基づき，貴自治体で独自に規定している協議会型住民自治組織	71	28.6%
条例・要綱では定めていないが，総合計画等で位置づけられている協議会型住民自治組織	35	14.1%
条例・要綱では定めていないが，予算措置で位置づけられている協議会型住民自治組織	35	14.1%
特に文書により定めていない協議会型住民自治組織	63	25.4%
無回答	4	1.6%

（出所）柳沢盛仁，注（13）掲載論文，228頁。

協議会は，自治体の首長または執行機関の諮問機関，意見具申機関にとどま
り，当該自治体に属する内部的地域組織にすぎないのである。

　それでは，地方自治体の多くが必要としている地域自治組織の目指す役
割・機能は，どのようなものか。それが有ると回答した自治体に対して，協
議会型住民自治組織の設立目的を尋ねたアンケート調査結果によれば，最も
多くの自治体が選択しているのは「身近な生活課題を地域住民自らが解決す
る活動を活発にするため」である。それを示したのが，表7-3である。

　こうして，多くの地方自治体が必要としている地域自治組織の目指す役
割・機能が，地域課題を自主的に解決するための活動を実行し活性化させる
ことであるならば，法制化された地域自治組織の機関である地域協議会が持
つ自治体の首長と執行機関の諮問機関，意見具申機関という役割・機能とは
「異質」であることは明らかである。ここに法制化された地域自治組織が多
くの地方自治体によって採用されなかった理由が見出される。

　そしてこのことは，法制化された地域自治組織を採用した自治体のなかに，

表7-3 協議会型住民自治組織の設立目的

（質問）協議会型住民自治組織が設立された目的について，以下の選択肢からあては
まるものを全てお選びください。

選択肢	回答数	割合
地縁型住民自治組織の活動を補完し，地域の活性化を図るため	143	57.7%
身近な生活課題を地域住民自らが解決する活動を活発にするため	199	80.2%
地域の多様な意見を集約し，市政に反映させるため	106	42.7%
市町村合併を契機として住民自治を回復する必要があったため	23	9.3%
地域住民等から地域活動を活発にしたいという要望があったため	30	12.1%
その他	20	8.1%
無回答	1	0.4%

（出所）柳沢盛仁，注（13）掲載論文，230頁。

　地域自治区ごとの地域協議会とともに，「まちづくり振興会」や「地域活動
支援事業」（上越市），「地域まちづくり推進委員会」（宮崎市），「まちづくり
実行組織」（恵那市）といった自治体からの交付金の受取団体で住民福祉サ
ービス，公共サービスの実行機関である地域自治組織を併存させ連携させて
いるという事実[16]と関連する。

　とりわけ恵那市は，合併後の総合計画の策定に際して，各地域自治区に地
域計画と地域づくり事業計画の策定を諮問し，地域協議会と連携する自治
会・町内会，各種まちづくり活動団体，女性を含む住民個人，等の地域の広
範で多様な主体から構成される「まちづくり実行組織」を組織し，それに対
して「地域づくり事業補助金制度」を創設して補助金を交付することによっ
て，地域課題を解決するための様々な地域づくり事業と公的サービス提供の
この新しく組織された地域自治組織による実行を可能にしている[17]。こうして
恵那市の事例は，法制化された地域自治組織を採用しつつも，設置された地
域自治区のなかに地域のまちづくり事業計画の決定に「参加」ではなく「参
画」し，その認定後に補助金を交付されて，それを財源として計画に従って
まちづくり事業と公共サービス提供を行政および地域協議会との連携のもと
で実行する，すなわち「協働」するという新しい地域自治組織の仕組みを導
入することによって，「住民自治の充実」を目指す取組であると言えよう。

　それゆえ，以上の都市自治体アンケート調査結果や法制化された地域自治

組織を採用した自治体の新しい試みを踏まえるならば，地方自治体が地方分権時代にふさわしく団体自治の強化とともに住民自治を充実させるためには，狭域の範囲で身近な地域課題を自主的に解決するために，行政の地域計画やまちづくり事業計画の決定に「参画」し，行政との協力と連携のもとで，まちづくり事業や公共サービス提供を実行する，すなわち「協働」する地域の地縁組織をはじめ広範で多様な主体から構成される新しい住民組織こそが必要とされていると言えよう。以下，これを〈新しい狭域の地域自治組織〉と呼ぶことにする。

Ⅲ　新しい狭域の地域自治組織とまちづくりの事例

1　新しい狭域の地域自治組織によるまちづくりの枠組み

　以上のような地方分権改革とりわけ第一次分権改革についての概観から浮かび上がった地方自治体改革の方向は，次のように要約されよう。すなわち，グローバル化による地方の長期不況と中央・地方の財政赤字の累積，少子高齢化の急速な進展とそれに応じた住民の福祉需要・行政需要の多様化と増大などを背景として，1990年代後半以降，提起された「分権型社会」の構想は，一方において，基礎自治体を団体自治を強化する「総合的行政主体」「自立性の高い行政主体」にすることを要請し，それを理由としつつ財政誘導策も動員して大規模な市町村合併を導くとともに，他方において，市町村合併の広域化がもたらす住民福祉サービス，公共サービスの稀薄化あるいは住民自治ないし地域行政への住民の意見反映の困難化といった危惧・不安に対する処方箋として，「住民自治の充実」を体現する地域自治組織の構想と法制化をも導いたのである。

　しかしながら，法制化された地域自治組織である地域自治区，等とそのなかに設置された地域協議会は，自治体の首長または執行機関の諮問機関，意見具申機関それゆえ当該自治体に属する内部的地域組織にすぎず，地域課題を地域住民自身が解決する地域づくり事業，まちづくり事業や公共サービスの提供を実行する機関でもなければ，「分権型社会」の当初の構想には含ま

れていた地域政策過程への地域住民の「参画」や行政と住民の「協働」の要としての組織でもなかったのである。

　こうした状況のもとで，多くの地方自治体が目指した改革の方向は，法制化された地域自治組織ではなく，団体自治と住民自治の双方を強化する「自己決定・自己責任」の原則の具体化として，〈新しい狭域の地域自治組織〉を採用することにあったのである。新しい狭域の地域自治組織とは，再度要約すれば，地方自治体の基本法たる「自治基本条例」（または「まちづくり基本条例」）等にもとづいて，身近な地域課題を解決するために，地域計画やまちづくり事業計画の決定に「参画」し，それと引き換えに獲得した交付金にもとづきまちづくり事業と公共サービスの提供を行政との「協働」において実行する小学校区程度の範囲をもって自治会・町内会を中心に各種まちづくり活動団体，NPO，女性を含む住民個人，等から構成される地域の全住民に門戸開放された住民自治組織に他ならない。

　ここで，この新しい狭域の地域自治組織とそれによるまちづくりの枠組みについて，改めて簡潔に確認しておけば，次のようになろう。[18]

　このような地域自治組織は，まず，それを構成する基本的な要件が「自治基本条例」（または「まちづくり基本条例」）等によって規定されていることが大前提である。自治基本条例とは，すでに見たように，住民・議会・行政などが共有すべき原則，その役割，住民の参加や「参画」と「協働」のあり方，行政運営の原則を定めた自治体の最高規範である。そのなかに新しい狭域の地域自治組織が規定された場合には，それを構成する基本的な要件としては，次のようなものが含まれるであろう。

　すなわち，地域自治組織が設置される地理的範囲ないし区域，それが構成される地域住民・地域団体の多様性と開放性，その組織と活動に関する情報公開と説明責任，その運営と役員選出に関する民主性と明示性，その区域のまちづくり計画策定の義務と権限，その組織が自律的かつ持続的に活動できる財源，等である。

　こうして，新しい狭域の地域自治組織は，「分権型社会」における新たな「住民自治の充実」の担い手として，「参画」と「協働」による「新しい公

共」の体現者として説明されるように思われる。

　「参画」とは，地方自治体の地域政策過程と地域計画，まちづくり事業計画に関する意思決定への地域自治組織による積極的主体的参加を意味するであろう。「協働」とは，こうした「参画」を前提とした多様な地域課題の解決やより質の高い公共サービスの実現を目指す地域自治組織による行政との対等な立場での協力関係を意味するであろう。行政との協力のもとでの地域自治組織による公共サービス提供の実行は，今日，地域福祉をはじめ安全・安心のまちづくり，地域防災，地域環境保全，子育て支援，郷土文化振興，地域産業振興など，多岐にわたりうるであろう。

2　地域自治組織と「新しい公共」

　地域自治組織と行政との「協働」によるこうした公共サービス提供の拡がりは，しばしば「新しい公共」や「新しい公共空間」という用語で表現されてきたが，その背景にはやはり，財政逼迫，福祉需要・行政需要の多様化と増大のもとで地方自治体の公共サービスを行政だけで充足するのがますます困難になっているという事情があろう。そのうえで「新しい公共」について，それは多くの場合，行政が責任を持つべき公共サービスの範囲を縮減し，それを住民に転嫁し住民を動員する「安上りの行政」「行政のアウトソーシング」であるという厳しい批判の対象となる一方，地域自治組織は，住民と行政との対等な交渉のもとで，応分の財源投入・支援や提供される公共サービスの質に関する規制や監視という行政の役割・責任が明確にされるならば，住民主体の地域運営の新しい方式の可能性をそこに見出しうるという見解[19]もある。

　本章は，後に見るような新しい狭域の地域自治組織に関する三重県名張市の事例などを念頭に置くならば，それがまちづくり事業や公共サービス提供を実行する経験を積み，公共的な事業やサービスの提供の「行政領域」，「協働担当領域」，「住民自治領域」といった「地域仕分け」作業による行政との相互乗り入れを実現できるようになることが重要であると考える。「この作業の最大の眼目は，肥大化した『行政領域』を適正規模の領域に縮減すると

172

ともに，過剰に抱え込んだ部分を『協働領域』，『住民自治領域』に戻すことを通じて住民自治力の強化を図るところにある[20]」からである。新しい狭域の地域自治組織は，そうした「地域仕分け」作業による行政との相互乗り入れを通じて，文字どおり自立的な「地域運営組織[21]」に発展する可能性があるものと考える。地域自治組織による狭域でのこのような公共的意思決定への関与や公共サービス提供の拡がりは，住民自治の結束した力による積極的な意味での「新しい公共」ないし「新しい公共空間」と呼ぶにふさわしいように思われる。

　そこで，地域自治組織と行政による「参画」と「協働」による「新しい公共」の体現としてのまちづくりについて考えれば，それは「安全」なまちづくり，「安心」なまちづくり，「社会的関係性」と出会いの豊かなまちづくり，美しいまちと学びのあるまちづくり，「誇りのある」まちづくりといった目標を実現するために，ヒューマンウェア（人・集団づくり），ソフトウェア（技術・ルールづくり），ハードウェア（各種施設・設備づくり）の三つの次元にわたって，団体自治と住民自治への地域自治組織と行政双方の相互乗り入れが必要であり，それゆえ，上記のような意味でのまちづくりは，次のようなプロセスを辿るであろう。すなわち，まず，地域自治組織の自立と地域課題の抽出に向けた行政の組織改革と地域支援体制の構築そしてそれを通じた行政の地域への参画と協働，次いで，地域自治組織を構成する多様で広範な団体・個人の連携強化と活性化による地域将来構想とまちづくり事業計画の練り上げと実践の積み上げ，さらにその後，地域自治組織による団体自治としての行政経営への理解と政策提案・判断能力の獲得，そしてその基礎上での行政との協働によって公共的な事業・サービスを実行できる自立的な地域運営組織ないし公共的経営主体への発展，といった段階的プロセスであろう[22]。

　　［注］
　（1）　例えば，羽貝正美編著『自治と参加・協働』学芸出版社，2007年，中
　　　　川義朗編『これからの地方自治を考える』法律文化社，2010年，白藤博
　　　　行『新しい時代の地方自治像の探究』自治体研究社，2013年，等参照。
　（2）　高橋秀行「自治基本条例と市民参加条例」（同他編著『新説市民参加』

改訂版，公人社，2013年）163頁。

（ 3 ）　ニセコ町まちづくり基本条例（http://www.town.niseko.lg.jp/chosei/
.../machizukuri）2018/ 6 /14閲覧。

（ 4 ）　ここで「まちづくり」とは「地域住民の生活に関するソフト面を含ん
だ総合的・住民自治的な取り組みの意味を含めている」（山崎丈夫『まち
づくり政策論入門』自治体研究社，2000年，5-6頁）概念であるというこ
とになる。なおこの点については，辻山幸宣「これからのまちづくり」
（『都市問題』2001年 9 月号）も参照。

（ 5 ）　この点の詳細な考察は，島田恵司「『平成の大合併』からみる分権改
革」（阿部昌樹・田中孝男・嶋田暁文編『自治制度の抜本的改革』法律文
化社，2017年）等参照。

（ 6 ）　答申に関する詳細な考察は，渡名喜庸安『地方制度調査会「答申」を
読む』自治体研究社，2004年，石平春彦『都市内分権の動態と展望』公
人の友社，2010年，等参照。

（ 7 ）　この用語の問題性に関しては，市川喜崇「市町村総合行政主体論と『平
成の大合併』」（寄本勝美・小原隆治編『新しい公共と自治の現場』コモ
ンズ，2011年），白藤博行，前掲書，等参照。

（ 8 ）　この点については，白藤博行，前掲書，等参照。

（ 9 ）　この点については，石平春彦，前掲書，等参照。

（10）　石崎誠也「地域自治区の法的性格と課題」（岡田知弘・石崎誠也編著
『地域自治組織と住民自治』自治体研究社，2006年）77頁。

（11）　同上，76頁。

（12）　但し，このことは，合併後に実際に地域自治区を導入した地方自治体
において，地域協議会が「協働の活動の要」の役割を果たせないという
ことを意味するわけではない。上越市などでは，地域協議会がそうした
役割をいわば復活させているからである。この点については，石平春彦，
前掲書，山崎仁朗・宗野隆俊編『地方自治の最前線』ナカニシア出版，
2013年，等参照。

（13）　柳沢盛仁「都市自治体における地域コミュニティと関連施策の実態」
（日本都市センター『地域コミュニティと行政の新しい関係づくり』日本
都市センター，2014年）。（http://www.toshi.or.jp/appdef/wp/wp-content/
uploads/2014/05/report136.pdf）2018/ 6 / 3 閲覧。このアンケート調査
結果を考察したものとして，阿部昌樹「狭域の自治」（阿部昌樹・田中孝
男・嶋田暁文編，前掲書）参照。

（14）　阿部昌樹，同上論文，112頁。

（15）　阿部昌樹，同上論文，118頁。

（16）　西村茂・自治体問題研究所編『住民がつくる地域自治組織・コミュニ

174

ティ』自治体研究社，2011年，参照。

(17)　鈴木誠「恵那市地域自治区における住民自治活動の評価と展望」（西村茂・自治体問題研究所編，同上書）参照。

(18)　これらの枠組みについてはなお，羽貝正美編著，前掲書，中川幾郎編著『コミュニティ再生のための地域自治のしくみと実践』学芸出版社，2011年，阿部昌樹，前掲論文，等参照。

(19)　例えば，高島拓哉「『新しい公共（空間)』で公共サービスを劣化させないために」（『大分大学経済論集』第65巻2号，2013年）参照。

(20)　木原勝彬「『地域自治の仕組みづくり』にかかわるアンケート調査結果」2009年，104頁（http://www.jstage.jst.go.jp/article/jacp/7/0/7_77/_pdf）2018/6/26閲覧。

(21)　地域運営組織については例えば，月刊誌『都市問題』2017年10月号の特集「『地域運営組織』は人口減少社会を救うか」参照。

(22)　以上のまちづくりの枠組みとプロセスについて特に参照しているのは，中川幾郎編著，前掲書である。

補足：本章の元になった論文は，「地域自治組織」に関する門外漢の私が初めて考察したものであり，同じテーマをSDGsとの関連において扱っているより最近の第5章と比較すると，次のような探究不十分さのあることが分かる。すなわち，当該組織は，特に行政とのパートナーシップの問題として，行政コスト削減の手段化，内発性・多様性・革新性の欠如，そして私的組織のままの地域の公共領域の担い手化という大きな諸問題を抱える可能性があることが十分には視野に入っていない。さらには，当該組織が，地域課題解決という目的のもとに集まった多様な個人の自発的加入に立脚した民主的な住民組織（アソシエーション）なのか，または地域全体に対する公的意思決定機能を行使するために公選議会を備えた地域組織（近隣政府）なのかという区別は，全く視野に入っていないという点である。そうした不十分さをもった習作として本書に収録する次第である。

第8章　事例としての三重県名張市の取組：補論（2）

Ⅰ　三重県名張市における地域自治組織の展開

　第7章の〈新しい狭域の地域自治組織〉によるまちづくりの枠組みを踏まえて，次に，地方自治体の具体的事例として，三重県名張市の事例について，考察することにする。

　名張市は，三重県の西部，伊賀盆地の南西部にあって，大阪へ60km，名古屋へ100km の地点にあり，ちょうど近畿・中部両圏の接点に位置している。かつて大阪方面への通勤圏として宅地開発とともに急速な人口増加（戦後の市政発足時の人口約3万人が1980年代初頭に8万5,000人）を見たが，現在は7万9,000人余りである。「平成の大合併」の時期の2003年2月に周辺市町村との合併を問う住民投票が実施されたが，合併反対が約7割を占めたことにより，単独市制が選択され，現在に至っている。

　新しい狭域の地域自治組織は，名張市において「地域づくり組織」（具体的には「地域づくり委員会」）とその財源としての「地域予算制度」（具体的には「ゆめづくり地域予算制度」）と呼ばれ，これら二つの制度から構成されている。その創設と展開のプロセスを以下に明らかにしよう。

1　「地域づくり組織」と「地域予算制度」の創設時の概要

　名張市においては，「市民主体のまちづくり行政の推進」を掲げた亀井利克市長の就任（2002年4月）以降に限ると，地域予算制度に関する「名張市ゆめづくり地域交付金の交付に関する条例」が先行的に制定されている（2003年3月）。地域づくり組織は，この条例を根拠として，地区公民館を単

位として全14地区において「地域づくり委員会」として設立されている（同年9月）。それに引き続き，各地域づくり委員会の会長が相互に意見交換，情報交換を行う場として「地域づくり協議会」が設立されている（同年11月）。

「ゆめづくり地域交付金」と名付けられた地域予算は，各地区の地域づくり委員会による地域づくり，まちづくりの事業（以下，「まちづくり事業」の用語を使う）に与えられる一括交付金であり，当該委員会が行うまちづくり事業に限定や補助率を設けない地域予算制度である。

「ゆめづくり地域予算制度」と呼ばれるこの制度は，1980年代と90年代における大規模公共事業中心の財政運営と財政逼迫そして地方分権改革の開始のもとで就任した亀井市長による「財政非常事態宣言」（2002年9月），さらには合併是非の住民投票による単独市制の選択を経由して策定された「市政一新プログラム」（2003年3月），すなわち「自主・自立の自治体」を「協働」「効率」「自立」の理念をもって実現するという行財政改革プログラムのなかに位置づけられた。それは具体的には，10項目の改革基本項目の一つ「市民主体のまちづくり行政の推進」を構成する下位項目の一つに位置づけられ，その創設の趣旨を「地域の個性を生かした住民による自立的主体的な地域づくりを推進し，地域の活性化を図るため」と謳ったのである。

この「ゆめづくり地域交付金」は，以前のふるさと振興事業，資源ごみ回収，婦人会活動，青少年育成，敬老週間行事，等への補助金を廃止して，新たに使途自由な一括交付金として各地区に交付される。交付金は，各地区について基本額として地域均等割が3割，人口割が7割，加算額として行政から委託事業を受ける場合の追加支給，によって決定され配分される。

訪問時に示された平成29年度における地域交付金の積算根拠は表8-1のとおりである。

地域づくり委員会がそのような交付金を受け取るための条件は，次のとおりである。すなわち，3年間の「地域づくり事業計画」を策定し市長に提出すること，事業実施の翌年度に事業実績報告書を同様に提出すること，地域づくり協議会の場で事業実績を報告し市民に公開することである。

地域づくり組織である地域づくり委員会について言えば，それは区長（自

表 8 - 1　　地域交付金の積算根拠（平成29年度）

基本額	均等割	3,500万円×30%÷15（地域づくり組織数）
	人口割	3,500万円×70%×各地域人口÷市人口
コミュニティ活動費（加算額）	コミ代表者協力事務費	72,000円×174（基礎的コミュニティ数）
	基礎的コミュニティ活動費	25,000円×174（基礎的コミュニティ数）
		200円×基礎的コミュニティの人口
地域調整額	1地域30万円（但し国津50万円，薦原・錦生・箕曲40万円）	
地域事務費	基本額150万円に人口数や基礎的コミュニティ数を勘案して加算した額	

（出所）名張市地域環境部，平成29年度版『名張市ゆめづくり地域予算制度』2頁。

治会長）と地区社会福祉協議会，PTA，婦人会，老人会，NPO，等の各種地域団体の代表そして地区の住民個人から構成され，組織としては，総務部会，防犯部会，地域交流部会，福祉部会，環境部会，等からなる専門部会の上に役員会が置かれるものの，実際のまちづくり事業は専門部会において計画され実行されることになる。

　実は，名張市においては，1995年頃に，ある地区（国津地区）において，〈新しい狭域の地域自治組織〉の自発的な結成とそして根拠づける条例も交付金もないものの，それによる地域政策への「参画」とそれにもとづく行政との「協働」によるまちづくり事業の実行という後に展開されるまちづくりの原型が存在していたのである。すなわち，当該地区の住民がとくにPTAを中心として，過疎化による小学校廃校を危惧して自発的な地域づくり，まちづくりの活動を開始し，小学校区の範囲で「まちづくり協議会」を結成して行政に小学校存続等の要求を提出したのに対して，当時の行政は将来計画の策定を求めつつ，市職員からなる「地域振興推進チーム員」（兼務）を地区に派遣することによって「まちづくり計画」を提出させ，地区の「まちづくり協議会」によるまちづくり事業の実行を支援したという事実である。2000年頃までに，こうした小学校区の範囲における任意組織「まちづくり協議会」による「まちづくり計画」の提出と行政による「地域振興推進チーム員」の派遣と事業支援は，五つの地区（国津，赤目，錦生，滝之原，長瀬）に亘ったのである。この事実が後の亀井市政による地域予算制度の構築と地域づくり組織への使途自由な一括交付金の給付の前提になっていることは明ら

かであり，こうして名張市の二つの制度の構築の前提には地域住民による自発的な地域自治組織づくりとそれへの行政の支援がすでに存在していたという事実は，名張市の事例がむしろ住民自身による下からの地域自治組織づくりを土台とするものであることを示唆していると言えよう。

2　地域づくり組織の展開

　以上のような地域づくり組織は，担当の地域経営室の説明によれば，現在まで三つのステージをもって展開されてきている。

　①第1ステージ

　まず第1ステージは，上述のとおり，条例が制定されて地域予算制度が構築されるとともに，それにもとづいて直ちに全14地区（現在は全15地区）において地域づくり委員会が結成され，以前の様々な補助金が廃止されて代わりに一括交付金が交付されるようになった段階である。

　第1ステージにおける住民主体のまちづくり事業の実践が始まったなかで，「名張市自治基本条例」が制定されている（2005年6月）。当該条例は，第1章「総則」，第2章「市民」，第3章「市議会」，第4章「市長等」，第5章「情報共有」，第6章「市政運営」，第7章「参画及び協働」，第8章「最高規範性」，第9章「国，三重県及び他の地方自治体との関係」，第10章「補則」から構成されている。前文においては，条例制定の目的として「自己決定と自己責任のもと参画し，協働することを基本に，英知と力を結集することで，魅力的で誇りの持てる『自治のまち』を実現すること」が謳われている。第7章「参画及び協働」は，第1節「市政への参画」と第2節「コミュニティと市民公益活動」から構成され，第2節の第34条において「地域づくり」が次のように規定されている。すなわち，市民は地域課題の解決に向けて「コミュニティ活動を行う組織として，別に条例で定めるところにより，地域づくり組織を設置することができる」こと，市は「地域づくりの活動に対して必要な支援を行うことができる」こと，同じく「各種計画の策定や政策形成に当たっては，地域づくり組織の自主性及び自立性に配慮するとともに，その意思を可能な限り反映しなければならない」こと，同じく「地域づくり組

織の意向により，事務事業の一部を当該組織に委ねることができる」ことである。こうして，名張市の地域づくり組織は，「参画と協働」を通じて自治のまちづくりの主体であることが自治基本条例によって根拠づけられたのである。

②第2ステージ

次に第2ステージは，第1ステージの数年にわたる住民主体のまちづくり事業の試行的実践のなかで，組織の位置づけの不明確さや地域づくり計画の未達成などの問題が浮上したことから，この間制定された自治基本条例に依拠して新たに「名張市地域づくり組織条例」（2009年4月）を制定して組織の見直しを行った段階である。

この地域づくり組織条例の要点は，次のようなものである。すなわち，まず，この条例の制定の目的は，地域づくり組織の設置とそれによる事業実施ならびに「ゆめづくり地域交付金」の交付に関する事項を定めることによって，名張市において「都市内分権の推進を図る」ことである（第1条）。地域づくり組織として認められる要件については，改めて次の三つの要件が定められている。すなわち，第一に，名称，事務所所在地，代表者選出，総会，監査，等の民主的運営のための事項が規約に定められていること，第二に，組織の代表者と役員が構成員の意思にもとづいて選出されること，第三に，基礎的コミュニティ（区，自治会）の代表者が組織の運営に参画していること，である（第5条）。また地域づくり組織が行う「まちづくり推進のための事業」について，八つの具体的事業が例示されている。すなわち，自主防犯・自主防災，人権尊重・健康と福祉の増進，環境と景観の保全，高齢者の生きがいづくり，子どもの健全育成，地域文化の継承創出，コミュニティビジネス等の地域経営，地域課題解決・地域振興・住民交流である（第7条）。以前の地域づくり事業計画については，「地域ビジョン」と名称変更され，「地域ごとの地理的な特性，自然，産業，歴史及び文化等の地域資源を活用し，地域の課題を解決するための理念，基本方針及び地域の将来像をとりまとめた計画」と規定された。そのうえで，地域づくり組織は，「地域ビジョンの策定に努める」ものとされ，市はこれを「尊重し，各種計画の策定又は

施策に反映させるよう努める」ものとされている（第9条）。以前の地域づくり協議会についても「地域づくり代表者会議」と名称変更されている（第12条）。ゆめづくり地域交付金については，「地域づくり組織の活動支援」として交付金が交付され，その金額は「予算の範囲内」とすることが再確認されている（第12条，第13条）。なお，現段階の地域づくり組織のあり方の観点から注目されるのは，この条例において，すでに「法人化」が課題とされ，地域づくり組織は，「法律上の責任の所在を明確にし，継続した活動の基盤を確立するために，その地域づくり組織を法人化するように努める」ものとすると規定されていることである。このことは，地域づくり組織によるまちづくり事業のそれまでの試行と実践の積み上げのなかで，行政側も地域づくり組織の側も任意組織であることがまちづくり事業発展の桎梏であることを認め，法人組織に変わることの必要性をこの段階において認めていたことを意味するであろう。

　なお，以上のような地域づくり組織条例の制定の目的に掲げられた「都市内分権[(2)]」とは，ヒアリング時の説明によれば，それは，そもそも最初の「ゆめづくり地域予算制度」が体現している理念であり，地域づくり組織と行政が役割を分担するなかで「地域でできることは地域で」「行政がすべきことは行政が」そして「両者に共通する課題は協働で」という「補完性の原則」にもとづき，両者が協議を行い合意形成を図り，市の権限と財源の一部を地域づくり組織に移すことに他ならないのである。

　以上のような地域づくり組織条例の制定と同時に，区長設置規則が廃止されることによって，区長制度も廃止され，地域づくり委員会と区長会の重複も解消されて地域づくり委員会に一本化されている。

　③第3ステージ

　さらに第3ステージは，地域づくり組織による以上のようなまちづくり事業の実践と地域将来構想の練り上げのうえで，「参画と協働」の制度の新たな深化による自立的な「地域運営組織」への発展の基盤づくりの段階であると言えよう。それは，地域ビジョン策定，ゆめづくり協働事業提案制度，名張ゆめづくり協働塾，公民館の市民センター化，などを経由している。

　地域ビジョンは，地域づくり条例の制定を受けて，全15地区において策定委員会が設立され，住民アンケート，地域課題整理，等の作業を経て，2012年3月に全地区で策定が完了し，地域づくり代表者会議の実践交流会において発表されている。そして，これらの地域ビジョンは，「名張市総合計画後期基本計画（地域別計画編）」に地域の将来像として市の計画に組み込まれている。まさに「参画」の具体化である。

　「ゆめづくり協働事業提案制度」とは，この間の地域ビジョンの策定とまちづくり事業の実践のなかで，地域づくり組織単独，行政単独では解決できない地域課題または実行できない事業が明らかになってきたことから，地域づくり組織と行政が文字どおり「協働」する事業を明確にし，2012年に制度化したものである。この制度は，先に触れたいわば「地域仕分け作業」と呼びうるものであり，地域にかかわる全ての行政の事務事業と住民による公益的共益的活動を「行政領域」「協働領域」「住民自治領域」に事実上，分類したうえで，「行政領域」の一部分を「協働領域」に移す作業に他ならない。名張市地域経営室の説明の表現を借用すれば，「補完性の原則」にもとづく「都市内分権」の一層の推進であると言えよう。すなわち，「行政領域」の肥大化した部分の一部を，まずは「ゆめづくり地域予算制度」によって「住民自治領域」に移したうえで，さらにより大きな部分を地域づくり組織の地域ビジョンにもとづく地域課題解決必要事業として，自主的提案をもとに行政との協議と合意形成を通じて「協働領域」に移し，より効率的で質の高い公共サービスの提供を地域の住民自治の結束した力によって可能にすることを目指す取組であると言えよう。

　「名張ゆめづくり協働塾」は，以上のようなまちづくり事業とその発展を担う構成員の増加や事務局機能強化のために必要な人材育成を目的として，2013年に開設されたものである。その開設の理由は，まちづくり事業がこの段階においては，イベント型からまさしく地域課題解決型に移行しており，事業内容がコミュニティビジネスを含む専門化・高度化していること，そして事業発展のためには地区内部での担い手確保の他に，全市的なレベルでの人材育成とりわけ女性の人材育成が必要であることに関連している。

　公民館の「市民センター」化については，その前提として，2006年に公民館の管理委託が地域づくり組織による指定管理者制度に移行し，すでに地域づくり活動と公民館の生涯学習活動との密接な連携を可能にしてきたという事実がある。そのうえで，2015年に「名張市市民センター条例」が制定され，翌年春から公民館は「市民センター」として，地域づくり活動，生涯学習活動，地域福祉活動の拠点となっている。教育委員会が任命する従来の公民館長から地域づくり組織が民主的に選び雇用する市民センター長に変わり，こうして市民センターは，生涯学習，地域福祉を含む幅広い市民活動の拠点であると同時に，地区住民の自主的，自発的なまちづくり事業のためのいわばコミュニティセンターに生まれかわっている。

　ここで改めて，以上のような地域づくり組織によるまちづくり事業を支援し，協働する行政側の組織体制の変化のプロセスを確認しておけば，次のようになる。すなわち，亀井市長の就任以降，まず2003年4月，地域予算制度の開設に際して，全14地区に市職員124名（兼任）で編成された「地域振興推進チーム制度」が最初である。次に，名張市地域づくり組織条例の制定のもとで，地域づくり組織ごとに「地域ビジョン」の策定を支援し，まちづくり活動に関する情報収集・提供と助言を行い，地区ごとに管理職2名（兼任）から構成される「地域担当職員制度」（2009年5月）。さらに，地域ビジョンの全地区策定完了と具現化の開始，ゆめづくり協働事業提案制度の制度化に伴い，地域づくり組織との協働をより推進するための組織体制として，新規に設置された「地域部」とそこに配置された専任スタッフ職としての「地域担当監」3名（各担当監は5地区ずつ担当）（2012年4月）の体制。地域部長のもとには，地域担当監3名の他に，地域政策室と地域経営室が設置された。

　なお，最近2016年4月の行政組織の改編によって，地域部は，生活環境部と統合され，「地域環境部」となり，地域環境部長のもとに，地域担当監3名の他に，地域経営室，環境対策室，人権・男女協働参画推進室が設置されるという体制に変化している。

　以上のような地域づくり組織の展開とそのまちづくり事業を支援し協働す

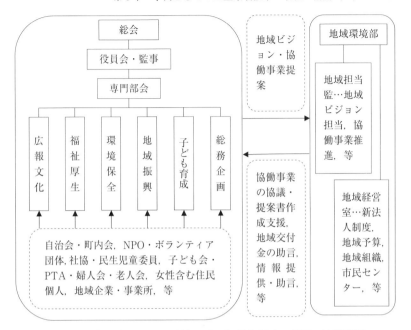

図8-1　名張市における地域づくり組織と行政の参画・協働関係
（出所）『名張市ゆめづくり地域予算制度』平成29年度版にもとづき筆者作成。

る行政の組織体制の変化を踏まえた現段階の両者の関係を理念的に図示すれば，図8-1のようになろう。

3　まちづくり事業の具体例と効果

　以上のようなものが，名張市における地域づくり組織とそれによるまちづくり事業の展開のプロセスである。ここで改めて，そのまちづくり事業の具体的内容の一端を確認しておこう。ここでは，一般社団法人青蓮寺・百合が丘地域づくり協議会の事例を取り上げることにする。その理由は，当該地区の事業の一つ「ほめほめ隊」が，名張市における地域づくり組織と行政との「参画と協働」によるまちづくり事業の効果とは何かを雄弁に物語っているように思われるからである。

　一般社団法人団法人青蓮寺・百合が丘地域づくり協議会は，配布資料の平成29年（2017年）度版『名張市ゆめづくり地域予算制度』によれば，地域の特徴は住宅団地と農山村部，地域内人口は7,526人，コミュニティの数は14，同年度の地域交付金の合計は851万9,200円，市民センター指定管理料は653万9,400円，総計は1,505万8,600円である。

　名称にあるように，当該地域づくり協議会は，名張市地域づくり組織条例にもとづいて2009年6月に一般社団法人を選択している。一般社団法人とは，収益事業も実行可能な事業内容に制限のない自由度の高い団体で，登記のみで短期間に設立できる非営利団体である。こうした法人化の形態を選択した当該地域づくり協議会は，その意思決定への幅広い住民参加を可能にするために次のような工夫を行っている[3]。すなわち，定款において，まず「会員」を「地域に居住し，地区自治会に入会している者及び事業を行う個人・通学者・通勤者並びに地域で活動しかつ当法人が認めた各種団体・法人」と規定し，構成員としての地域住民・地域団体の多様性と開放性を示している。そのうえで，一般社団法人に関する法律上の「社員」を「概ね会員100人の中から1人の割合をもって選出される18歳以上の代議員」とし，「代議員の選出は，各地区自治会に属する会員が代議員選挙を行うことをもってする」としている。但し，各地区において実際に選挙が行われることはなく，再選も可能であり，多くの地区において持ち回りで代議員が選出されている。意思決定は年1回の社員総会で行われ，役員の選出・解任や決算報告・事業計画の承認などが行われる。執行機関は，各自治会長を含む地域内の多様な主体の長から構成される理事会であり，月1回の会議において事業の実施方法などについて議論・決定・連絡を行う。各地区においては，代議員よりも理事会メンバーである自治会長が情報共有の核となり，広報と周知，要望取りまとめ，イベント等への協力依頼などを行っている。因みに，地区内のほぼ全世帯が支払っている会員の月会費は500円／世帯で，年2回徴収され，徴収された会費の3割は地域づくり協議会に配分され，7割は各自治会に配分されている。

　上記配布資料によって，2016年度に当該地域づくり協議会が実行している

表8-2　一般社団法人青蓮寺・百合が丘地域づくり協議会のまちづくり事業
（2016年度）

自主防犯・自主防災	人権・健康・福祉	環境・景観の保全	高齢者生きがい作り
［安全防災防犯委員会］ 総合防災訓練 緊急家族連絡簿更新 防災アンケート実施 防犯パトロール	［教育文化部会］ ノルディックウォーキング体験学習会 ［福祉健康部会］ 地域貢献促進事業 ゆりバス運行 ゆりの花配食事業	［生活環境部会］ クリーンゆり・ゆり ポパイ・ガーデンひまわりとの共同作業 （地域内清掃，除草，剪定，種まき，植栽，等）	［福祉健康部会］ 交流サロンの運営 ふれあいサロン「ゆこゆこ事業」
子どもの健全育成	地域文化の継承創出	コミュニテビジネス	住民交流・地域振興
［教育文化部会］ 百合小あいさつ運動 「ほめほめ隊」活動 百合小和太鼓隊活動 百合小子どもクラブ クリスマスフェスタ	百合が丘こども和太鼓隊 釜石川ホタル観賞会	駐車場事業 宅地草刈事業	［ふれあい交流部会］ 夏祭り カフェバルーン ガーデンひだまり 市民センターまつり 青蓮寺湖駅伝大会

（出所）名張市地域環境部，平成29年度版『名張市ゆめづくり地域予算制度』24-25頁。
　（注）なお，事業項目としては，上記の他に「その他」があり，［ビジョン推進特別委員会］用途地域等の検討，［広報部］広報誌「ゆりがおか」毎月発行，の記載あり。

まちづくり事業を示せば，表8-2のとおりである。

　以上に見られるように，当該地域づくり協議会のまちづくり事業は，全ての項目にわたって地域課題を解決するための事業であると言える。一般に取り上げられる地域課題としての地域福祉や環境保全，ボランティアによる地域支え合いなどの他に，例えば，地球温暖化との関連での最近の大規模台風や局地的豪雨，自然災害の頻発に対する地域防災の課題，地域の人口減少と少子高齢化のもとでの困難になっている地域文化の継承・創出の課題あるいは旧農村地域のなかの新しい住宅団地の拡がりと新住民の増加のもとで疎遠になっている住民のつながりと交流，地域振興の課題などの解決がここでは目指されていると言える。また，コミュニティビジネスとして，駐車場事業と宅地草刈事業が実行されている。

　ここで，改めて用語の問題に触れておけば，本章が問題にしている二類型の地域自治組織すなわち法制化された地域自治組織と自治基本条例等にもと

づく地域自治組織の他に，総務省は2016年に新たに「地域運営組織」という用語を提起し，それを「地域の生活や暮らしを守るため，地域で暮らす人々が中心になって形成され，地域課題の解決に向けた取組を持続的に実践する組織。具体的には，従来の自治・相互扶助活動から一歩踏み出した活動を行っている組織[4]」と定義している。その際，地域運営組織の機能としては，地域課題の解決方法を検討するための「協議機能」と地域課題解決に向けた取組を実践するための「実行機能」があり，地域運営組織にはそれゆえ，同一組織が協議機能と実行機能を合わせ持つ「一体型」とそれら二つの機能を切り離し，いずれかの機能を持つ「分離型」があるとしている。本章としては，名張市の地域づくり組織，ここでは一般社団法人青蓮寺・百合が丘地域づくり協議会について，自治基本条例等に基づく〈新しい狭域の地域自治組織〉として考察してきたが，総務省の上記の定義に従えば，地域課題解決のための協議機能と実行機能を合わせ持った一体型の地域運営組織であるということになろう。

　ところで，当該地域づくり協議会の事業のなかで，特に注目すべきは，子どもの健全育成の項目にある「ほめほめ隊」の活動である[5]。これは，2010年に開始され，地域づくり協議会の調整のもとで地域学習支援者「地域サポーター」と保護者ボランティアが地元の百合が丘小学校から要望された授業に対して教室に入り，授業の円滑化と子どもたちの学習効果の向上を目指す取組である。2016年度の学習支援実績は1,705時限にのぼることが報告されている。地域づくり協議会は同時に，当該小学校と連携し協働して子どもたちの成長を支える「百合小体験学習支援活動」「百合小こどもクラブ」といった広範囲の支援活動を実施している。具体的には，野菜づくり，ぶどうづくり，米づくり，花づくり，読み聞かせ，折り紙教室，プール指導，図書支援，クラブ活動，あいさつ運動，登下校の見守り・安全指導，環境美化，校区探検の協力，夏休み宿題応援団，講師としての協力，昔遊びの協力，8・3運動（午前8時と午後3時に登下校の小学生の見守り活動）などである。まさに「コミュニティ・スクール（地域運営学校[6]）」の体現である。そのため百合が丘小学校は，平成28年度「地域学校協働活動」推進に係る文部科学大臣表彰

の対象に選ばれている。

　これらの地元小学校との協働の活動は，「家庭・学校・地域」が連携した三位一体の取組であり，地域で学び生活する子どもたちに大きな影響を与え，中学生になるといわば愛郷心から小学生の面倒を見るとともに，地域づくり協議会の様々なボランティア活動，とくに百合小こどもクラブの「ジュニアサポーター」として自発的に参加しているという事実が報告されている（「地域サポーター」約35名に対して同クラブの卒業生「ジュニアサポーター」約15名）。ヒアリング時の説明によれば，子どもたちは地域づくり協議会のこれらの多様な支援活動を享受して，中学生になると「このまちを良くしたい」「地域に少しでも貢献したい」と言って自発的にボランティア活動に参加してくるとのこと，さらにこれらの子どもたちは，特に大学進学とともに他所に流出するものの結婚後に地域に戻ってくる者が少なくないとのことである。この説明は，数字的根拠を得るための調査を改めて必要とするとはいえ，当該地域づくり協議会が地域ビジョンにもとづいて掲げている「現在の地域づくりの方向性」の二つの点の後者を体現している。すなわち，第一に「高齢者が，健康で安心して楽しくイキイキと過ごせるまちにする」こと，第二に，「地域の子どもたち巣立ち成長した後も，楽しかったこの地域を思い出し，ここで暮らしたいここで子育てをしたいと思ってもらえるまちにする」ことである。

　因みに，一般社団法人青蓮寺・百合が丘地域づくり協議会が2011年9月に策定した10年後の地域ビジョンは，次のとおりである。[7] すなわち，「豊かで自然と触れ合う安全安心で生きがいを感じるまちづくり」を「基本目標」として掲げ，そのもとに「1．活き活き交流コミュニティつくり」「2．心と心の触れ合う助け合い福祉の向上」「3．心安らぐ住環境つくり」「4．人々が集い育む教育，文化」「5．利便のよい住まいつくり」を「五つの基本方針」として掲げている。

　こうして，一般社団法人青蓮寺・百合が丘地域づくり協議会の多様なまちづくり事業のうち，「ほめほめ隊」と「地域学校協働活動」が典型的に体現しているように，名張市における地域づくり組織によるまちづくり事業の効

果の一つは，若者が戻って来て子育てをしたい，住み続けたいまちづくりを可能にするという点にあるように思われる。まさに持続可能なまちづくりの根本はこの点にあるであろう。

　それでは，当該地域づくり協議会が地域ビジョンにもとづいて掲げている「現在の地域づくりの方向性」の二つの点の前者はどうであろうか。それは実は，当該地域づくり協議会が地域ビジョンにもとづいて2014年に提案して採択され継続している「ゆめづくり協働事業」である高齢者介護予防事業である。上記の資料，平成29年度版『名張市ゆめづくり地域予算制度』によれば，平成28年（2016年）度における当該地域づくり協議会による協働事業の名称は，「地域包括ケアシステム実施に伴う生活支援・移動支援・健康支援・介護予防の総合運営」というものである。それは，当該地域づくり協議会の福祉健康部会と行政側の市役所健康・子育て支援室，市民センターに設置されている「まちの保健室」，地区の社会福祉協議会，等との連携のもとで，生活支援としては高齢者配食サービス（ゆりの花），日常の困りごと支援（ユリポパイ），移動支援としては高齢者移動支援の福祉バス（ゆりバス），健康支援としてはノルディックウォーキング体験講習会，すこやか体操等，そして介護予防拠点「ふれあいサロンゆこゆこ」等の事業が展開されている。なお，「ふれあいサロンゆこゆこ」においては，コーヒーサロンや健康講座等の高齢者間交流の他に，子育てサロンの子育て中の親子間交流が実施されている。その目的は，まさに「高齢者が，健康で安心して楽しくイキイキと過ごせるまちにする」ことに他ならない。こうした行政との協働のもとでの多様な高齢者福祉事業それゆえ公共サービスの提供の実行と充実もまた，地域づくり組織によるまちづくり事業の効果の一つであることは疑いえないであろう。

　なお，紙数の関係から名張市ゆめづくり協働事業の事例一覧については省略するが，ヒアリングの際に特に地域内経済循環の観点から成果として例示された事業が二つあるので触れておきたい。一つは，協働事業が開始される前の地縁法人美旗まちづくり協議会の活動から生まれたブランド商品「美旗メロン」であり，もう一つは同じく地縁法人の錦生自治協議会による協働事

業としての「木の子の里」事業である。ここで地縁法人とは，自治会・町内会などの地縁組織が市町村長の認可を受けて法人格を取得した団体であり，その法人名義で不動産等を所有し登記することができる団体である。

　前者は，美旗まちづくり協議会のもとで1995年に市民サークルがメロン栽培を始めたのが発端である。その後地域の農家が加わりメロン農家グループとしてオンリーワンを目指す栽培技術を磨き，さらに10年後にはJA美旗メロン部会として販売を一本化して2013年には特許庁の「地域団体商標登録」を取得し「美旗メロン」として地域ブランド認定を実現したのである。現在，年間生産目標として1万2,000個を掲げる12戸のメロン生産農家は，一個1,000円～2,000円で販売し，売上高を商標登録時の約900万円から2015年には1,400万円まで伸ばしている。

　後者は，錦生自治協議会のもとで新たな特産品としてのキノコの生産販売に特化した「木の子の里錦生事業協議会」が2012年に設立されたのが発端である。この協議会は，廃校になった小学校給食棟を2014年に改装した生産拠点においてシメジ，シイタケ，ヒラタケ等の多様なキノコの栽培を新たな雇用も確保して確保して地元スーパーで販売する一方，そのなかで6次産業化の試みとして地域の女性グループが外部講師の指導のもと，キノコ・ドレッシングを開発・販売している。それらの販売額はこの間，年間約350万円である。

　これらの情報は，地域づくり組織によるまちづくり事業が地域内経済循環の推進という点においても一定の効果を持っていることを示しているように思われる。

Ⅱ　「名張版ネウボラ」事業における地域自治組織との協働

　名張市における地域自治組織（地域づくり組織）と行政の協働については，上記以外に特別に取り上げるべき事例がある。それは，「名張版ネウボラ」としてよく知られている名張市独自の「妊娠・出産・子育ての切れ目のない支援」事業における行政と地域づくり組織との協働である。

　ネウボラとは，フィンランド語で「助言の場」を意味し，具体的には対人支援・相談援助の専門教育を受けた保健師が一人あたり当初80家庭を担当し，産前からの定期的な対話の積み重ねを通じて信頼関係を築きながら，妊娠期（出産ネウボラ）から乳児期・就学前（子どもネウボラ）まで健康診断や保健指導，子育て相談や家族全員の心身の健康支援，社会保障の情報提供，等を実施し，必要に応じて医療機関や心理士，保育士，ソーシャルワーカー，等の支援機関との連携，協力を行うワンストップ・無料の支援サービスである[8]。

　「名張版ネウボラ」は，名張市が2014年に策定した「子育て支援事業計画」における総合的施策「子供3人目プロジェクト」すなわち，第3子以降の子育ての経済的負担軽減，保育サービス充実，結婚・妊娠・出産・子育てへの切れ目ない支援，という三本柱のなかに位置づけられ開始された。そのサービスまたは仕組みにおいて中心的役割を担う「まちの保健室」は，2005年に策定された第一次地域福祉計画によって市内全地区に設立され，福祉関連の相談，介護予防の健康教室，サロン等の地域福祉活動の支援，などを担う市の嘱託職員（社会福祉士，看護師，介護福祉士等の専門職2〜3名）を配置することによって，2006年以降は「地域包括支援センター」の地域窓口としての機能も併せ持っている。

　フィンランドの本家ネウボラが連続的な支援のワンストップサービスであるのに対して，名張版ネウボラは，妊娠・出産・子育ての切れ目のない支援のネットワークの仕組みである[9]。その基本的な仕組みは，次のようなものである。まず，乳児を対象とする「こんにちは赤ちゃん訪問事業」（乳児家庭全戸訪問事業）が，ネウボラ事業開始前から地域の主任児童委員によって担われてきている（訪問型産後ケア）。そのうえで，「まちの保健室」に配置された専門職とくに看護師は，妊娠段階から出産・子育てまで継続的に相談支援を行う「身近な総合相談窓口」の機能を果たす「チャイルドパートナー」として位置づけられている。のみならず，地域づくり組織と子育て支援ボランティアによって設置される「子育て広場」にも出向いて妊産婦や乳幼児の親の相談を受けるなどの地域活動を行う。そうした「まちの保健室」と情報共有し助言する市役所の健康・子育て支援室所属の保健師と嘱託の助産師は

「母子保健コーディネーター」として，毎週「母子健康手帳発行教室」と「母乳・育児相談」を同時に開催して妊婦の産前の個別的状態を把握するとともに，「産後2週間目全戸電話相談」を実施することによって，新生児訪問や各種検診等の母子保健事業そして「こども支援センターかがやき」や「マイ保育ステーション」の紹介等の子育て支援拠点事業へのつなぎ役の機能を果たす。また「チャイルドパートナー」や医療機関・助産師会等からの情報にもとづき必要な場合にはハイリスク支援プランの作成も担当する。因みに「母子保健コーディネーター」は，妊娠・出産に関する正しい知識の普及のために学校等と協力して性教育「ライフプラン教育」の実施も担当する。

　以上のようなチャイルドパートナーと母子保健コーディネーターを中心とする妊婦の産前産後ケアの体制は，次のような補完的ないくつかの仕組みの連携によって一層強化される。すなわち，保育所で週一回，妊婦の休息と助産師による相談が実施される「産後ママのゆったりスペース」，子ども支援センターかがやきで週一回，助産師による相談が実施される「安心育児・おっぱい教室」，助産院で実施される乳腺予防ケアとしての「おっぱいケア事業」，市保健センターで月一回実施される「乳幼児健康相談」（参加型産後ケア），さらには産科医院で不安とハイリスクを抱えた産後ママを対象に事前の手続きによって実施される「お泊りケア」（宿泊型産後ケア）等である。

　子どもの乳幼児から児童，生徒への成長に応じて，保育所，幼稚園，小中学校そして子ども発達支援センターがこれらの支援体制に組み込まれる。とりわけ子ども発達支援センターは，複数の保育士，保健師，教員，臨床心理士を配置することによって，発達障害等のある子どもとその家族に対する相談援助，そして小児発達専門医，福祉機関，保育所，幼稚園，小中学校，市役所健康・子育て支援室の相互に連携した支援が実施されるための調整機能を果たす。

　以上のような妊娠・出産・子育ての切れ目のない支援のネットワークの仕組みである名張版ネウボラは，政府が少子化対策・子育て支援策として2014年12月に「まち・ひと・しごと創生総合戦略」，さらには2015年3月に「少子化社会対策大綱」を策定し，その具体策の一つとしてフィンランドのネウ

ボラに着想を得た子育て世代の支援を行うワンストップ拠点である「子育て世代包括支援センター[10]」の設置を市町村に促したのに応じて，先進地として2015年4月に直ちに設置された「名張市子育て世代包括支援センター」のもとで事業展開されている。

　以上のような名張版ネウボラ事業と連携，協働する地域づくり組織による乳幼児とその親を対象とする子育て支援の自主的事業として，平成29年度の地域別事業一覧表から拾い出すならば，次のようなものが挙げられる。中央ゆめづくり協議会のもとで子ども支援センターかがやきの保育士や女性ボランティアによって月二回開かれ，子育てや妊娠の相談，おもちゃ遊び等が行われる子育てサロン「きらきらひろば」，蔵持地区まちづくり協議会のもとで同じくかがやきの保育士や女性ボランティアによって月一回開かれ，子育て相談や乳幼児とその親の交流等が行われる「くらっこ広場」，川西・梅が丘地域づくり委員会のもとで同じく保育士や女性ボランティアによって週一回開かれ，子育て世代からお年寄りまでの交流等が行われるキッズスペース中心の「ナウラ」，美旗まちづくり協議会のもとでかがやきの保育士や女性ボランティアによって月一回開かれ，子育て相談やおもちゃ遊び，乳幼児とその親の交流等が行われる子育てサロン「みはたっこ」そして女性ボランティアによって週一回開かれ，同じく乳幼児とその親の交流が行われる託児支援「みはたすくすく」，ひなち地域ゆめづくり委員会との連携において地区の「まちの保健室」の看護師が新生児支援として来所または電話により随時実施する「赤ちゃん訪問」，箕曲地域づくり委員会のもとでかがやきの保育士や女性ボランティアによって月二回開かれ，子育て相談やふれあい遊び，親子間交流等が行われる子育てサロン「ももちゃん広場」，桔梗が丘自治連合協議会のもとで同じくかがやきの保育士や女性ボランティアによって月一回開かれ，子育て相談や乳幼児とその親の交流等が行われる赤ちゃん・ちびっ子「なかよしひろば」，つつじが丘まちづくり協議会のもとでかがやきの保育士や女性ボランティアによって月二〜三回程度開かれ，子育て相談や乳幼児とその親の交流，高齢者との交流等が行われる子育てサロン「おじゃまる広場」，そしてそれ以外に乳幼児とその親の多人数交流サロン「子育て広

場」，そして少人数交流サロン「きになるサロン」等である。全15地区のなかで８地区において乳幼児とその親を対象とする子育て支援の自主的事業が行われているのである。

　その際，各地域づくり組織のもとで，子育て中の地域住民すなわち若い母親が一方では，子育てサービスの利用者であるとともに，他方では各地区の集会所等において開かれる「子育て広場」においては同時に，または事後に子育てサービスの提供者になるという子育て支援の循環が実現されていることに注目すべきである。そのために名張市は，「なばり子育て支援員研修」を2015年以降，保育所関係者等だけでなく，地域づくり組織関係者をも対象として実施し，しかもその基礎的講座のなかには「なばり子育て支援ボランティア研修」のテーマをも設定することによって，地域における託児ボランティア養成のための講座としても機能させている。

　こうして地域づくり組織による子育て支援の自主的事業を組み込んだ名張市の子育て支援事業は，妊娠・出産・子育ての「支援の切れ目をつなぐ」「人と人・人と地域をつなぐ」「保健・医療・福祉のしくみ（人）をつなぐ」というネウボラの機能を実現しているように思われる。最近，発表された「妊婦応援都市宣言」(2017年12月３日付）は，妊産婦が安心して暮らせる地域をつくることは「地域のソーシャルキャピタルの醸成を図ること」になると「ソーシャルキャピタル（社会関係資本)」という概念を引用して，妊娠・出産・子育てにおける地域のつながり，地域住民との関係づくり，地域の仲間づくりの重要性を謳っている。ここで名張版ネウボラ事業を簡略化して図示すれば，次頁図8-2のようになる。

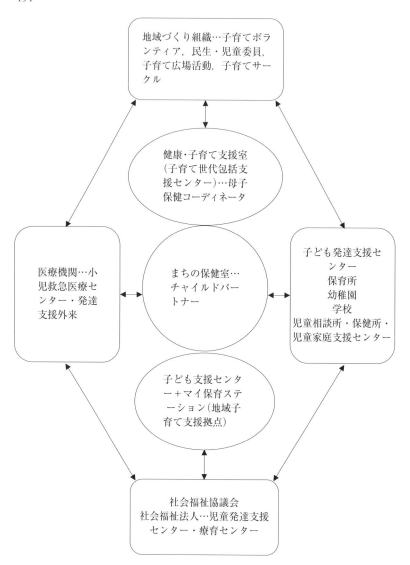

図8-2　名張版ネウボラ事業の概略図

（出所）名張市健康・子育て支援室の配布資料にもとづき筆者作成。

Ⅲ　名張市における地域自治組織の課題と法人化について

　名張市における地域自治組織（地域づくり組織）が抱える課題としては，〈新しい狭域の地域自治組織〉を持つ他の地方自治体と同様，役員の負担感の増大，活動的メンバーの不足，交付金制限のもとでの収益事業の実施，等が指摘されている。

　とりわけ現状の課題としてこの間，浮上しているのは，地域づくり組織の法人化の必要性である。名張市は，同様の地域自治組織を持ち，まちづくり事業を発展させている雲南市，伊賀市，朝来市とともに，改めて当該組織を「小規模多機能自治組織」と規定したうえで，共通する課題として，次の四点を提示している。すなわち，任意団体ゆえに契約行為が代表者の私的行為になること，多額の金額の扱いが個人責任になること，組織内のある分野の事業収益を他分野の事業原資に活用することができず，自主財源確保が困難なこと，公共的性質の組織にもかかわらず，寄付控除の対象ではないため寄付金による財源確保が困難なこと，である。そこで，4市の協議会は，以上の課題を解決することを目指す新たな法人格の制度として「スーパーコミュニティ法人」を提起している。それは，次の四つの要件を全て満たす法人である。すなわち，①自治体内分権を前提に「住民による自治」を担う法人，②公共的な地域活動・経済活動を分野横断的に統合型で運営できる法人，③根拠法に規定された条例に基づき，市長が認定することをもって，地域代表制を獲得する法人，④住民による自律性を尊重できる法人，である[12]。こうした4市協議会の提起に対して，総務省の「地域自治組織のあり方に関する研究会」の報告書は，依然残る問題点の指摘といくつかの解決策を提起している。それらの問題点とは，次の四点である。すなわち，①加入の任意性を前提とする私的組織である以上，フリーライド（利益は享受する一方，費用は負担しないこと）が生ずること，②自主的な建築・まちづくりルールによる取組には困難が伴うこと，③「使途が特定されない交付金」の使途の決定には財政民主主義の観点から課題が残ること，④地域内の各種非営利組織等の総

合調整の機能を発揮しうるに十分な合意形成組織ではないこと，である。そして加入の任意性を克服するための解決策とは，次の二点である。すなわち，①公共組合としての地域自治組織，②特別地方公共団体としての地域自治組織，である。こうして上記の「小規模多機能自治組織」を発展させるために名張市をはじめ，4市が主導する「小規模多機能自治推進ネットワーク会議」には今日，約250の地方自治体が会員として名を連ねているとはいえ，法人化の問題は未解決である。

Ⅳ　第7章と第8章のまとめ

　以上，第7章と第8章を通じて考察してきたように，〈新しい狭域の地域自治組織〉が現在の深刻な少子化・人口減少と財政危機のもとで「持続可能なまちづくり」を可能にするために地方自治体とその住民によって選択された有力な一手段であることは明らかである。ここで最後に，名張市の事例を踏まえて，持続可能なまちづくりを可能にするために当該地域自治組織はどのような効果と課題を持っているのかについて要約しよう。

　今日，持続可能なまちづくりとは，一地方自治体が自らを長期的に存続可能にするために地域に合った個性的自律的な自治体運営を行うという抽象的な意味にとどまらない。というのも，2015年9月に国連サミットにおいて「持続可能な開発目標（SDGs）」として17の目標が採択され，それを受けて日本政府においても翌2016年12月に「持続可能な開発目標（SDGs）実施指針」がまとめられ8つの優先課題が提起されたからである。その優先課題とは端的に示せば，あらゆる人々の活躍推進，健康長寿達成，地域活性化，国土強靭化，再生可能エネルギー導入，自然環境保全，平和安全安心社会実現，SDGs実施推進体制，である。これらの優先課題を地方自治体に適用するならば，地方自治体による持続可能なまちづくりとは，女性を含む住民が主体的に参画するまちづくり，地域活性化と地域内経済循環を推進するまちづくり，安心の妊娠・出産・子育てができるまちづくり，福祉と健康を推進するまちづくり，再生可能エネルギー活用と自然環境保全のまちづくりといった

相互に関連する複数のまちづくり構想の一体的推進を意味するであろう。温室効果ガスの大量排出による地球温暖化のもとで大規模な自然災害が頻発している現在，とりわけ重視すべきは，再生可能エネルギー活用と自然環境保全のまちづくりであろう。

　これらの持続可能なまちづくりを相互に構成する個々の構想ごとに名張市の事例における〈新しい狭域の地域自治組織〉の効果を端的に要約すれば，次のようになろう。まず住民参画のまちづくりについては，当該組織の目的，理念そのものであり，例えば名張市では全15地区において住民参画の多様なまちづくり事業が実行されており非常に高い効果を発揮していると言える。次に地域内経済循環推進のまちづくりについては，上記の名張市美旗地区のメロンの生産販売や錦生地区のキノコ・ドレッシングの加工販売という6次産業化による雇用創出や売上高の増加の事例に示されるように，一定の効果を認めることができよう。さらに安心の妊娠・出産・子育てのまちづくりについては，名張市における地元小学校と地域自治組織の協働である「コミュニティ・スクール」や母子保健・子育て支援行政と地域自治組織との緊密な協働である「ネウボラ」の事例に示されるように，子どもが大人になれば故郷に戻りたいという心が自然と育まれ，子育て支援される側が支援する側に回るという高い効果を発揮していると言えよう。また福祉のまちづくりについても，地域福祉は当該組織によるまちづくり事業の柱の一つであり，名張市の事例に示されるように，友愛訪問から生活支援，介護予防までその事業の多様性において高い効果を発揮していると言えよう。最後に，とりわけ重視すべき再生可能エネルギー活用のまちづくりについては，名張市の事例においては一方では「名張市バイオマスタウン構想」（2009年12月）や「スマートシティなばり」（2014年2月）構想が掲げられていながらも，他方において「地域づくり組織条例」の事業例に関する条項に挙げられていないがゆえに，地域自治組織によるそのような事業の存在は確認されていない。持続可能なまちづくりにおいて地域自治組織に生ずる課題としてはそれゆえ，設置者の自治体が持続可能なまちづくりのために，地域自治組織が実行するまちづくり事業としてどのような事業が実行可能かを条例等で定めるその全体的構想，

198

枠組みにその貢献や効果が規定されるということであり，名張市の事例においては，とりわけ重視すべき再生可能エネルギー活用のまちづくりに関しては，地域自治組織による事業と貢献は確認されなかったのであり，残念である。

　なお，すでに見たように，名張市をはじめとする４市が地域自治組織に関する現在の法制度的制約を克服し自律的活動をさらに発展させるために提起している新たな法人格の制度とは，当然ながら持続的なまちづくりに資することは明らかであり，その成立の見通しが立っていないということは地域自治組織にとってもまた残された課題であることは明らかである。

　［注］
（1）　筆者は，2018年３月８日，名張市地域環境部地域経営室において予め送付した質問票にもとづいて，名張市の地域自治組織とまちづくりに関する聞き取りを行った。応対していただいたのは，地域経営室係長の梶本節子氏である。記して感謝の意を表したい。以下の叙述は，この聞き取りの結果とその時の配布資料に基本的に依拠している。
（2）　なお，この点については，石平春彦，前掲『都市内分権の動態と展望』等参照。
（3）　内閣官房まち・ひと・しごと創生本部事務局『地域の課題解決を目指す地域運営組織の法人化〜進め方と事例〜』平成29年12月，60頁，参照。下記2018/6/2閲覧。
　　https://www.cao.go.jp/regional_management/doc/common/honpen_all_v2.pdf
（4）　地域の課題解決のための地域運営組織に関する有識者会議『地域の課題解決を目指す地域運営組織』最終報告，平成28年12月，2頁。下記2017/5/20閲覧。https://www.kantei.go.jp/singi/sousei/meeting/chiisana_kyoten/rmo_yushikisyakaigi/rmo_yushikisyakaigi-saishuuhoukoku.pdf
（5）　詳細は，一般社団法人青蓮寺・百合が丘地域づくり協議会「住み続けたいまちへ，住みたくなるまちへ，子育てしたくなるまちへ」参照。下記2018/9/28閲覧。https://www.kantei.go.jp/jp/singi/sousei/about/chiisanakyoten/29forum5_jirei_shiryo3.pdf
（6）　この点については例えば，佐藤春雄『コミュニティ・スクール』エイデル研究所，2016年，参照。
（7）　一般社団法人青蓮寺・百合が丘地域づくり協議会地域ビジョン策定委

員会『地域ビジョン』平成23年 9 月。下記2018/10/ 8 閲覧。http://www.
emachi-nabari.jp/syourenji-yurigaoka/?page_id=17

（8 ）　ネウボラについては例えば，高橋睦子『ネウボラ フィンランドの出
産・子育て支援』かもがわ出版，2015年，参照。

（9 ）　訪問時に配布された名張市役所健康・子育て支援室作成資料による。

（10）　この点については例えば，高屋大樹「子育て包括支援センターに関す
る一考察」（『都市問題』2018年 2 月号）参照。

（11）　子育て支援とソーシャルキャピタルについては例えば，伊藤良高・牧
田満知子・立花直樹編著『子どもの豊かな育ちを支えるソーシャル・キ
ャピタル』ミネルヴァ書房，2018年，参照。

（12）　伊賀市・名張市・朝来市・雲南市『小規模多機能自治組織の法人格取
得方策に関する共同研究報告書』平成26年 2 月。下記2018/ 6 /23閲覧。
http://blog.canpan.info/iihoe/img/1403_rmo_houjinka_final.pdf.

（13）　以上の点については，名和田是彦「『地域運営組織』『地域自治組織』
と地域代表制」（前掲『都市問題』2017年10月号）参照。

補足：本章のもとになった論文は，第 7 章の元になった「地域自治組織」に関する
　　　論文に続き，その具体的事例として初めて地方自治体行政担当部局（名張市
　　　地域環境部地域経営室）への聞き取りを行って執筆したものである。それゆえ，
　　　本章においても第 7 章における当該組織に関する探究不十分な点（第 7 章末
　　　尾の［補足］参照）が確認され，名張市における当該組織が私的組織のまま
　　　公的意思決定機能を行使しているという原理的問題性が全く視野に入ってい
　　　ないことは，第 7 章と同様である。また，「まとめ」におけるSDGsと「持続
　　　可能なまちづくり」への言及内容は，より最近の第 1 章と比較すると全く認
　　　識不十分なものである。それでも，当該組織の発祥の地の一つである名張市
　　　の事例が，その組織化における内発性（特に原型としての地域住民個人の集
　　　結による自発的組織づくり），事業内容の多様性，「名張版ネウボラ」への積
　　　極関与に見られる仕組みの革新性を有していることは，現在もなお注目に値
　　　すると考えている。これらの点についてはなお，名張市の当該組織に関する
　　　より最近の論考，金川幸司「三重県名張市の地域自治システム」，洪性旭「三
　　　重県名張市の新興住宅街の事業展開とコミュニティビジネス」（いずれも金川
　　　幸司・後房雄・森裕亮・洪性旭編著の前掲書，所収，第 5 章の注（19）掲載）
　　　も参照されたい。

終章　地方小都市におけるまちづくりへの SDGs の適用
——地域の脱炭素化，地域内グリーン経済循環，
女性参画・地域共生社会を目指して——

I　はじめに

　本書の最後に，少子高齢化と人口減少にある地方，ここでは筆者が住んで
いるような中山間地域を抱えた地方小都市のまちづくりにおいて SDGs を適
用する，すなわち SDGs 文書の言う「持続可能な開発」を前提にした「持続
可能なまちづくり」とは具体的にどういうことであるのかについて，各章の
考察を踏まえて，いわば理念的構造として提起してみたい。

　すでに考察してきたように，本書の立場は，SDGs をまちづくりの観点か
ら適用する場合，それが提供しうる枠組みとして，環境目標群，言い換えれ
ば地球の生命維持システムの保護の実現の土台のうえで，あるいはそのシス
テムの安全な機能の範囲内で，相互に依存しあう社会と経済の目標群の実現
が可能になるという「プラネタリー・バウンダリー」（地球の限界）に関する
研究を踏まえた環境・社会・経済の三つの目標群の「入れ子構造」（J. ロッ
クストローム氏）を踏まえるべきであるという点にある。それゆえ，この構
造がグローバルなレベルの「持続可能な開発」だけでなく，国内のローカル
なレベルの「持続可能なまちづくり（地域づくり）」においても貫かれるべき
であるという本書の立場からは，SDGs が提供しうる枠組みは，地域の環境
的課題の解決（端的には，以下に見るように，地域の脱炭素化）を目指す取組・
施策を土台として，それとの相互連関において社会的課題と経済的課題の解
決の取組・施策が有機的に展開され，土台としての環境的課題の解決との意
識的統合が目指されるという点に求められる。こうして，SDGs を適用する

ことによる「持続可能なまちづくり」とは，端的に言えば，環境・社会・経済の三側面を持つ地域課題の環境的側面を土台とした相互連関的統合的同時解決を目指す地域の将来像明示（バックキャスティング）の取組・施策の意識的追求ということになろう。

　但し，第 6 章において記したように，ここで想定しているのは，広範な中山間地域を抱えた地方小都市であり，そこでは地域の社会的課題解決の取組・施策は，経済的な課題解決の取組・施策の方法と規模に大きく影響されるので，考察は環境，経済，社会の順に進めることとしたい。

　ところで，SDGs の特徴については，すでに述べたように，普遍性（先進国も途上国も全ての国が対象），包摂性（人間の安全保障の理念の反映としての「誰一人取り残さない」），統合性（環境・社会・経済の三側面の統合的取組），多様性（国，自治体，企業，コミュニティまで対象），参画性（目標実現のためには多様な利害関係者の参画と協働が必要），等が指摘されている。ここで，まちづくりへの SDGs の適用として，地域課題の相互連関的統合的同時解決を語ることは，SDGs の特徴としての包摂性や参画性を軽視することではないことを確認しておきたい。というのも，本書の各章で示してきたように，また本章において以下に示すように，地域課題の相互連関的統合的同時解決は，地域社会を構成する自治体行政，地域自治組織，企業，NPO，地域団体，女性や若者個人，等の「多様な利害関係者のパートナーシップ」（SDGs 目標 17）の構築なしには達成することができず，またその達成は，特に地域の社会的課題解決の観点から女性・市民参画の「地域共生社会」（この点は後述）すなわち地域において「誰一人取り残さない」状況の追求に他ならないがゆえに，SDGs の特徴である参画性や包摂性を含んでいるということを強調しておきたい。

　以上のような前提のもとで，SDGs が提供しうる枠組みに従って，多様な地域課題の相互連関的統合的同時解決を目指して実施されるべき一連の取組・施策を以下に提起してみたい。それは，SDGs の目標達成の接近方法であるバックキャスティングの観点から地域の将来像として，地域の脱炭素化，〈地域内グリーン経済循環〉，女性・市民参画の「地域共生社会」という相互

に関連した目標を達成しようとするものである。

　なお，本章の叙述とそれに付随する多数の参考文献の提示は，これまでの各章における考察を，関連する様々な調査研究への目配りによって補完することを意図している。

Ⅱ　地域の環境的経済的社会的課題の
相互連関的統合的同時解決を目指して

1　環境的課題解決としての地域の脱炭素化

　全国の地方小都市はこの間，例えば大都市圏への近接という地理的条件を活かして雇用創出のために工業団地の造成と工場誘致を推進するとともに，郊外型ショッピングセンター・住宅団地の開発を通じて市民の間の自家用車普及と消費社会化による地域外既製品・食料品の大量消費・大量廃棄・大量ごみ重油焼却を一層促進することによって，中心市街地の空洞化や地域公共交通の衰退といった地域課題を発生させつつ，CO_2等の温室効果ガスの大量排出によって地球温暖化に貢献してきたと言えよう。温暖化という気候変動が近年，台風の激甚化や記録的豪雨，等の異常気象による気象災害や農産物被害を地域住民にもたらしている以上，温室効果ガスの大量排出こそ地域における最大の環境的課題であり，その課題解決のためには，地域の脱炭素化が必要であることは言うまでもないであろう。

　SDGs目標13に主としてかかわる地球温暖化対策としての国際的国内的レベルあるいは産業的レベルの脱炭素化については，先端的技術開発の試みも含めて多様な方策が提起されているが，中山間地域を抱えた地方小都市レベル[3]における脱炭素化のためには，少なくとも次のような三つの取組・施策が必要であろう。

　第一に，エネルギー自治の追求（SDGs目標7，目標2，目標3，目標8，目標11，目標13，目標17に関連。以下，関連する目標は順不同）である。

　それは，第2章において言及したように，地域資源活用の再生可能エネルギーの創出，自治体または地域事業者，地域団体によるエネルギー事業体の

設立と運営（一種の「公民連携」），それによる関連産業の発生と地域の所得・雇用の創出という一連の循環的プロセスの仕組みであるが，自治体による地域の脱炭素計画と脱炭素条例が，その前提として制定されることが必要であろう。具体的には，自治体の支援のもとで，公共施設の屋根での太陽光発電，地域事業者・団体による耕作放棄地活用の営農型太陽光発電（ソーラーシェアリング），地域の森林資源の保全・利活用の一環としての木質バイオマス熱electric併給や小水力発電，さらには耕作放棄地活用のさつまいもメタン発電，等が挙げられよう。

　ここで重要なことは，これらの再エネ発電事業が市民・住民の共同出資と運営への参加に依拠した市民発電所として運営されることであり，そこで創り出された電気（および熱）は，売電収入として出資者に還元されるだけでなく，出資事業所，公共施設，福祉施設，温泉宿泊施設，農業施設，等の他，場合によっては高齢者移動支援のためのNPO有償運送で使われるEVの電源として活用されることである。それは，化石燃料に由来する外部電源への依存を削減することを可能にするからである。こうして地域の脱炭素化の中心的役割を担う市民発電所は，再生可能エネルギーの地産地消に導き，地域の経済的課題と社会的課題の同時解決を可能にするであろう[4]。

　第二に，地域資源循環の追求（SDGs目標12，目標2，目標3，目標4，目標7，目標8，目標11，目標13，目標15，目標17に関連）である。

　それは，一般的には，市民・住民を巻き込んだごみの徹底的分別と減量化，地域の企業・事業者の3R（リデュース，リユース，リサイクル）の推進の誘導による循環型地域社会づくりそしてそれを通じた廃棄物の重油焼却分の削減による地域の脱炭素化への貢献ということになろう。

　同時に，昨年（2022年）勃発したロシアによるウクライナ侵略に関連する現在の小麦等の輸入農産物，飼料穀物，化学肥料の高騰のもとで追求すべきは，次のような仕組みを通じた地域の脱炭素化であろう。すなわち，地域の一般家庭や飲食店等で廃棄された生ごみ，家畜排せつ物，下水汚泥の自治体支援のもとでの有機肥料化とそれを使用する地域農業者や市民農園，学校菜園，福祉施設菜園，等における有機農業・環境保全型農業・動物福祉的畜産

業の農畜産物の生産と自治体による認証，そしてその認証農産物を地域の飲食店や一般家庭さらには公共調達として学校給食や公立病院・福祉施設，等の公共施設が消費するという食品循環資源の活用を通じた地域の脱炭素化である。しかもこうした生ごみの活用は，そのなかでメタン発酵の仕組みによるバイオガス生成とその発電・発熱燃料としての活用が可能であることが知られている。[5]

　なお，農業の脱炭素化に関しては，2015年のCOP21においてフランス政府が提起して国際的取組となった「４パーミル・イニシアチブ[6]」に触れておく必要があろう。それは，次のような考え方である。すなわち，人間が経済活動によって実質的に排出している炭素が毎年約43億トン増加している一方，土壌の中には約１兆5,000億トンの炭素があり，そのうち表層30〜40cmには約9,000億トンの炭素があると言われている。そこでその表層にある炭素を年間約４パーミル（0.4%）増やすならば，経済活動による大気中への炭素の排出増加量をほぼ帳消しにすることができるというものである。重要なことは，森林農法，不耕起栽培，草生栽培，堆肥や緑肥の土壌へのすきこみ，作物の輪作・混作といった「アグロエコロジー（農業生態学）[7]」的農法によって土壌炭素貯留と土壌の肥沃度を高めることが地球温暖化の抑制と地域の脱炭素化に貢献するという点である。この取組は，国内では山梨県において「やまなし４パーミル・イニシアチブ農産物等認証制度」として実施されていることが知られている。[8]

　第三に，気候変動教育とエシカル消費による市民の脱炭素化への行動変容の誘導（SDGs目標４，目標７，目標12，目標13，目標16，目標17に関連）である。

　地域の脱炭素化を達成するためには，以上のような地域のエネルギー自治や地域資源循環の追求だけでなく，そこに居住する市民による地域の脱炭素化と地球環境配慮の行動および「気候変動の緩和，適応，影響軽減及び早期警戒に関する教育」（SDGsターゲット13.3）が必要であろう。

　気候変動教育は，日本の政府・市民の提案によって2005年に開始された「国連持続可能な開発のための教育の10年」を通じて国際的に拡散され，ユネスコを中心に具体化されてきた「持続可能な開発のための教育」（ESD）

の一環として，児童・生徒の学校運営への意見反映，学校菜園・堆肥づくり，フェアトレード商品購入，等の体験型・参加型・問題解決型学習，学校内のエネルギー・水・食・装備等に関する緩和と適応を意識した教育実践，地域住民との協働による気候変動関連の問題解決といった包括的（ホリスティック）なアプローチによって構成されるものである。このような教育が，児童・生徒の親たち，市民，地域住民に対する脱炭素化の必要に関する啓発と行動変容に繋がることが期待される。[9]

　エシカル消費は，SDGs 目標12「つくる責任，つかう責任」の達成との関連において言及されることが多く，通常は「倫理的消費」として自然環境，人権尊重，動物福祉，地域社会，等に配慮した消費を意味するが，自然環境への配慮を含むそれは，市民，地域住民による地域資源活用の再生可能エネルギー電源，認証ラベル製品や省エネ商品（グリーン購入），地元産商品などの選択，3R の行動，公共交通・自転車利用，等を誘導するがゆえに，地域の脱炭素化への行動変容をもたらしうるであろう。[10]

　なお，市民の脱炭素化への行動変容の誘導については，国際的にはフランス（「気候市民協約」運動が地域レベルでは「ミュニシパリズム」という自治体刷新・民主化運動に発展[11]）やイギリス等の事例，それを受けて日本国内では札幌市や川崎市等の事例に見られるように，無作為抽出（くじ引き）された市民が，専門家の助言を受けながら，脱炭素社会への転換を内容とする気候変動対策について議論し，その結果を政府や自治体に政策提言として提出するという「気候市民会議」と呼ばれる新しい市民運動が，この間，Z 世代中心の「気候若者会議」という形態も含めて，展開されていることは，非常に注目すべき事実である。[12]

2　経済的課題解決としての〈地域内グリーン経済循環〉

　次に，地域の経済的課題とその解決について言えば，地方小都市の現実は，行政による工業団地の造成と工場誘致の推進によって，場合によっては製造業従業者数が多少増えるとしても，大規模ハコモノ行政と相俟って地域内経済循環は十分には達成されず地域外（製造企業大都市本社やゼネコン，等）へ

の所得流出が進行するとともに，他方では少子高齢化と人口減少・労働力不足が進行し消費力が低下して地域経済の規模は縮小傾向にあるように思われる。そしてそれは，空洞化した中心市街地と国道等の幹線道路沿いに広がる郊外大型ショッピングセンターとを取り囲む農村地域・中山間地域における農業や林業の担い手の高齢化・後継者不在による耕作放棄地の増加，森林整備の欠如・放置，等に示される農林業の衰退と関連している。このような地域経済の衰退傾向は今や（2023年初頭），コロナ・パンデミックによるこの間の商業・観光業・対人サービス業への打撃とロシアによるウクライナ侵略によるエネルギー価格や農産物・食料価格の高騰いわば食料危機的状況によって拍車がかかっていると言えよう。⁽¹³⁾

　以上のような地域の経済的課題の解決のためには，地域の「多様な利害関係者のパートナーシップ」によって〈地域内グリーン経済循環〉を創り出すことが必要であり有効であろう。

　SDGs目標8に主としてかかわる地域内経済循環とは，要するに，地域内の投資で生み出された所得をなるべく地域外に流出させず，地域内に再投資させる，すなわち財やサービスの生産の再現・拡張のために，地域内の様々な産業・職業間の新たな相互取引を実現させ，資金と設備・原材料・労働力の地域内調達の割合を高めることによって，新たにより大きな所得と雇用を生み出すという地域経済の規模拡大の方法である。

　そして今，必要なことは，そのような地域内経済循環を達成するために，とりわけエネルギーや農産物の地産地消を地域の脱炭素化の観点から実現することである。すなわち地域資源活用の再生可能エネルギーや有機農業・環境保全型農業・動物福祉的畜産業の畜産物の地産地消の実現である。

　第一に，再生可能エネルギーの地産地消（SDGs目標7，目標3，目標8，目標9，目標11，目標13，目標17に関連）である。

　それはすでに述べたように，言い換えればエネルギー自治の追求である。エネルギー自治の追求は，地域が次のような仕組みを構築することができるならば，〈地域内グリーン経済循環〉の実現をもたらしうる。すなわち，例えば地域住民団体が，営農型太陽光発電事業を市民共同出資にもとづく市民

発電所として創設し，太陽光パネル下の元耕作放棄地を有機農法で耕作を行う地元の集落営農法人に委託するとともに，地域の脱炭素化すなわち地域外購入の化石燃料の地域内の自然資源活用への転換という理念を共有する，場合によっては地域外の企業・金融機関の資金協力と売電収入の再投資によって，発電事業を発展させるような取組である。その過程において，地域内の電気関連業者，工事業者，集落営農法人，有機農業・環境保全型農業者・動物福祉的畜産業者，野菜加工業者，飲食業者，等の間の新たな相互取引（グリーン調達），新たな雇用（グリーン雇用），新たなエシカル消費（グリーン購入）を創出させるとともに，増加した売電収入の一部を地域子ども育成・教育支援，高齢者生活支援，地域における多世代間交流を可能にする居場所づくり事業，収穫祭のような都市・農村交流と就農・移住支援，等の地域福祉充実と「地域共生社会」（後述）づくりなどに還元させるという〈地域内グリーン経済循環〉の出現である。

　それはまた，台風等の大規模自然災害による停電時の非常用電源としての地域住民への開放，さらに「地域マイクログリッド」実現の暁には，避難所，公共施設，一般住宅への電力供給，そして近い将来には，蓄電池とEVの有効活用を前提とした災害時に限定されない日常的な地域への電力供給というクリーンな〈電気の地産地消〉をもたらしうるであろう（第2章，参照）。

　なお，地域の脱炭素化に貢献する〈地域内グリーン経済循環〉の観点から行政による企業・事業所誘致に関して言えば，それは，闇雲に進めるのではなく，再生可能エネルギー発電関連業，ZEHまたはZEBのグリーンな省エネ建築業，EV関連業，水素（グリーン水素）エネルギー開発関連業，等の脱炭素を支える企業・事業所の集積と相互取引，異業種交流（「中小企業振興条例」の制定と活用）を目指した誘致，そして特にRE100や「環境経営」を掲げた企業・事業所の誘致が地域の脱炭素化のために必要であり有効であろう[14]。

　なお，脱炭素とDX（デジタルトランスフォーメーション）という現在のトレンドを考慮すれば，太陽光発電等の再エネ設備を持ったICT・デジタル関連企業・事業所の誘致が，後述の若い女性の能力発揮とキャリア形成の観点からも必要であり有効であろう。

　第二に，有機農業・環境保全型農業・動物福祉的畜産業の農畜産物の地産地消（SDGs目標2，目標3，目標4，目標8，目標11，目標12，目標13，目標15，目標17に関連）である。

　それは，これまたすでに述べたように，地域資源循環の追求としての有機農産物の地域における生産と消費の循環である。

　それは，政府による「みどりの食料システム戦略」（2021年5月）における2050年農林水産業ゼロカーボンと有機農業面積の25％への拡大という目標発表のはるか以前から全国のいくつかの先進的自治体において展開されているように，行政やJA等の農業団体，商工会議所，NPO，市民活動団体，住民グループ，等の「多様な利害関係者のパートナーシップ」によって，化学肥料・農薬に頼らない有機農業・環境保全型農業・動物福祉的畜産業を広め，その農畜産物を公共調達としての学校給食や公共施設給食に使用し，学校菜園と食農教育を連動させ保護者・市民（市民農園，福祉施設菜園，等）・飲食小売業者（有機認証農産物使用・販売）等を巻き込み，生産者と消費者の交流・連携（CSA：地域支援型農業）にも依拠した有機農産物・動物福祉的畜産業の直売所・農家レストランカフェの展開，等によって地産地消と地域農業の振興を推進する「食と農のまちづくり」である。なお，この点では，研究者と国会議員によって提出されている「地域のタネからつくる循環型食料自給」を目指す「ローカルフード条例・法」が参照されるべきであろう。

　それは同時に，上述のように，食品循環資源の活用を通じた地域の脱炭素化への貢献であるが，その資源活用は，家庭・飲食店等で廃棄された食品等の生ごみ，下水汚泥，家畜排せつ物の有機肥料化，その肥料を使用して生産された有機農業・環境保全型農業の農産物の家庭・飲食店・宿泊施設・福祉施設さらには学校給食を通じた消費（グリーン消費）という地産地消であるとともに，有機肥料製造業者，農畜産業者（耕畜連携），飲食業者，宿泊業者，小売業者，JA，学校，等の地域内の産業・職業間の新たな相互取引（グリーン調達）と有機農業・環境保全型農業・動物福祉的畜産業の農畜産物のタネを含む生産手段と生産者（グリーン雇用）の地域内調達比率の向上をもたらす〈地域内グリーン経済循環〉に他ならない。このような有機農業・環境保

全型農業・動物福祉的畜産業の農畜産物の地産地消が可能にする経済循環は，他方において，有機肥料の農地へのすき込みによる土壌炭素貯留の増大そして直販または狭域販売経路（フランスで circuit court と呼ばれるもの）による有機農業・環境保全型農業・動物福祉的畜産業の農畜産物の移動距離削減すなわちフードマイレージ（食料輸送距離）やカーボンフットプリント（商品のライフサイクル全体の CO_2 排出量）の削減を通じた温室効果ガス排出量削減への貢献をもたらすのである。こうして，以上のような有機農産物の地産地消は，〈地域内グリーン経済循環〉を実現するのである。

3　社会的課題解決としての女性・市民参画の「地域共生社会」

　最後に，地域の社会的課題とその解決について言えば，地方小都市の現実は，少子高齢化・人口減少の深刻化に起因して，地域の社会生活・社会関係上の衰退や困難，言い換えれば地域住民のつながり・交流の稀薄化すなわち社会的孤立に直面するとともに，若者とりわけ若い女性の大都市流出と相俟って，コミュニティの共助機能や子育て機能の低下，地域資源活用や伝統行事・工芸の担い手不足，耕作放棄地や空き家・空き店舗の増加，地域の防災力低下，地域公共交通の維持困難，等の社会的課題に直面している。

　地方小都市はまた，人口減少と高齢化によって過疎地域の指定を受ける中山間地域を抱えるだけでなく，極端な場合には，地域住民の減少・単身化・未婚化・独居高齢化や自治会・町内会の活動衰退，等を背景として，この間のコロナ禍のもとでの孤独死が典型であるような，いわゆる「無縁社会」[18]的状況をも抱えるに至っているように思われる。

　なお，第3章において述べたように，地方小都市における少子化と人口減少・労働力不足の背景には次のような「ジェンダー・ギャップ」による悪循環が厳存していることを認識することが重要である。すなわち，男性が政治的経済的社会的活動の意思決定と中心的役割を担い，女性は無償の「ケア労働」と補助的仕事・役割を担っているがゆえに，若い女性は自由と女性活躍を謳う大都市へ流出し，その結果，地方小都市は少子化と人口減少・労働力不足に呻吟しつつも排他的な「男社会」を再生産せざるをえないという悪循

環構造である。[19]

　以上のような地域の社会的課題の解決のためには，SDGs目標3に主としてかかわる女性と市民の参画に立脚した「地域共生社会」づくりが要請されるであろう。「地域共生社会」とは，地域福祉の観点から度々，紹介されているように，2017年に厚生労働省が地域包括ケアシステムの強化を目指す介護保険法等改正法案を準備するための会合において提示されたビジョンであり，「地域住民や地域の多様な主体が『我が事』として参画し，人と人，人と資源が世代や分野を超えて『丸ごと』つながることで，住民一人ひとりの暮らしと生きがい，地域をともに創っていく社会」と定義されている。このビジョンに関しては，生存権保障の国家責任を地域住民の自助・共助にすり替える「重大な誤謬」であるとのそれ自体正当な批判があるとはいえ，[20]本書が注目してきた「地域自治組織」，すなわち地域住民が当事者意識を持って様々な地域課題を主体的に解決しようとして行政に地域再生，地域づくりの対等なパートナーであることを求める〈内発的で民主的なパートナーシップ〉を体現する住民自治組織が活動している場合には，このビジョンは地域の将来像として十分に共有するに値するものであると考えられる。

　以上のような地域の社会的課題の解決のためには，大まかに言えば，次のような二つの取組・施策が必要であろう。

　第一に，女性参画を導く地域自治組織の構築と女性参画支援の条例制定（SDGs目標5，目標16，目標17に関連）である。

　私たちが何よりも着目すべきは，地域の社会的課題の根本にある少子化と人口減少・労働力不足であり，その決定的要因の一つが，「ジェンダー・ギャップ」の厳存により若い女性が大都市に流出し故郷に戻らないという事実にある以上，第4章において考察したように，彼女たちが故郷に戻るよう誘導する取組・施策が必要であろう。

　まず，第5章において考察したように，地域自治組織が，多様な地域課題の主体的な解決のために，稀薄化した地域住民のつながり・交流を再構築し，多様な利害関係者の協働あるいは共助に依拠する多様な事業体を目指すならば，後述の男女共同参画条例のような条例制定を待つまでもなく，次のよう

な内発的民主的組織の構築が必要であろう。すなわち，「男社会」である従来の地縁型組織とは異なる「個人単位」の加入と総会での「1戸1票制」ではなく「1人1票制」を制度化するとともに，自治会・町内会から自律した事務局を持つ民主的で情報公開型の事業実施組織の構築のために，Ｕターン者や移住者の女性・若者に門戸開放し組織参加を保障するとともに，事務局の担当者や実行機関の様々な法人組織や地域団体の幹部や住民グループ・リーダーに積極的に女性・若者を推挙し抜擢することが必要であろう。そして地域課題解決のために実行機関＝専門部会が担う取組・事業としては，子育て中の女性・若者（Ｚ世代）の関心に合致した地域の脱炭素化に貢献する再生可能エネルギー発電事業や有機農業・環境保全型農業・動物福祉的畜産業の農畜産物加工業とりわけ地域資源を活かす女性活動を基盤とした「六次産業化」そして子育て支援・多世代間交流居場所づくり事業，等を行政や専門機関との協働において意識的に展開することが必要であり有効であろう。これら地域内外の女性・若者の参画を導く開放的，革新的で民主的な地域自治組織（典型例としては，宝塚市「まちづくり協議会」，第5章の注（23）参照）の構築が，地域の「男社会」の排他性あるいは「家父長制」的意識を打破する大きな力になるように思われる。

　さらに進んで，若い女性の多くが故郷に戻るよう誘導するためには，彼女たちが故郷の例えばICT関連の民間事業所や公務員職場，等において自分の意欲や能力が発揮でき，妊娠・出産を経ても復職できてキャリア形成ができるような仕組みを構築することが必要であろう。そのために最も有効な取組は，依然として「ジェンダー・ギャップ」による悪循環が少子化と「男社会」の再生産をもたらしている地方小都市においては，女性就労支援策や子育て支援策の個別施策よりも，自治体を構成する関係者（行政，事業者，住民自治組織や市民団体，等）の責務や推進体制，等の明示をもって自治体を法的により強く拘束する条例の制定，具体的には，男女共同参画条例（またはジェンダー・ギャップ解消条例）や子育て支援条例の制定であろう。

　前者の条例においては，行政や事業者の責務として，男女従業員の職場の仕事配置・教育研修・昇進昇格への対等な参画機会の提供，ワークライフバ

212

ランスへの配慮，さらに最も進んだ措置としては出産・育児による女性のキャリア脱落「マミートラック」に陥ることなくキャリア形成ができるような配慮が盛り込まれることが必要であろう。農業分野について言えば，家族農業に従事する女性の地位向上のために「家族経営協定」の奨励が条例のなかに盛り込まれることが必要であろう。また自治会・町内会のような住民自治組織，地域自治組織が設立されている場合にはそれの運営への女性の対等な参画機会の提供が盛り込まれることになろう。

　後者の条例においては，行政の責務として，とりわけ妊娠・出産・子育ての女性の不安と孤立を和らげるために，当該都市独自の「ネウボラ」（「子育て世代包括支援センター」＝「母子健康包括支援センター」中心の妊娠・出産・子育ての「切れ目のない」支援）の仕組み，しかもそのなかに地域自治組織に属する住民グループが運営する子育てサロンのなかで保健師等の専門家と女性ボランティアが協働できる仕組み（第8章の名張市「まちの保健室」参照）が盛り込まれることが必要であろう。なお，子育て支援条例と関連して，子どもの「生きる権利」「育つ権利」「守られる権利」そして「参加する権利」という1989年の「子どもの権利条約」の主要内容を条例化することもまた，子どもが故郷で安心して育ち，子どもの意見表明が尊重され，それゆえ故郷に愛着を持てるまちづくりのために必要であろう。

　女性の職場や地域での実質的な参画を保障する上記のような条例の制定実現は，それを是とする自治体首長や議員構成の登場が前提であり，そのためにはそれを要求する女性市民中心の市民運動の創出と議会への多くの女性進出を必要とするであろうが，地域内外の女性・若者の参画を導く開放的な地域自治組織が自発的に構築されているならば，それはそのような革新的条例の制定実現の力になりうるであろう。

　第二に，市民・住民参画と多世代間交流による福祉と健康のまちづくり（SDGs目標3，目標1，目標2，目標5，目標8，目標10，目標11，目標13，目標16，目標17に関連）である。

　私たちが，地域の社会的課題を地域福祉の観点から見た場合，少子高齢化のもとで，2014年に法制化された医療，介護，介護予防，住まい，生活支援

の確保を目指す「地域包括ケアシステム」が，高齢者が安心して住み慣れた地域で暮らし続けられるまちづくりを目指して，医療・介護・福祉の連携やコンパクト・プラス・ネットワーク化，医食住の多世代間交流施設整備（一種の「ショートウェイシティ」）や在宅医療拠点に属する地域看護士・地域社会福祉士・地域介護福祉士による伴走的地域住民相談体制，等のような各地域の独自の工夫をもって展開されている。⁽²⁷⁾

　だが，地域の福祉課題は，高齢者福祉課題にとどまらない。生活・就労困難を抱えた障害者やひとり親世帯（特にシングルマザー），虐待や貧困，不登校の状況にある子どもたち，いわゆるヤングケアラー，あるいはひきこもり，不安定就労にある生活困窮者，中山間地域において耕作放棄に陥らざるをえない貧しい小農高齢者，地域から遊離して不安定就労にある外国人労働者，等の存在によって体現される地域の福祉課題が見出されよう。これらの地域の福祉課題は，しばしば社会的孤立と関連しているがゆえに，公的な福祉制度によって十分には解決されず「制度のすき間」に放置されている場合が少なくないであろう。そうした「すき間」を埋め，これらの社会的脆弱者の地域における社会的包摂を進めるためには，ここでもやはり，公的福祉制度の充実に「参画」し行政や社会福祉協議会等の専門機関，社会福祉士（ソーシャルワーカー）等の専門家や民生児童委員との「協働」または「共助」を求める当事者意識をもった地域住民主体の地域自治組織の設立と活動が必要であり可能でもあろう。⁽²⁸⁾

　その場合，地域自治組織が取り組める「すき間」の事業としては，何よりも保健・看護・介護・保育等の専門家と連携した地域における多世代間交流を可能にする子ども食堂，⁽²⁹⁾コミュニティ・カフェや子育てサロン・高齢者サロンを含む居場所づくり事業が重要であろう。また地域運営組織の専門部会としての福祉部会を担う NPO や住民グループ，法人組織による高齢者見守り・日常生活支援や通院・買物のための EV 有償運送，等の有償ボランティア活動は，地域の高齢者の福祉課題解決のために不可欠な役割を果たしうるであろう。

　同時に，重要なことは，地域自治組織が他方において，地域の環境的経済

的諸課題の解決にも貢献し，地域と地域自治組織自体の持続可能性を高める事業，すなわち耕作放棄地を活用した営農型太陽光発電や山林資源を活用した木質バイオマス熱電併給，小水力発電，等の再生可能エネルギー発電事業，同じく耕作放棄地を活用した有機農業・環境保全型農業・動物福祉的畜産業の農畜産物生産と6次化としての農畜産物加工業，それらの生産物の直売所・農家レストランカフェなどの地域の脱炭素化と〈地域内グリーン経済循環〉の達成に貢献するコミュニティ・ビジネスの事業あるいは農商工連携等の「地域からの六次産業化」[30]等の地域資源活用の内発的事業である。

　そのような取組は，それらの事業収益を居場所づくり事業や有償ボランティア活動の充実に役立たせることができるだけでなく，地域づくり，まちづくり活動の一環として位置づけることによって，福祉と健康のまちづくりに貢献することができるであろう。すなわち，地域自治組織に参加している集落営農法人[31]による障害者の雇用（農福連携），地域団体や住民グループによる植栽活動，地域の脱炭素化のために行政と連携して，まち中心部における例えば週末限定のガソリン車両通行禁止・EV公共バス乗り入れ可能化・徒歩自転車利用促進サイクルロード整備を前提とした市民開放・介護予防ウォーキング・野外体操教室・野外ダンス発表会・野外音楽合唱コンサート，等の開催，福祉施設や保育施設での有機菜園開設と高齢者や保育園児への栽培指導・収穫交流体験（アグリセラピー）と有機野菜料理・食育教室などによる市民，地域住民の健康づくり，等による福祉と健康のまちづくりである[32]。

　以上のような取組・施策を通じて，稀薄化した地域住民間のつながり・交流を再構築し，多様な地域課題を主体的に解決しようとする当事者意識をもって組織された地域自治組織が，一方では，地域内外の女性・若者の参画を導く開放的で民主的な組織構築および当該地域の職場における女性のキャリア形成を可能にするために制定される条例の共有，他方では，行政，社会福祉協議会等の専門機関，保健・看護・介護・保育等の専門家と連携した地域における多世代間交流を可能にする居場所づくり事業や地域の脱炭素化に貢献するコミュニティ・ビジネスの展開による収益を活かした福祉と健康のまちづくり事業を展開することができるならば，「地域共生社会」は，十分実

現可能性のある地域の将来像として市民，地域住民に共有されるものとなる
であろう。

Ⅲ　おわりに

　こうして本章は，中山間地域を抱えた地方小都市におけるまちづくりへの
SDGs の適用を可視化するために，環境・経済・社会の三側面を持つ地域課
題の相互連関的統合的同時解決を目指す地域の将来像として，地域の脱炭素
化，〈地域内グリーン経済循環〉，女性・市民参画の「地域共生社会」という
相互に関連した三つの目標を提起するとともに，それぞれの目標を構成する
取組・施策を端的に明らかにしてきた。
　それらは，地域の環境的課題を解決して地域の脱炭素化を達成するための
取組・施策としてエネルギー自治の追求，地域資源循環の追求，気候変動教
育とエシカル消費による市民の脱炭素化への行動変容の誘導，地域の経済的
課題を解決して〈地域内グリーン経済循環〉を達成するものとして再生可能
エネルギーの地産地消，有機農業・環境保全型農業・動物福祉的畜産業の農
畜産物の地産地消，そして地域の社会的課題を解決して女性・市民参画の
「地域共生社会」を達成するものとして女性参画を導く地域自治組織の構築
と女性参画支援の条例制定，市民・住民参画と多世代間交流による福祉と健
康のまちづくりから構成されるものであった。
　私たちはこうして，SDGs を適用したまちづくりとは次のような構造をも
ったものであるとまとめることができよう。すなわち，それは SDGs の17目
標の大部分がまちづくりの三つの目標のほぼ全てにわたって重複して関連づ
けられていることから明らかなように，主体的な地域課題解決を目指す女
性・市民あるいは多様な地域団体や事業所の参加・参画に立脚した地域自治
組織（まちづくり協議会）と行政・公的機関との協働〈内発的で民主的なパ
ートナーシップ〉が，上記のようなエネルギー自治，地域資源循環，気候変
動教育とエシカル消費，再生可能エネルギーの地産地消，有機農業・環境保
全型農業・動物福祉的畜産業の農畜産物の地産地消そして地域や職場におけ

216

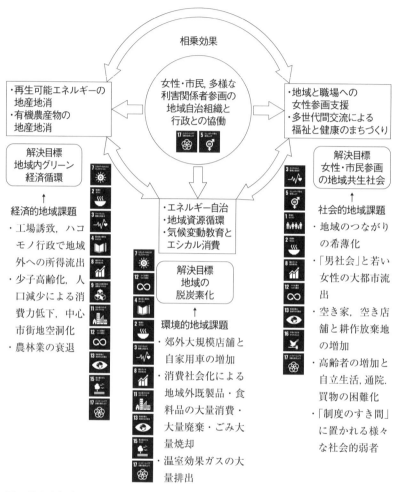

図　地方小都市へのSDGsの適用と地域課題の相互連関的統合的同時解決の構造

る女性参画支援，市民・住民参画と多世代間交流による福祉と健康のまちづくりといった取組・施策を包括的に実行する仕組みとして現れるのである。そして，そのような協働は，行政や個々の事業者，地域団体が単独でそれぞれの取組・施策を実行する場合に比べて，環境・経済・社会の三側面を結び

付けて相互連関的，統合的に実行することを可能にすることによって，例えば，再エネ発電と有機・環境保全型野菜栽培と農福連携と多世代間収穫交流祭との結合を費用節約のもとで実現するなどの相乗効果を発揮させ，それら三側面の地域課題の同時解決，すなわち地域の脱炭素化，〈地域内グリーン経済循環〉，女性・市民参画の「地域共生社会」の同時的達成により容易に接近できるという構造である。それこそは，地方小都市におけるまちづくりへのSDGsの適用としての「持続可能なまちづくり」のいわば理念的構造であると言えよう。これを図示すれば，前頁の図のようになる。

[注]
（１）　この点についてはなお，J.ロックストローム氏の最新の共著『地球の限界：温暖化と地球の危機を解決する方法』河出書房新社，2022年，参照。
（２）　SDGsとまちづくり（地域づくり）に関しては，各章構成の論文発表以降も多くの文献が公刊されている。例えば，以下のような文献が挙げられる。高橋真樹『日本のSDGs：それってほんとにサステナブル？』大月書店，2021年，白井信雄・大和田順子・奥山睦編著『SDGsを活かす地域づくり』晃洋書房，2022年，周偉生編著『SDGs時代のサステナビリティ学』法律文化社，2022年，高須幸雄・峯陽一編著『SDGsと地域社会』明石書店，2022年，等参照。
（３）　脱炭素化に関しては，枚挙にいとまがないほどの文献が公刊されている。例えば，江田健二・阪口幸雄・杉本真由美『「脱炭素化」はとまらない』成山堂書店，2020年，ポール・ホーケン編著，江守正多監訳・東出顕子訳『ドローダウン：地球温暖化を逆転させる100の方法』山と渓谷社，2021年，堅達京子・NHK取材班『脱炭素革命の挑戦』山と渓谷社，2021年，巽直樹『カーボンニュートラル』日本経済新聞出版，2021年，小端拓郎編著『都市の脱炭素化の実践』大河出版，2023年，等参照。
（４）　エネルギー自治に関しては，第2章で挙げた他に多くの文献がある。例えば，鈴木高広『イモが日本を救う』WAVE出版，2014年，的場信敬他『エネルギー・ガバナンス』学芸出版社，2018年，鈴木悌介『エネルギーから経済を考える：SDGs実践編』扶桑社，2020年，山口豊『「再エネ大国日本」への挑戦』山と渓谷社，2020年，小林久編『再エネで地域をデザインする』京都大学学術出版会，2020年，竹林征雄編著『森林資源を活かしたグリーンリカバリー』化学工業日報社，2021年，丸山康司・西城戸誠編『どうすればエネルギー転換はうまくいくのか』新泉社，

2022年，日本総合研究所・井熊均・木通秀樹『岐路にある再生可能エネルギー』エネルギーフォーラム，2023年，等参照。

（5）　地域資源循環に関しては，第6章で挙げた中村修・遠藤はる奈『生ごみ資源化』の他に，以下のような文献が挙げられる。例えば，エントロピー学会編『循環型社会を創る』藤原書店，2003年，大原興太郎編著『有機的循環技術と持続的農業』コモンズ，2008年，杉本裕明『ルポにっぽんのごみ』岩波新書，2015年，等参照。

（6）　Ministère de l'Agriculture,de l'Agro-alimentaire et de la Forêt, Découvrir l'initiative International 4 pour 1000, hiver 2015-2016, (https://4p1000.org/decouvrir/) 2021/12/25閲覧。
「4パーミル・イニシアチブ」に言及した文献としては，田中優『地球温暖化』扶桑社新書，2021年，吉田太郎『土が変わるとお腹も変わる：土壌微生物と有機農業』築地書館，2022年，金子信博「保全農法の原理とその日本での可能性」（農政ジャーナリストの会編『脱炭素社会に向けた日本農業の針路』農文協，2022年，所収），等参照。なお，農業の脱炭素化に関しては，『季刊地域』No.45，2021年春号，特集「脱炭素化のワザ：農家・農村が先進地」も参照。

（7）　特にフランスのアグロエコロジーに関しては，辻村英之「フランス農業・食料・森林未来法が推進するアグロエコロジー」（『農業と経済』2019年3月号），仏経済社会環境審議会答申，清水卓訳『フランスのアグロエコロジー転換戦略』筑波書房，2022年，参照。

（8）　長坂克彦「やましな4パーミル・イニシアチブ農産物等認証制度とは」（『季刊地域』No.52，2022年冬号）参照。

（9）　気候変動教育とESDに関しては，永田佳之・曽我幸代『新たな時代のESD：サステイナブルな学校を創ろう』明石書店，2017年，永田佳之編著『気候変動の時代を生きる：持続可能な未来へ導く教育フロンティア』山川出版社，2019年，等参照。

（10）　エシカル消費に関しては，国際環境NGO FoE Japan編『気候変動から世界を守る30の方法』合同出版，2021年，末吉里花『エシカル革命』山川出版社，2022年，一般社団法人エシカル協会編『エシカル白書2022-2023』山川出版社，2022年，丸山啓史『気候変動と子どもたち』かもがわ出版，2022年，等参照。

（11）　この点については，第3章参照。また，岸本聡子『地域主権という希望』大月書店，2023年も参照。

（12）　「気候市民会議」の展開に関しては，三上直之『気候民主主義：次世代の政治の動かし方』岩波書店，2022年，参照。なお関連して，住民や女性・若者のまちづくりへの参画については，相川俊英『住民と共につく

る自治のかたち』第一法規，2019年，参照。

(13)　この点については，鈴木宣弘『農業消滅』平凡社新書，2021年，同『世界で最初に飢えるのは日本』講談社＋α新書，2022年，等参照。

(14)　地域内経済循環と地域の脱炭素化との関連については，注（4）の文献の他に，以下のような文献参照。諸富徹『人口減少時代の都市』中公新書，2018年，八木信一・関耕平『地域から考える環境と経済』有斐閣，2019年，国立環境研究所・小端拓郎編著『都市の脱炭素化』大河出版，2021年，巽直樹編著『ローカルグリーントランスフォーメーション』エネルギーフォーラム，2022年，等参照。またグリーン経済やグリーン・ニューディールに関しては，第2章で挙げた文献の他に，以下のような文献参照。植田和弘『環境経済学』岩波書店，1996年，佐和隆光『グリーン資本主義』岩波新書，2009年，明日香壽川『グリーン・ニューディール』岩波新書，2021年，等参照。なお批判的文献として，斎藤幸平『人新世の「資本論」』前掲書，参照。

(15)　政府の「みどりの食料システム戦略」に関しては，農山漁村文化協会編『どう考える？「みどりの食料システム戦略」』農文協ブックレット23，2021年，農政ジャーナリストの会編『脱炭素社会に向けた日本農業の針路』前掲書，等参照。

(16)　周知のように，「食と農のまちづくり条例」を制定して，有機農産物の地産地消を推進している先進自治体は，愛媛県今治市である。この点については，安井孝『地産地消と学校給食』コモンズ，2010年，参照。また全国的に展開されている学校給食やCSAにも依拠した地域の有機農業振興に関しては，第4章で挙げた文献以外にも多くの文献がある。内藤重之・佐藤信編著『学校給食における地産地消と食育効果』筑波書房，2010年，小林芳正・境野健兒・中島紀一『有機農業と地域づくり』筑波書房，2017年，澤登早苗・小松崎将一編著『有機農業大全』コモンズ，2019年，波多野豪・唐崎卓也編著『分かち合う農業CSA』創森社，2019年，『農業と経済』2020年9月号（特集「チャレンジ！学校給食革命」），吉田太郎『コロナ後の食と農』築地書館，2020年，小口広太『日本の食と農の未来』光文社新書，2021年，林美香子編著『《農都共生ライフ》がひとを変え，地域を変える』寿郎社，2023年，等参照。

(17)　「ローカルフード法」に関しては，鈴木宣弘『世界で最初に飢えるのは日本』前掲書，第五章，参照。

(18)　NHK「無縁社会プロジェクト」取材班編著『無縁社会：無縁死三万二千人の衝撃』文藝春秋，2010年，参照。

(19)　この点についてはなお，十六総合研究所『「女子」に選ばれる地方』岐阜新聞社，2022年，また，内閣府経済社会総合研究所による第66回 ESRI

政策フォーラム：少子化と男女共同参画第3回「地方の女性活躍が日本を変える！少子化を止める！」議事概要（https://www.esri.cao.go.jp/jp/esri/workshop/forum/230217/230217/_agenda.html）2023/2/24閲覧，も参照。

(20)　芝田英昭「社会保障制度基盤を揺るがす『改革』：『地域共生社会』で強調される自助・共助」（『住民と自治』2017年7月号），参照。

(21)　小川理恵『魅力ある地域を興す女性たち』農文協，2014年，麓幸子『地方を変える女性たち』日経BP社，2018年，等参照。

(22)　男女従業員の職場の仕事配置・教育研修・昇進昇格への対等な参画機会の提供のためには，男女ともにワークライフバランス，特に男性の働き方の改革，家庭進出が必要である。この点については，前田晃平『パパの家庭進出がニッポンを変えるのだ！』光文社，2021年，多賀太『ジェンダーで読み解く男性の働き方・暮らし方』時事通信社，2022年，等参照。

(23)　この点については，坂本光司・藤井正隆・坂本洋介『日本でいちばん女性がいきいきする会社』潮出版社，2019年，浜田敬子『男性中心企業の終焉』文春新書，2022年，等参照。

(24)　この点については，関根佳恵編著『ほんとうのサステナビリティってなに？：食と農のSDGs』農文協，2023年，等参照。

(25)　この点については，第8章で挙げた高橋睦子『ネウボラ：フィンランドの出産・子育て支援』の他，中山まき子「日本への『ネウボラ』導入過程と『母子保健包括支援センター』の設置：『切れ目ない支援』政策とは」（『同志社女子大学学術研究年報』第71巻，2020年）参照。

(26)　この点については，多くの文献がある。例えば，木村草太編『子どもの人権を守るために』晶文社，2018年，増山均『子どもの尊さと子ども期の保障』新日本出版社，2021年，子どもの権利条約ネットワーク編『市民活動のはじめの一歩』エイデル研究所，2022年，等参照。

(27)　これらの「地域包括ケアシステム」の展開に関しては，辻哲夫監修・田城孝雄・内田要編『まちづくりとしての地域包括ケアシステム：持続可能な地域共生社会をめざして』東京大学出版会，2017年，田中滋監修・田城孝雄・内田要編『地域包括ケアシステムの深化と医療が支えるまちづくり：ソーシャルインクルージョンとSDGs』東京大学出版会，2022年，後藤純『超高齢社会のまちづくり：地域包括ケアと自己実現の居場所づくり』学芸出版社，2023年，等参照。

(28)　この点については，宮本太郎「地域共生社会への自治体ガバナンス」（月刊誌『ガバナンス』2020年11月号），竹川俊夫「地域共生社会の実現に向けた地域組織化の課題に関する一考察」（『地域学論集』第18巻第1

号，2021年），筒井一信監修・山浦陽一『地域福祉における地域運営組織
との連携』筑波書房，2022年，小野達也・朝倉美江編著『増進型地域福
祉への展開』同時代社，2022年，等参照。

(29)　子ども食堂が持ちうる多様な社会的役割については，湯浅誠『つなが
り続ける子ども食堂』中央公論新社，2021年，等参照。

(30)　室谷有宏『地域からの六次産業化：つながりが創る食と農の地域保障』
創森社，2014年，参照。

(31)　集落営農法人に関しては，楠本雅弘『進化する集落営農：新しい「社
会的協同経営体」と農協の役割』農文協，2010年，糸賀盛人『だから集
落営農が必要だ』農文協，2022年，等参照。

(32)　地域自治組織が関与できる福祉と健康のまちづくりに関しては，各章
で触れた参考文献以外に，宝塚市社会福祉協議会『市民がつくる地域福
祉のすすめ方（改訂版）』CLC，2018年，村山洋史『「つながり」と健康
格差』ポプラ新書，2018年，西智弘編著『社会的処方：孤立という病を
地域のつながりで治す方法』学芸出版社，2020年，藤井聡『クルマを捨
ててこそ地方は甦る』PHP 新書，2017年，西村茂『長寿社会の地域公共
交通』自治体研究社，2020年，倉岡正高・石川貴美子編著『保健福祉職
のための「まち」の健康づくり入門』ミネルヴァ書房，2021年，館山壮
一「地域共生社会の実現に向けた新しい農福連携のあり方について」（『修
紅短期大学紀要』第43号，2022年），等参照。なお，「多文化共生」と「多
文化共生地域福祉」に関しては，とよおか国際交流協会編『外国人と共
生する地域づくり』明石書店，2019年，等参照。

あとがき

　本書は，実は，古風に言えば，私の初めての単独著作の上梓ということになる。滋賀大学経済学部の教員を務めていた間，少なくない数の論文を執筆してきたが，著作の上梓に至ることができなかったのは，次のような理由があったと考えている。すなわち，教授に昇進して著作に向けてまとめの構想を考え始めた頃に，国立大学の法人化にぶつかり，大学・学部改革の学内業務やその責任者としての報告文書作成・報告，等に追われることが多くなり，研究対象であるフランスに行って調査する時間が必ずしも十分には，そして頻繁には取れなくなったという事情も大きく影響しているが，基本的には，自分の能力と計画性の低さによるものであった。

　今回の初めての著作は，「はしがき」で述べたように，滋賀大学の定年退職の数年前に関心喚起された地域再生そして SDGs によるまちづくりに関するものであり，しかも定年退職直後に故郷に U ターンして母親の事実上の介護をしながら行ってきた地方自治体の聞き取り調査とそしてそれまで定年退職数年前から専念してきた地域再生や SDGs に関する独学的な研究・考察とに立脚したものであるがゆえに，学生・院生時代の友人知人や大学教員時代の同僚からは非常に意外であると受け止められるテーマと内容の著作かもしれない。

　なぜ，そのようなテーマと内容になったかの理由については，「はしがき」の一読をお願いするとして，本書は，そのような独学的門外漢的な研究・考察にもとづき，しかもコロナ・パンデミックの渦中に準備してきた著作であるがゆえに，研究書としては非常に不十分さが残るものであることは自覚している。しかしながら，そのような著作であるとしても，今までの長年にわたる指導教員や大学関係者による学問的教示・交流・研鑽の機会提供，そしてこの間の多くの地方自治体関係者の訪問調査受け入れ，情報提供と教示，便宜提供や地域関係者との意見交換・交流，等があってはじめて上梓が

可能になったということをここでは改めて想起したい。

　そもそもから始めれば，福島大学教授で長年にわたり福島大学学長を務められた吉原泰助先生，名古屋大学大学院経済学研究科教授で多くの院生を指導された大島雄一先生という私の学生・院生時代の今は亡きお二人の恩師には，経済学と経済社会構造の見方について手ほどきいただいた。

　次に勤務先の滋賀大学経済学部について言えば，教員に採用された当時は，特に美崎晧先生（故人）および成瀬龍夫先生にお世話になった。その後，快適な研究教育環境を享受することができたが，教授昇進以降の後期課程院生指導や学内研究会では，特に同世代の北村裕明先生や武永淳先生などから大いに学問的刺激を受けることができた。

　滋賀大学関係では，とりわけ定年退職後の学内研究誌『彦根論叢』への本書の元になった連続論文の掲載を可能にしていただいた編集委員会の先生方それゆえ教授会の先生方に対してお礼申し上げたい。この点では，経済経営研究所における学内研究誌担当の宮本啓子さんには毎回たいへんお世話になったことを感謝を込めて記しておきたい。

　次に，地域再生の具体的事例の聞き取り調査に関する当方の依頼に対して，多忙ななか快く受け入れていただいた地方自治体関係者の皆様に改めてお礼申し上げたい。それらの方々は，三重県名張市地域経営室係長（訪問当時の肩書，以下同様）の梶本節子氏，千葉県匝瑳市「豊和村つくり協議会」事務局長の椿茂雄氏と構成団体NPO法人「匝瑳プロジェクト」発起人の高坂勝氏，兵庫県豊岡市ジェンダーギャップ対策室長の上田篤氏，そして岡山県津山市においては複数関係者に応対いただいたが，特に「あば村山村活性化協議会」事務担当の皆木憲吾氏である。これらの方々の快い訪問受け入れと事前事後のメールでの情報提供なしには，著作はおろか論文執筆もできなかったのであり，これらの皆様にはこの場をお借りして心からの感謝を申し上げる次第である。

　定年退職直後にUターンした故郷においては，まずNPO法人しらかわ市民活動支援会に加入させていただき，理事長の和知延さん，事務局長の樋口

葉子さん，事務局員の班目康平さんと親しくお付き合いさせていただき，市民活動支援という観点から故郷の多様な地域課題について，ご教示いただいたこと，そして今もご教示いただいていることにお礼申し上げたい。特に，班目康平さんには，論文に掲載する説明図のデザインなどで，たいへんお世話になったことを同じく感謝を込めて記しておきたい。なお，コロナ禍のなか2021年3月から私が呼びかけ人となり，当該NPO法人に事務局を置いて始めた「SDGs市民勉強会」に関しても支援会の皆さんに改めてお礼申し上げるとともに，勉強会に出席して熱心な討議に参加いただいた市民の皆さんにもお礼申し上げたい。

　その後，当該NPO法人の理事を経て，実は，私は故郷の白河市議会議員に選出され，現在その1期目が終わろうとしているところである。故郷における多様な地域課題とはどのようなものか，それを解決するために私たちは二元代表制を担う一翼として市民・地域住民のニーズを反映させるとともにSDGsという世界変革目標と地球環境問題の根源的重要性の観点を反映させた地域の具体的施策をいかに提案して市政にいかに実現させるのか，をコロナ・パンデミックの渦中で行政とやり取りするという貴重な経験を積むことができた。その市政への実現の度合いは高くはなかったと言わざるをえないが，この市議会議員活動では，私の属する会派「正真しらかわ」の菅原修一さん，緑川摂生さん，根本健一さん，大木絵理さん，そして会長の大花務さんから親身な交流，開放的で自由な意見交換，故郷の多様な地域課題に関するご教示をいただいたこと，そして私がそれらの地域課題の深刻な構造的背景を理解するのを助けてくれたことに対してお礼申し上げたい。

　他に，本書の出版に関して，Uターン直後から親しく訪問させていただくなかで，学問の成果をこの地域が良くなることのために活かすよう勧めていただいた親戚の荒井儀一郎さん（故人），そして同じくUターン直後の故郷のNPO法人加入を通じて知り合い，最近お知らせした本書の出版計画について強い関心を寄せていただいた福島県NPO活動の草分け的人物の一人である鈴木和隆氏にもお礼申し上げたい。鈴木氏は，3.11東日本大震災からの復興に精魂を込めて尽力してきただけでなく，地球温暖化防止活動の全県的

な推進と SDGs の普及に邁進してきた「うつくしま NPO ネットワーク」の事務局長である。さらに本書の元になった連続論文の再構成の作業をしている時に，約30年振りに突然メールをお送りいただき，私にとっては，そのやり取りを通じて，ある重要論点の再度の確信のきっかけを，専門的な立場から与えてくれた岡本仁宏先生にもお礼申し上げたい。岡本先生は，滋賀大学経済学部に教員採用された時の同期生であり，その後，関西学院大学法学部に移籍され，この３月に定年退職されたが，現在，社会福祉法人大阪ボランティア協会ボランタリズム研究所長を務めている政治学・行政学の専門家である。

　おわりに恐縮ながら家族について言及させていただきたい。パートナーの恵子さん（さん呼びは結婚当初からで，妻という言葉は書類以外では使ったことがないので）とは双方の母親がともに90歳過ぎの高齢者で弱っていることもあって白河と大津とでまさに介護別居であるが，彼女の薬剤師としての若き日には二卵性の双子の息子たちの子育ての同志として，今は互いの母親の事実上の介護の同志としてラインや電話で励まし合っている関係である。そしてその双子の息子たち，雄一と雄作は，神戸と大阪で弁護士としての多忙な毎日のなか，双方ともに専門職であるそれぞれのパートナーとの間で子どもが生まれた今，可能な限り仕事と育児の両立を貫くべく奮闘し，子育てや多様なテーマに関して私たちと遠隔ながら緊密な意思疎通，意見交換を行ってくれているが，それは私の日々の生活の励みにもなっている。相互に直接，訪問し合うのは，年に一度か二度程度であるが，このような相互信頼，相互尊重の家族関係が今回の私の著作の上梓についても精神的に支えてくれたのであり，家族の皆さんにここで改めて感謝申し上げる次第である。

　最後に，本書の出版をお引き受けいただいた八朔社代表取締役の片倉和夫氏にお礼申し上げたい。片倉氏は実は，私が学生の時に属していた吉原ゼミの１年先輩であるが，昨年末，当方からの書籍出版依頼に対し，いつものにこやかな笑顔で応諾していただき，昨今の学生の専門書離れどころか，今や対話型 AI の Chat GPT の扱いが大学教育の現場でも大問題になっている状

況のもとでも出版計画を進めていただいた。片倉氏の理解なしには，私の著作上梓プロジェクトは日の目を見ることはなかったのであり，氏には心からの感謝を申し上げる次第である。

2023年4月
　春爛漫のみちのく阿武隈川ほとりに稲荷様の祠たつ閑居にて

〔著者略歴〕

荒井　壽夫（あらい　ひさお）

1952年生まれ。福島大学経済学部卒，名古屋大学大学院経済
学研究科博士課程修了，名古屋大学経済学部助手，滋賀大学
経済学部講師・助教授・教授を経て，現在，滋賀大学名誉教授。
翻訳・解説書，R.ボワイエ & J.P.デュラン『アフター・フォー
ディズム』ミネルヴァ書房，1996年，論文「企業における人
づくり：自動車産業」（吉本圭一編著『海外・人づくりハン
ドブック：フランス』海外職業訓練協会，2003年，所収）等，
論文多数。

連絡先（メール）　araihisao2019@gmail.com

持続可能なまちづくりとSDGs
──地域の脱炭素化，地域内グリーン経済循環，
　女性参画・地域共生社会を目指して

2023年8月10日　第1刷発行

著　者　荒　井　壽　夫
発行者　片　倉　和　夫

発行所　株式会社　八　朔　社
101-0062 東京都千代田区神田駿河台1-7-7
Tel 03-5244-5289 Fax 03-5244-5298
http://hassaku-sha.la.coocan.jp/
E-mail：hassaku-sha@nifty.com

ⓒ荒井壽夫，2023　　　　組版・森健晃／印刷製本・厚徳社
ISBN 978-4-86014-113-4

八朔社

外国人労働者と支援システム
日本・韓国・台湾

佐野孝治・坂本恵・村上雄一 編著

二八六〇円

「地域」の学び方
経済・社会を身近に考えよう

帝京大学地域経済学科編集委員会 編

二八六〇円

福島復興学
被災地再生と被災者生活再建に向けて

山川充夫・瀬戸真之 編著

三八五〇円

福島復興学II
原発事故後10年を問う

山川充夫・初澤敏生 編著

五二八〇円

21世紀の新しい社会運動とフクシマ
立ち上がった人々の潜勢力

後藤康夫・後藤宣代 編著

二七五〇円

消費税込みの価格です